彭秀良 著

冯国璋传

Feng Guozhang Zhuan

Peng Xiuliang

中华书局

图书在版编目(CIP)数据

冯国璋传/彭秀良著. —北京:中华书局,2015.6
ISBN 978-7-101-10890-3

Ⅰ.冯⋯ Ⅱ.彭⋯ Ⅲ.冯国璋(1859~1919)-传记
Ⅳ.K827=6

中国版本图书馆 CIP 数据核字(2015)第 065117 号

书 名	冯国璋传
著 者	彭秀良
责任编辑	欧阳红
出版发行	中华书局
	(北京市丰台区太平桥西里38号 100073)
	http://www.zhbc.com.cn
	E-mail:zhbc@ zhbc.com.cn
印 刷	北京市白帆印务有限公司
版 次	2015 年 6 月北京第 1 版
	2015 年 6 月北京第 1 次印刷
规 格	开本/710×1000 毫米 1/16
	印张 17¼ 插页 3 字数 250 千字
印 数	1-8000 册
国际书号	ISBN 978-7-101-10890-3
定 价	42.00 元

敬復者接讀惠函具悉種切並收到憲法新聞二十冊其中宏篇鉅製類皆能斟酌時勢注重國家發揮法制之精神組織民邦之憲典苦心孤詣傾佩良深自應竭力維持俾謀發達望此後每期郵寄百部以慰快睹是所至盼蕭此奉復即頌

著祺

馮國璋啟

1913 年冯国璋任直隶都督时写给《宪法新闻》的信

序　言

公孙訇[①]

当彭秀良将《冯国璋传》书稿送阅并请我作序时，我竟然应允了。我通览了这部书稿，已感到相当的满足。

改革开放后，已有很多人从事冯国璋及北洋时代的研究，当今世间多有七八个版本的《冯国璋传》了。有的牵强附会，不尊重事实，演义成分多现；有的似文艺作品，也就无法读下去了。还有的是作者主观因素显露过火，把传主写成了时代英雄。撰写历史人物传记，不能任意往传主脸上贴标签，更不能刻画成想象中的人物，要靠历史事实，要看看传主在这段历史年月中的所作所为，给历史留下什么痕迹，于国于民的影响如何。

当我展卷阅读完这部书稿后，感觉它的优点是材料充实，分析清楚，褒贬兼容，完全摆脱了极左年代对此类人物一路骂倒的笔法。作者没有主观简单地对待传主，而是根据丰厚的历史材料进行具体的阐述和分析，得出了符合历史真实的结论，因此这部传记具有很高的学

---

① 公孙訇，男，1935年出生，河北省晋州市人。河北省社会科学院历史研究所研究员，《冯国璋年谱》作者。

术价值。

彭秀良是一位研究社会学的青年学者,著作等身,但他酷爱中国近代史研究。在2013年5月我应邀出席他的《王士珍传》首发式上与他相识,从此我俩来往不断,成了忘年交。我赞赏他写出了《王士珍传》,鼓励他将"北洋三杰"中其他两位人物的传记也写出来,终于他将这部《冯国璋传》书稿摆在了我的面前。

秀良以严谨的态度,不舍昼夜,花费了巨大精力撰写这部书稿,他的执著精神值得赞扬。他所写的《冯国璋传》不同于其他同题传记作品的地方,在于从内容到形式都焕然一新,每一个章节都是厚实的文字,并补充了其他同题传记作品中没有的珍贵史料,披露了因这样那样的原因不能面世的一些材料,也澄清了其他同题传记作品中的某些讹误和曲笔。这部书稿还增加了大量的图片,又重笔补写了冯国璋的后人,使得可读性大大增强。因而,这部传记不但能为专业史学工作者提供参考,也能够满足广大读者热切了解民国人物的阅读需求。

通读书稿,深感秀良在利用史料方面铢积寸累,广为搜求;在引用分析方面实事求是,反复订正,没有靠抽象的演绎进行推理,也不从个别史实论定曲直是非,而是尊重客观事实,坚持公道,见斑窥豹,由外而内,使读者得以探赜索隐,钩深致远,可以说是一部优秀的传记力作。这部书稿在以下几个方面给我留下了深刻印象:

首先,作者抓住了历史时代和社会现实,以真实的笔锋写出了冯国璋背井离乡、弃文从武的救亡人生,并还原了他升任要职、登上高位的经历。

其次,作者在文字上下了硬功夫,条分缕析,层次分明,脉络清楚,语言典雅,深具可读性。

第三,作者用编年体手法规划建构全书,结构同一规范,在极为深刻的时空范畴内串联起人物和事件,缓急有节,纵挖有序,便于把握传主的主要事功。

第四,作者不受当前流行的"戏说"或"演义"之风的感染,以历史文献资料为基准,并且亲赴京津保及河间诸地考察、访问,接触多位长者、学人和传主后代,获得了宝贵的一手资料,最终写出了一个更为真实、更为丰满的冯国璋形象。可喜可贺!

是为序。

公孙訇
2015 年 1 月于石门玉壶冰斋

对祖父的怀念与钦敬

冯　容[①]

最近拜读了彭秀良先生所著"北洋三杰"系列中有关我祖父生平的《冯国璋传》书稿，不禁感慨万千，也激起我们对祖父的无限怀念和钦敬。

祖父为清末民初北洋时期的重要历史人物，著名的陆军上将，曾任中华民国代理大总统，参与了诸如中日甲午战争、辛亥革命、清帝退位、"二次革命"、反袁称帝、反张勋复辟等重大历史事件，影响举足轻重。

祖父一生中最崇拜的是岳飞、文天祥和史可法三人，我父亲曾对我们说："你爷爷枕下总放着这三个人的书。"正是这三位中国历史上尽忠报国的民族英雄，指引着祖父一生的信仰与为人做事的准则，深刻影响着祖父军界、政坛生涯。

一、祖父是尽忠报国的军事将领

祖父曾在甲午战争前随聂士成将军冒严寒行两万里，对东北地区及朝鲜半岛进行了详细考察和测绘，为清廷与日本在朝作战做了充分准备。次年，

---

① 冯容，1933 年出生，冯国璋嫡孙女，曾任天津市规划局副局长。

甲午战争爆发,又随聂士成将军入朝作战,奋勇前敌,立下军功,获颁奖授封。

辛亥革命爆发,祖父奉派为第一军统帅,力克汉口、汉阳。这时,袁世凯拟借革命逼使清帝退位、篡夺中央大权。当袁向祖父透露这个意思、探听祖父口风时,祖父斩钉截铁地说:"我只有尽忠报国,不知有他。"

民国成立后,1915年1月,为反对袁世凯拟与日本订立丧权辱国的"二十一条",祖父与段祺瑞领衔,连同十九省将军致电政府,谓:"……有图破坏中国之完全者,必以死力拒之,中国虽弱,然国民将群起殉国。"何等铿锵豪壮!不日,再次致电政府"请缨为国御侮"。

二、祖父立志军事现代化

有感于"甲午战争"失败的惨痛教训,祖父立志专心研究军事科学,为国家军事现代化作出贡献。

1895年,祖父作为裕庚的武随员出使日本。在一年多时间里,他马不停蹄走访日本军队,结交日高级军事将领,考察其军制、战术、武器装备,并阅读了大量西方现代军事科学名著。归国后,成书数大册呈交政府。后受到奉命在小站练兵的袁世凯赏识,与王士珍、段祺瑞共同建立、操练新军。因在山东秋操中的出色表现,三人被观操的德国总督誉为"北洋三杰"。

辛亥革命前的十几年时间里,祖父一直在北洋乃至全国的军事教育部门任职,主编、合著各种兵书、操典、图说过百种。当时,各军兵种、各镇、各协统制、管带,多出其门下。

三、祖父维护共和,反对帝制

民国成立后,祖父从思想上接受了共和体制。1914年末,"帝制"传闻甚嚣尘上,消息传到南京将军府中,据祖母说,祖父先是不信,后来见全国都动起来了,仍将信将疑。当时,祖父的原话是:"既然要帝制,当初何必要赶人家孤儿寡母(指隆裕太后、宣统皇帝)退位!"对袁世凯称帝十分不满。

祖父于是年12月12日致电"政事堂","……国璋自为民国服务以来,即抱定纯一宗旨,山河无恙,金石不渝",态度十分坚决。在反袁称帝这个政治博弈中,祖父始终站在维护共和一方。在全国各种力量联合压力下,"帝制"被迫取消。

四、祖父坚持和平统一,反对武力

祖父在世时,并没有"直系"这个概念。祖父于1919年去世后的次年才发生了争权夺利的"直皖"、"直奉"军阀战争。一些军头尊我祖父为精神领袖,以"学生"自称,才有了"直系"之说。祖父带的是国家的兵,是清朝的兵、北洋政府的兵,从来没有自己的军队。有人曾劝说祖父效仿张勋的"定武军"成立自己的军队"宣武军",祖父严词拒绝,说自己是国家的官员,不能拥兵自重。没有自己的军队,没有为争权夺利而打内战,这就是祖父,不是军阀的军事将领。

祖父进京赴代理大总统任后,与段祺瑞的矛盾尖锐起来,主要是在对西南独立各省的基本方针不同。段主战,祖父主和。两人在财政、军事、用人等一系列问题上都因"战"、"和"主张不同而严重对立。

国家的和平统一是祖父念念不忘的心愿,直到临终一刻,留下的最后遗愿仍是和平统一。《故代理大总统冯公事状》中这样描述:"……惟以素性爱好和平,期与国民求一日之安,不愿复言兵事。与西南诸帅函电交驰,声泪俱下。……然终以宇内之不统一,往往私忧窃叹,引为大恨。或绕室饮泣,伤国势之危殆,民主之流离。至于长夜失眠……"《事状》中又介绍祖父临终时之情状:"二十八日夜十时……易箦而逝……口授遗命,即今所传大总统遗书及通电,反复叮咛和平之业者是也。"在生命最后一刻,仍是关心国家和平统一,不使生灵涂炭,怎不使我们后辈子孙对祖父感佩钦敬!

五、祖父于国计民生多有建树,更有前瞻性的"民富国强" 展望

民国甫定,祖父便推展为国为民服务的抱负。特别是在江苏任上,把江

苏的经济、民生、治安、教育搞得有声有色。那时,南京的基础建设成了全国的典范,上海的商界民众一致要建"华园"给祖父立铜像,被祖父一再拒绝,而后祖父又捐款在"华园"原址改建成立了"劝工厂",一时传为美谈。

更可赞誉的,祖父早年即为自他以下的十代血亲定下了名讳序谱,以他自己的"国"字为始,这十个字是:"国家海禁开,东方大事起。"表明了对国家前途的殷切期盼。

这一百年前定下的十个大字,今天看来,像一个超前的预言,正在古老的中华大地实现着。

彭秀良先生通过对大量史料的发掘,还原了祖父的历史面目。回顾近半个世纪前的往事,在那个疯狂、愚昧的年代,祖父被一批暴徒、愚氓开棺扬尸。我们后代、家人也受到了残酷的批斗、迫害,甚至家破人亡。今天,历史终于回归实事求是的科学研究,逐渐显露出她的本来面目,这不能不说是社会的进步。

祖父在离总统职位之际,曾对子侄们说:"你们今后都不要做官,你们没那个大聪明。做实业、做教育都可以。"我的堂兄们曾说祖父"从来不培植自己家人、后代……"。说明祖父没有结党营私、没有家天下之私欲,也让我们看到了祖父的高尚美德。

感谢彭秀良先生为本书付出的辛劳和求实的科学精神!

目　录

第一章　少年时代 ……………………………………………（1）

　　一、美丽的诗经村 ………………………………………（1）

　　二、耕读世家 ……………………………………………（4）

　　三、刻苦攻读 ……………………………………………（8）

　　四、就学莲池书院 ………………………………………（13）

　　五、投笔从戎 ……………………………………………（17）

第二章　军校生活 ……………………………………………（19）

　　一、北洋武备学堂 ………………………………………（19）

　　二、"武校出文生" ………………………………………（23）

　　三、"北洋三杰" …………………………………………（25）

第三章　守土有责 ……………………………………………（28）

　　一、随聂士成考察东三省 ………………………………（28）

　　二、甲午出征朝鲜 ………………………………………（34）

　　三、随使东瀛 ……………………………………………（37）

第四章　崛起军界 ……………………………………………（40）

　　一、小站练兵 ……………………………………………（40）

　　二、完善新军军制 ………………………………………（45）

　　三、督办军学 ……………………………………………（49）

四、编写军事著作 …………………………………………（54）

五、出任军咨使 ……………………………………………（57）

六、参加两次秋操 …………………………………………（61）

第五章 辛亥邀功 ………………………………………（65）

一、临危受命 ………………………………………………（65）

二、攻占汉口、汉阳 ………………………………………（68）

三、接统禁卫军 ……………………………………………（74）

四、出督直隶 ………………………………………………（82）

第六章 主政江苏 ………………………………………（88）

一、赣宁之役 ………………………………………………（88）

二、江苏都督 ………………………………………………（92）

三、推进市政建设 …………………………………………（97）

四、续娶周夫人 ……………………………………………（100）

第七章 反对帝制 ………………………………………（103）

一、马首是瞻 ………………………………………………（103）

二、不明真相 ………………………………………………（108）

三、消极应付 ………………………………………………（112）

四、亮明态度 ………………………………………………（116）

五、南京会议 ………………………………………………（123）

第八章 进身高阶 ………………………………………（129）

一、当选副总统 ……………………………………………（129）

二、状告《中原日报》 ……………………………………（136）

三、调停府院冲突 …………………………………………（139）

四、由抵制对德宣战转为支持态度 ………………………（144）

第九章 代理总统 ………………………………………（147）

一、击破张勋复辟闹剧 ……………………………………（147）

二、出任代理大总统 ………………………………………（153）

三、陷入府院之争 …………………………………………（158）

四、卸任回籍 ……………………………………… (166)

第十章　病逝京邸 …………………………………… (171)

一、共解农桑怡晚景 ……………………………… (171)

二、病逝京邸 ……………………………………… (174)

三、备极哀荣 ……………………………………… (177)

第十一章　妻妾子女 ………………………………… (185)

一、七房妻妾 ……………………………………… (185)

二、子女情况 ……………………………………… (189)

三、孙辈后人 ……………………………………… (192)

第十二章　家庭财产 ………………………………… (197)

一、究竟有多少财产 ……………………………… (197)

二、细数各处的宅邸 ……………………………… (203)

三、考查一下财产的来源 ………………………… (206)

第十三章　身后荣辱 ………………………………… (210)

一、政治评价 ……………………………………… (210)

二、府邸变迁 ……………………………………… (214)

三、墓园兴废 ……………………………………… (218)

结　语　冯国璋的政治立场与政治思想 …………… (223)

附录一　冯国璋生平大事年表 ……………………… (229)

附录二　故代理大总统冯公事状 …………………… (233)

附录三　《冯氏壹支家谱》(节录) ………………… (240)

附录四　参考文献 …………………………………… (244)

附录五　人名索引 …………………………………… (248)

后　记 ………………………………………………… (258)

第一章　少年时代

　　清咸丰八年十二月初四日(1859 年 1 月 7 日),冯国璋出生于直隶省河间县(今河北省河间市)西诗经村。村子的名字很讨人喜欢,也有深厚的文化意蕴,当然 20 世纪这个村子的名气大涨还是与冯国璋这位中华民国副总统、代理大总统分不开的。

一、美丽的诗经村

　　　　关关雎鸠,在河之洲。窈窕淑女,君子好逑。

　　诗句出自我国最早的诗歌总集——《诗经》。《诗经》编成于春秋时期,原本只称为《诗》,因儒家将其奉为经典之一,所以称《诗经》。它大抵是周初至春秋中叶的作品,共有 305 篇,取整数称"诗三百",共分为"风"、"雅"、"颂"三大类。据说《诗经》是由孔子编纂而成的,他对《诗经》的评价是很高的,曾说过:"诗三百,一言以蔽之,曰'思无邪'。"①这句话的意思是说不管思想和情感的基调如何,《诗经》三百篇,都没有偏离"道"与"礼"的邪思杂欲,"思无邪"后来被奉为评价诗歌的一个标准。如此美丽的诗句与一个村

——————————
① 《论语·为政》。

子联系在一起,那美妙的意境就更为深远了,可偏偏现实中就存在着这么一个村子,这就是冯国璋的出生地——河间市西诗经村。最早为冯国璋做传的张一麐[①]这样说:"所居为河间城外之诗经村,即汉毛公讲学处。"[②]

西诗经村地名牌

谈到诗经村的来历,还要从秦始皇的一项国策说起。公元前221年,秦王嬴政完成统一中国的大业,建立了秦朝,自称始皇帝。为巩固其统治,加强思想专制,秦始皇焚书坑儒,下令焚烧《秦纪》以外的列国史记,对不属于博士官的私藏《诗》、《书》等亦限期缴出焚烧;谈论《诗》、《书》者处死,以古非今者灭族。

在如此残酷的现实面前,一些习传《诗》、《书》的人纷纷出走,避祸他乡,《诗经》因之得以流传下来。到了汉代,传《诗经》者有鲁、齐、韩、毛四家。鲁、齐、韩三家所传为今文诗学,毛所传《毛诗》为古文诗学。据说子夏(孔子弟子,也是亲炙孔子讲授《诗》之人)的后人将《诗经》传给了毛亨,毛亨一家在秦始皇焚书坑儒时漂泊到河间隐居。后来,毛亨成为西汉著名学者,古文

---

① 张一麐(1867—1943),字仲仁,号公绂、民佣,别署大圜居士、红梅阁主,江苏吴县人。是袁世凯的心腹,曾任总统府秘书、教育总长等职。著有《心太平室诗文钞》、《现代兵事集》、《古红梅阁笔记》等著作,撰有记述冯国璋一生事迹的《故代理大总统冯公事状》。

② 张一麐:《故代理大总统冯公事状》。

诗学的开创者。关于毛亨的籍贯,一说是鲁(今山东曲阜),一说是河间(郡治在今河北献县东南),史称"大毛公",曾作《诗诂训传》,并传授给毛苌。据历史记载,毛苌为赵人,经考证即今河北饶阳县人。他得毛诗真传,治诗尤精,史称"小毛公",曾在家乡筑台讲诗,影响颇广。

西汉景帝二年(公元前 155 年),景帝刘启封他的第三个儿子刘德为河间献王。刘德曾得到朝中大儒卫绾的精心辅导,修学好古,酷爱读书,藏有许多先秦旧书。他在河间设立了"君子馆",招徕四方学士到此讲学。刘德得知毛苌在饶阳筑台讲学的消息后,便不惜重金聘请毛苌到"君子馆"讲诗,并封其为博士,使毛诗大兴一时。毛苌也因此身价陡增,官至北海太守。

历史推演到魏晋之后,鲁、齐、韩三家的今文诗学逐渐衰落,只有古文诗学的《毛诗》代代相传。后来,人们为了纪念毛苌保存并传播《诗经》的功业,便将他在河间讲诗的村落取名"诗经村",还在村旁为之修建了衣冠冢。元代以后,又修建了毛公书院和毛公祠。而毛苌在饶阳筑台讲诗的故里,原来也叫诗经村,后因讹传,写为读音相似的"师钦村"①。

诗经村分为东西两个村,冯国璋出生的那个村子是西诗经村。西诗经村位于河间市城区的北面,简称西村,是西诗经村乡人民政府的驻地,现有土地 6700 亩,人口 3500 人,紧邻 106 国道、保沧(保定—沧州)高速,交通便利。西诗经村处于农业发达地区,主要农作物有小麦、玉米、棉花、花生、西瓜、芹菜等,属于传统的农业村落。近些年,西诗经村的农副产品加工业颇有起色,其中香油加工业最具特色,并形成了产加销一体化的经营模式。在冯国璋出生的那个年代,西诗经村的农产品加工业是极不发达的,但阡陌相连的景象别有一番情趣,故而张一麐给出了"田园之乐,诗书之泽"②的考语。

西诗经村所在的河间市古称瀛州,地处华北平原腹地,位于北京、天津、石家庄三角中心,北距北京 189 公里,东距天津 183 公里,西距石家庄 176 公里。河间市东与沧县、青县接壤,北与大城县、任丘市交界,西与肃宁县、

---

① 王德彰:《诗经村与师钦村村名由来》,《燕赵都市报》2013 年 6 月 20 日。
② 张一麐:《故代理大总统冯公事状》。

高阳县相邻,南与献县相连。下辖 20 个乡镇,615 个行政村,总人口 78 万人,全市总面积 1324 平方公里,耕地面积 136 万亩,也是个农业大县。1990年 10 月,撤县设市。

河间是一座古城,历史悠久,人杰地灵,名家辈出。其名始于春秋战国,距今有 2700 多年的历史。历代均在此设郡、立国、建州、置府、成县,是政治、经济、军事、文化重地,素有"京南第一府"的美誉。河间本属高阳国,到夏商周时又属冀州。秦始皇统一全国后废封建立郡县,沿袭春秋战国旧县名置武垣县,这就是河间县的前身。隋炀帝大业初年,以武垣县境介于沙河(子牙河)、唐河(古寇水)之间,改武垣县为河间县,一直沿用至今。除毛苌曾在诗经村传授《诗经》以外,东汉科学家张衡曾任河间相,宋代名臣包拯做过瀛州知州,唐代大诗人刘长卿、金代著名医学家刘完素、现代著名作家刘流、京剧表演艺术家李多奎等均祖居河间。

以前,人们习惯于用一个人的原籍或出生地来做称呼语,以示尊重。比如,晚清重臣张之洞原籍直隶南皮县(今河北省南皮县),人们就称他为"张南皮";与之同时代的段祺瑞出生地是安徽合肥,被当时的人称为"段合肥"。冯国璋却有两个类似的称谓,一是"冯河间",也是在州县名前冠以姓;二是"冯诗经",系在村庄名前加姓,独具一格。冯国璋以家乡为荣,而他幼年生活过的家乡小村亦因他而名扬海内外。美丽的诗经村,滋润了冯国璋的青少年时代。

二、耕读世家

冯国璋是名门望族之后。张一麐记述其家世"为明开国勋臣冯胜之后。永乐北徙,冯氏由应天着籍河间。清之初叶,有任将军者,其后家世耕读……"[①]。根据这一说法,冯国璋的祖上可追溯到明朝的开国功臣冯胜。

冯胜原名国胜,曾更名宗异,他的父亲名冯信,祖父名冯文质。国胜排

---

① 张一麐:《故代理大总统冯公事状》。

行老三,高个子,宽鼻梁,浓眉毛,磊落大气,"勇悍多智"①。冯胜年轻时,正值元明朝代更替之际,跟随明太祖朱元璋南征北战,立下了赫赫战功。明洪武三年(1370 年),受封为宋国公。明永乐三年(1405 年),冯胜后人奉命举家北迁,几经辗转,冯国璋的祖先这一支才落足于河间府的西诗经村,从此祖祖辈辈定居下来。至于冯家奉命北迁起自何地,据张一麐《故代理大总统冯公事状》,是从应天府即今天的南京市;而《冯氏家谱·序》记载,则是从安徽凤阳府定远县(今安徽省凤阳县)北迁的②。

冯国璋题《冯氏壹支家谱》

冯国璋的祖先大概是在明朝永乐年间从江苏、安徽等地迁过来的。这

---

① 张立真:《冯国璋真传》,辽宁古籍出版社 1997 年版,第 2 页。
② 公孙訇:《冯国璋年谱》,河北人民出版社 1989 年版,第 1 页。

个说法,依据的是冯国璋功成名就后,为了显出冯氏一族的显赫地位而编写的《冯氏壹支家谱》。不过,由于年代过于久远,在清宣统元年(1909 年)编写这个家谱的时候,只能以迁入诗经村的第三代祖先冯禄作为这一支的始祖。

从这个家谱可以看出,冯禄到冯国璋之间将近四百五十年的时间里,冯家是逐渐发展起来的。冯国璋的祖先之中,最有名的便是九世祖三兄弟。兄弟三人中的大哥名冯大任,担任过武德骑尉;二哥名冯清任,做过廪贡生。至于老三,也就是冯国璋的曾高祖,名冯克任,则是一个太学生。在这位曾高祖的严格家教下,冯国璋的曾祖冯敬修做过贡修生,祖父冯丕振也是太学生。可以说,冯国璋这一支算得上是典型的书香门第。

这样的一个家族,自然也就成了诗经村中的名门望族。实际上,冯家在诗经村不仅名望高,而且也最富有。据说,在冯国璋的祖父也就是冯丕振那一代,冯家就已经成了诗经村的首富。当时,冯家拥有一个规模很大的冯家大院。这个大院又分成东西南北四个院,其中正西院住着冯从善一家,正东院住着冯志桥一家,正北院住着冯响平一家,冯国璋的祖父冯丕振一家则住在正南院。

这兄弟四人不仅住着"豪宅",而且有着不少的田地。最富有的是冯从善和冯响平,各自有着六七百亩的田地;冯丕振稍微差些,有三百亩田地。就连最差的冯志桥家,也有二百亩田地[①]。这样的家财别说是在小小的村子里,就算是在河间乃至河北,都算得上是大户人家。

但是,到了冯国璋出生时,家业已经败落。张一麐是这样记述冯家的困窘状态的:"父春棠,有子四人,公其季也。昆季性均豪放,不事家人生产,读书余暇,恒走马击剑为乐,又比岁荒歉,则益困,赠公折卖房屋,以供子束脩。至公就傅时,乃无一椽之庇。"[②]从这段话里,可以看出,冯国璋的家境窘迫是由于他们弟兄四人不事生产兼屡遇灾年的结果,其实这是为尊者讳的曲笔写法,真正的原因还在于冯国璋的父亲冯春棠因科举落榜精神失常,以致

---

① 潘荣、孙新、魏又行:《冯国璋家族》,金城出版社 2000 年版,第 3—4 页。
② 张一麐:《故代理大总统冯公事状》。

家道中落。

冯春棠青少年时代秉性刚直,勤奋好学,锐意科举。有一年参加岁试(清代,各省学政每年分临府、州、县举行选拔生员即秀才的考试,称为岁试),冯春棠答卷完毕正要交卷之时,被旁边的一名考生污损了试卷,两人动手打了起来,最后双双被主考官除名。从那以后,冯春棠不仅废弃了学业,而且整天游手好闲,把一份颇为殷实的家业折腾败了。所幸的是,冯春棠的夫人很贤惠,她精于女工,勤俭持家,才把冯国璋弟兄四人拉扯大①。冯春棠的夫人是河间县城北三十里铺人,名孙钗,其父乃是十里八乡闻名的孙申如。

冯国璋有胞兄弟四人,他行四。老大冯佩璋,天资聪敏,清光绪三年(1877 年)恩科贡生考试,考取八旗官学教习,后来补授候选知县。家业败落后常年经营戏班,奔波外乡。老二冯蕴璋,自幼读书,被选为拔贡,后升补为候选州判。老三冯琥璋,文庠生(庠生是明清两代对录取为州、府、县学秀才的称呼)②。

冯国璋因排行第四,故取乳名四儿,生得聪明乖巧,家人及乡邻都喜欢他。只是家境已日渐贫困,到他出生时已是糠菜半年粮的光景了。历来名人诞生都有一些神奇的传说,冯国璋也不例外。据说孙氏在生冯国璋前一天夜间,梦见一颗光芒万丈的巨星飞入她的怀中,冯父为此高兴异常,认为这个儿子是天上星宿下凡,将来必然成大器,故取名国璋③。"璋"字本是从族长处领来的派字,冯春棠不能更改,他只好从中间那个字上做文章,最后选用了"国"字,可谓用心良苦。他又给冯国璋取字,先用"华符",后又用"华甫"。

冯国璋发达后,因厅堂取名大树堂,故而人称大树将军。"大树"两个字很有来历,可远追到冯这个姓氏的起源。《冯氏家谱·序》记载:"考冯氏派出毕公。夫毕公,周文王之长子,封于冯地,故姓冯……累朝显达尤盛,如汉光武时冯异称为大树将军;明太祖时冯胜称为宋国公,其最显然者也,岂非

①　潘荣、孙新、魏又行:《冯国璋家族》,金城出版社 2000 年版,第 4 页。
②　张立真:《冯国璋真传》,辽宁古籍出版社 1997 年版,第 7—8 页。
③　田胜武、田艳华:《冯国璋全传》,中州古籍出版社 1993 年版,第 6—7 页。

望族哉。"①原来,冯国璋的始祖可上追到周文王的长子,历史可真够久远的了。到东汉光武帝当政时,冯异有功于汉室,被封为大树将军,于是冯国璋就以大树堂称呼自己的居所,也是含着祖有荣光的意思。

三、刻苦攻读

冯春棠虽然有时疯疯傻傻,但在教育子女读书这一点上却是丝毫不糊涂。冯国璋也深受耕读家风的熏染,耳濡目染,自幼喜欢读书。他五岁时开始跟随父母读书认字,七岁那年也就是清同治五年(1866年),入东诗经村的私塾读《四书》②。

张一麐记述冯国璋少有壮志,刻苦求学的经历时,用了几个夸赞的语句:"公幼而岐嶷,每横揽时局,慨然有澄清天下之志,论事不作凡近语,顾生计益蹙,亲族靡能周之者,至为佣力以自给。"③此语可能有些过了,说冯国璋幼年聪慧或许是事实,但说他"每横揽时局,慨然有澄清天下之志"绝对是拔得高了不少。"行状"、"事状"、"行述"这类时人的记述,因做述者多与事主有着某种亲近的关系,往往夸大事主的事迹,需要仔细辨别,分清真伪。但张一麐说冯国璋幼年求学时"生计益蹙",要亲友帮助,则接近真实。

因供给三个兄长上学赴考,冯家的家资耗用已尽,到冯国璋需就学时便捉襟见肘,无以为继了。于是,就有一个故事流传下来:

他听说东村孙家在大寺办有私塾,就想,我进不了私塾,可以在外面偷听,偷看,偷着学。这样,不照样可以学学问吗?主意一定,他就悄悄来到了大寺。这大寺坐落于东村孙家宅院南不远处。庙里曾经住过数百尼姑。周边官宦或大户人家死了人,都请这里的尼姑去作道场,超度亡灵。朝代更替,日月淹汲,寺庙失修,已破烂不堪。孙家便把东殿收拾一番,办了一所私塾,收诗经村一带的农家弟子来读书。请了一位

---

① 公孙訇:《冯国璋年谱》,河北人民出版社1989年版,第1页。
② 公孙訇:《冯国璋年谱》,第2页。
③ 张一麐:《故代理大总统冯公事状》。

姓赵的老秀才做先生坐馆。这赵先生因长年穿一件蓝布大褂子,人们都叫他赵大褂子。冯国璋来到大寺,只听东殿里咿咿呀呀,朗朗诵读子曰诗云。心中暗暗高兴,悄然来到殿外窗下。

时值深秋,窗户已糊了窗纸。他寻了个小木棍儿,踮起脚,用舌头舔湿窗纸,用棍儿扎了一个小窟窿眼儿,他从孔中窥视里面,见二十几个和自己年龄相仿的孩子,正学着先生的样子摇头晃脑地读书。于是,他开始呼着音儿暗背。冯国璋天资聪明,两遍过来,学生们背出上句,他就能背出下句了。但是,字怎样写呢? 他不知道,会背不会写。字认得他,他不认得字,等于是不认字儿。因此冯国璋为这事儿非常苦恼。一日,他终于想出办法。这天晌午放学后,他满脸笑容地截住一个小孩,问"子曰学而时习之不亦说乎"怎么写? 小孩打量了他一下,说:你当我不会写? 冯国璋笑道:我看你早就着粥喝了。胡说! 小孩不甘示弱,遂用手指甲在地上写了"子曰学而时习之不亦说乎",问他:是也不是? 冯国璋当然不知道对错,诈道:你唬我? 谁唬你是小狗子! 说完跑着回家了。待这个孩子回家吃过饭回来,见冯国璋还在原地写"子曰学而时习之不亦说乎",不禁纳闷地问:你怎么还写这几个字,不回家吃饭? 冯国璋笑道:我吃了饭回来了。我告诉你,你可别告诉别人。我不会写这几个字,多亏你告诉了我。冯国璋不知道,这教他写字的,是孙家的三少爷孙凤桐。孙家有三个少爷:大少爷孙凤岐,二少爷孙凤刚,三少爷孙凤桐。孙凤桐见他眼里闪着感激之光,问:你为什么不上学? "我……"冯国璋面带为难之色道:俺家穷,交不起学费。孙凤桐听后点了点头:这样,我学了教你,怎么样? 多谢小哥! 冯国璋深施一礼道:我日后一定不忘小哥之恩。哎呀,一点小事儿,什么恩! 你愿学,我愿教,周瑜打黄盖,一个愿打一个愿挨,谁也气不得! 从此,冯国璋就悄悄地跟孙凤桐学字。

却说这一天,冯国璋在外听课,赵先生让一个学生背《论语·公冶长》中子贡问孔子"孔文子何以谓之文也"那段,那学生背到"敏而好学,不耻下问"时,把"耻"字背成了"知"字。老师尚未纠正,冯国璋在窗外大声道:错了! 他话一出唇,已觉唐突,怕老师责怪,想拔腿逃逸,不想刚一转身,赵先生开门出来喝住了他,问:刚才那一声"错了"是你喊的?冯国璋见老师态度严肃,怯生生说了一声"是",赶忙低下头道:先生,我错了!赵先生听后笑了,打量着面前这个衣裳褴褛的小孩,不像是调皮捣蛋之辈,因问:你错了什么?什么错了?我不该在外头说"错了"。冯国璋仍然低着头说。赵先生走到他跟前,抚摸着他的头问:你念过《论语》?念过。呵,不,没念过。是这几天在窗外偷听听会了一点儿。冯国璋怯生生地答。听了冯国璋这话,赵先生心里对冯国璋顿生爱怜之心。后退几步,重新打量冯国璋。因见他还不敢抬头,就道:孩子,别怕!我不会责怪你的,抬起头来说话。

冯国璋

冯国璋这才慢慢抬起头来,见赵先生一脸慈祥。赵先生问:你这等聪明,你爹娘为什么不送你上私塾来念书呢?

赵先生这一句,触动了冯国璋的痛事,泪水在眼里直打转转。好久,哽咽着道:俺家穷,没钱供我上学!

赵先生听罢,点了点头,感慨地道:好孩子,有志气!无钱上学偷听学习,少有,少有!难得,难得!因问:你叫什么名字?是谁家的孩子?他以为他就是东村的。

我叫小四儿,西村的。我爹叫冯春棠。

噢——原来是冯春棠先生家老四。赵先生和冯国璋交谈,不想一旁有人说话了。赵先生知道是孙家老爷来了,忙回身施礼道:孙老爷来了。

孙老爷呵呵一笑:已来多时了。先生和这后生交谈,老朽全听到了。既先生怜爱此儿,我又何尝不钦佩他的学习精神!这样——说到这,他疾步上前,拉起冯国璋的手道:小四儿,从今儿个开始,你不用在外偷听了,进里面坐在书桌上念书去,至于学费,我免了![1]

这是个美丽的传说,多少有些附会的味道。可不管怎么说,冯国璋在孙家私塾受了五年的早期教育,为后来的飞黄腾达打下了基础。在其他人的著述中,给冯国璋发蒙的老师不是"赵大褂子",而是"刘大褂子",还有一位本村的孙先生。无论是"赵大褂子"还是"刘大褂子",都对这个传说的性质没有什么影响。至于张一麐所说的"亲族靡能周之者,至为佣力以自给",也能够从传说中找到一些影子:

冯国璋为了学得知识学问,矢志不移。家里穷,常常吃了上顿没下顿,晌午放了学他也不回家——没饭吃;留在学校又怕人问,不好回答;于是晌午放学后,他就到距大寺西二百余步远的老母堂观音庙后面一个背旮旯里蹲着。蹲约摸吃顿饭的功夫再回大寺私塾,天天都这样。这等求学精神,几人能及? 真可谓泣鬼神,感天地!

终于有一天引起了孙家三少爷孙凤桐的怀疑:自己吃完了饭一抹嘴就来私塾,小四儿却早来了。他从私塾走到家,得有个功夫;到家吃饭又得个工夫;再往回走,又得个工夫,加到一起,说什么他也回不来这么快! 莫非他这块儿有亲戚? 冯国璋的这位师兄是个找树刨根儿的主儿,心生疑问,非弄个水落石出不可。这日,吃过晌午饭来私塾又见冯国璋在那蹲着,用木棍儿写字呢,就过去问:小四儿,你又早早来了,你

---

[1]　这个故事是西诗经村的李瑞林先生搜集整理的。李瑞林近年致力于诗经村村史的编纂,也对冯国璋轶事多有搜集,是位值得尊重的乡土历史研究者。在我为写作这本传记前往西诗经村实地考察时,李瑞林提供了很多帮助。

这块儿有亲戚呀? 冯国璋答:没有! 答后反问:你问这个干什么? 孙凤桐诡谲地一笑:随便问问。心中有了谱儿。第二天中午放学后他没回家,冯国璋回家头里走,他远远在后面瞄着,发现冯国璋根本不回家,在老母堂转角处蹲着,用棍在地上写字打发时间,待了大约吃顿饭的功夫,小四儿才蔫大拉撒地回大寺私塾。他把这事和两个哥哥说了,哥仨便天天中午吃完饭,一人装一个饽饽,来到私塾给冯国璋吃。时间一长,引起了家里大人的怀疑,一追问,哥仨说了实话,孙家老爷听了笑道:饿着肚子求学,可敬,可敬。看来这小四儿是个有志之人,可造之材。说完又道:可你们也犯不着背着大人干这事呀? 学费我都给他免了,咱家还在乎多他一双筷子吗? 行啦,从明儿开始,领他来家吃饭,晌午别让他回家了。①

努力上进之人总会受到大家的尊重,当然也会得到大家的帮助。在私塾读了五年的书以后,师长亲友都认为他有出息,他的父母也望子成龙,便决计将他送到三十里铺毛公书院去读书。三十里铺是他外公家所在地,冯国璋能够在毛公书院完成学业,也多亏了外公孙申如的资助。

在毛公书院,冯国璋遇到了两位好老师。一位是府学头名秀才,姓吴名震,字国轩。吴震主授经史,他特别喜欢知书达理、志向远大的冯国璋,主动请人去冯家说媒,要把自己的亲妹妹吴凤许配给冯国璋。清光绪元年(1875年),16 岁的冯国璋与吴凤成婚,吴凤即是冯国璋的原配吴夫人,这也是一段佳话。

另一位老师是擅长射、御、数的白广川。白广川(1815—1900 年),字文波,直隶河间人,在算学方面造诣颇深,人称"白三圣人"(因他弟兄三人,他排行第三)。他不喜欢八股文,却酷爱算学,当时"百钱百鸡"、"百马百瓦"之类的难题根本难不住他。白家富有,藏书颇丰,甚至有一些西方数学的译本。白广川自幼不愁生计,且天资聪颖,成年后在算学方面成就很大。河间知府王守坤赠他一块匾,上书"数理精深"②。正是在白广川的精心指导下,

---

① 这个故事也是李瑞林提供的。
② 潘荣、孙新、魏又行:《冯国璋家族》,金城出版社 2000 年版,第 6 页。

冯国璋的算学水平提高得很快，这为他后来成为算学附生创造了条件。

冯国璋发达以后，对从前的老师是很感激的，于是又有了一个知恩图报的传说：

> 冯国璋升任北洋军政司总办，刘先生曾去找过他。那是一天上午，刘先生因没有名片，在传达室被警卫挡驾不许入内，先生脱下褂子叫警卫送进去，说冯总办一看便知。果然，冯国璋一见大褂儿立刻亲自出门迎接，边鞠躬边说："见衣如见人，未曾远迎恩师，请先生恕罪！"

> 刘老师上前拉住冯国璋的手说："青出于蓝而胜于蓝，有状元徒弟没状元师傅，今非昔比呀！"冯国璋把先生迎至客厅礼貌殷勤地招待一番，临别时弟子要给老师谋个差事，先生不肯就，送珍贵礼品和现金，也坚辞不受。

> 最后，冯国璋只好恳求说："恩师无论如何也得要学生的一件礼物作纪念。"刘先生这才慢吞吞地说："咱们既是师生，又是亲戚，我也不说不要了，盛情难却呀！你送给我一口寿材，等我寿终正寝时享用吧！"

> 冯国璋立刻答应道："好说，等制作好了再给老师送到家。"十多天后，冯国璋派人送去一口专门给老师选制的寿材。刘先生见是一口薄木棺材老大不高兴，连盖子也未打开就放到闲屋里了。

> 三个月后，刘先生的客人打听起这件事，他仍怒气未消，客人执意要看一看，刘先生便领到放材的闲屋指给他看。这位客人是个老木匠，一看寿材就连连赞赏说："好材！好材！这真是地地道道的阴沉木货。"先生这才转怒为乐地说："若不是你，我几乎冤枉了好人。"①

四、就学莲池书院

冯国璋是在清同治十年(1871年)入毛公书院学习的，到清光绪元年(1875年)毕业，毕业考试名列前茅②。在那个时代，读书人的唯一出路是参

---

①　张立真：《冯国璋真传》，辽宁古籍出版社1997年版，第11页。
②　公孙訇：《冯国璋年谱》，河北人民出版社1989年版，第2页。

加科举考试,从而荣登仕途,荣耀门庭。冯国璋当然也不能免俗,可是他的运气实在太差,两次科举考试都未能考中。

冯国璋首次下场应试是在从毛公书院毕业那年,考试的题目是《论语·颜渊》中的一句话:"子帅以正,孰敢不正?"这是鲁国大夫季康子向孔子问政,孔子顺口答道:"政者,正也。子帅以正,孰敢不正?"意思是说为政者带头走正道,谁还敢不走正道呢? 对于熟读《四书》《五经》的冯国璋来说,这个题目并不是很难,但冯国璋对作八股文很不在行,尽管他很明了这句话的意思,却无法写出一篇符合八股文格式的文章,名落孙山便是注定的了。

莲池书院(今保定莲池公园)大门

第二次参加科考是在清光绪六年(1880年),冯国璋已经21岁了。两年以前,他的长子冯家遂出生了,喜得贵子的冯国璋按说应该是福星高照。可惜的是,这次考试的题目又大大出乎他的意料,居然是《魏徵和俾斯麦论》。魏徵的事迹大家都知道,可俾斯麦是何许人,冯国璋这一个久居乡下的文童又如何能够知道呢? 冯国璋对这次考试大为恼火,别的考生也议论纷纷,都说河间县的书院有些陈旧,对外界的事情知道得太少①。在冯国璋的心里萌生了去更高学府求学的念头,于是,"既乃偕三兄负笈省垣,肄业莲

---

① 田胜武、田艳华:《冯国璋全传》,中州古籍出版社1993年版,第17页。

池书院,且读且谋生计,辄以贫废学,于是公年二十七矣"①。

"省垣"指的是保定,直隶总督驻节之地。根据张一麐的记述,冯国璋是与他的三哥冯琥璋一起投考莲池书院的,但在其他人的传记作品中都没有提到冯琥璋,只说冯国璋费尽周折才进入莲池书院。费尽周折的原因只有一个,就是经济上太过拮据,根本拿不出上学的用度。况且此时他已有一个孩子,家里生计无着,何来闲钱供他上学呢?

经过深思熟虑,冯国璋决计去找富裕的族叔冯甘棠帮忙。找冯甘棠的目的有两个:一是冯甘棠有个朋友在保定莲池书院,求叔父托人情介绍他入学;二是请求叔父给予经济补助。他对冯甘棠说:"我家生活这么困难,而我年过二十仍一事无成。万请叔父拉扯一把,让我有个出头之日。"冯甘棠本来就很赏识冯国璋这个聪慧的侄儿,看好他会有出息。沉思片刻,便说:"这样吧,我写一封推荐信你带着,再送你一头小毛驴,去保定可作代步。到那儿你卖了驴作日常开支用吧。"②冯国璋此番去求学果然有了出息。他是个知恩图报的人,他发迹后就把冯甘棠接去任所,上下人等都称之为"叔太爷"。有了冯甘棠的资助,冯国璋就在清光绪七年(1881年)进入保定莲池书院读书了。

保定莲池书院是清雍正十一年(1733年)由时任直隶总督的李卫奉旨创办的,一时间人才济济,扬名中外。院长(习称"山长")是书院的组织者和行政领导,把握着书院的办学方向。冯国璋入学时,担任院长的是黄彭年。黄彭年(1824—1891),字子寿,贵州贵筑县(今贵阳市)人,进士出身。他曾两次任莲池书院院长,博学多能,诗文兼擅,书画并长,颇负名望。他对书院的贡献主要是扩建校舍增加图书,明立章程严定课程,还努力改进书院课艺内容和形式。黄彭年苦心经营,卓有成效,而且受直隶总督李鸿章之聘,带领师生参与编纂《畿辅通志》。

黄彭年是清光绪四年(1878年)来到莲池书院的,到清光绪八年(1882年)便辞去莲池书院院长赴荆襄道任而去,接替黄彭年担任院长的张裕钊是

---

① 张一麐:《故代理大总统冯公事状》。
② 田胜武、田艳华:《冯国璋全传》,中州古籍出版社1993年版,第17页。

在第二年的阴历四月份才到任的①。冯国璋因为经济上的困难无法解决，也在清光绪八年(1882年)辍学回家了②。其他传记作品中说冯国璋在莲池书院期间经历了黄彭年、张裕钊、吴汝纶三任院长，是不确的，冯国璋离开莲池书院时张裕钊尚未到任，更何况再后面的吴汝纶呢？保定莲池书院确实是在张裕钊、吴汝纶主持期间获得了全国性声誉的，但那与冯国璋没有丝毫关系，岂可牵强附会！

保定莲池书院(今莲池公园)内景

至于冯国璋在莲池书院学到了哪些知识，目前尚无法判断，想来匆匆一年的学习也不会受到多大教益。有些传记作品特别提到，冯国璋就读莲池书院期间，曾有意识地涉猎一些兵书战策，开始对军事发生兴趣，这多半也是猜测，属于"事后诸葛亮"式的判断，因为没有直接或间接的资料可以给予证明。邢赞亭在列举莲池书院著名的毕业生时，也没有冯国璋的名字，可见冯国璋并不在莲池书院毕业生中占有什么地位，当然他也没有从这里毕业。现在有人将冯国璋列入莲池书院的优秀学生名单，只不过图宣传上的影响罢了，毕竟冯国璋是民国前期仅有的五位大总统之一。

① 邢赞亭：《莲池书院忆旧》，载河北省政协文史资料委员会编：《河北文史集萃》(教育卷)，河北人民出版社1991年版，第2页。

② 公孙訇：《冯国璋年谱》，河北人民出版社1989年版，第2页。

五、投笔从戎

冯国璋辍学后选择了一条当兵的路,据他的四子冯家迈回忆,当时的情形是这样的:"由于他和父兄们分居以后,生活毫无办法,又没有近支的本家、亲戚可以拆借,所以到了严寒的冬天,在他读书的时候,以至贫困到无力生火取暖的地步。同时,又看到自己的父母也天天在那饥饿线上挣扎,因而在他二十七岁那年,才在生活的重压下跑到天津大沽直字营投军去了。"[①]生活的窘困逼得人想办法,也就真想出了办法。

张一麐记述说:"时公族叔祖晓亭公就大沽直字营幕,乃投笔而起,走大沽统将刘祺营次为走卒。祺固儒将,与语,大奇之。"[②]当时他有个族叔祖名士塽(字晓亭),在天津大沽盛军直字营当文案,冯国璋便去投奔他了。族叔祖人很好,留他住下,一时谋不到差使,就让他磨石刻印来维持生计。过了些时候,费了不少周折,才算在营中补了员,让冯国璋当了一名学兵。冯国璋从此开始了他的戎马生涯,这是他一生中最重要的抉择之一。

盛军是周盛传统领的部分军队。周盛传(1833—1885 年),字新畬,安徽合肥人,是淮军的重要将领。清光绪元年(1875 年)受任天津镇总兵,驻军城东小站,小站也就是后来袁世凯训练新军的地方。因小站开通新河 90里以达大沽海口,分辟小河十数支,上接南减运河,减河左右开沟渠,俾农民易于引灌。又于小站下开横河门,建桥闸 30 余处,分运河盛涨,下汇海潮,借淡刷咸,得稻田 6 万余顷。濒河两岸,田亩悉变为斥卤之旧,民利赖之。至今小站犹有"周公祠"。

大沽直字营是盛军的一部分,营长刘祺。文人当兵的冯国璋在军营很快就受到了上司的赏识,而且人缘不错,经常帮助士兵书写家信或帮伙房记账。闲时就到族叔祖房中找书看,尤其是军事知识方面的书,读得很认真很仔细,读了一遍又一遍。族叔祖也是个钻研学问的人,系举人出身,很欣赏

---

① 文斐编:《我所知道的"北洋三杰"》,中国文史出版社 2004 年版,第 220—221 页。
② 张一麐:《故代理大总统冯公事状》。

这个族侄孙的才干和灵气,经常与他谈古论今,赋诗填词。得到长官的赏识,为冯国璋日后出人头地做了铺垫。

冯国璋投笔从戎应该是在清光绪十年(1884 年),那一年他 25 岁[1],而不是冯家迈所说的 27 岁。冯国璋的投军之路还是蛮有意思的,从下面的这个传说可看出冯国璋要时来运转了:

> 一路顺风,国璋来到辛桥,日当正午,摸着口袋里仅有的几枚铜钱,进了一家小饭馆。吃过饭歇了脚出得门来,见有一群人压宝赢钱,他也凑了上去,想碰碰运气,结果输了个精光,垂头丧气的回饭馆取行李。因没有钱算帐,堂倌当然不许他拿走行囊。当国璋正被堂倌斥责得脸红脖子粗时,恰巧掌柜的出来替他解了围。
>
> 这位掌柜姓叶名常青,是高阳县苏果庄人。得知国璋是莲池书院的学生,面带书生气,心想说不定将来能升个一官半职的,就顺水推舟送个人情,不但免了饭钱,还从自己腰包掏出几文钱送给冯国璋做盘费。谢过叶掌柜,国璋不敢耽搁,一溜小跑直奔军营。[2]

这个故事很有传奇色彩,不知是真是假。笔者查阅了高阳县的地名资料,苏果庄这个村子是有的,但辛桥之名却不见踪影,或许是其他县的也未可知。吉人自有天相,冯国璋屡次受人帮助,他的霉运是该到头了。

---

① 公孙訇:《冯国璋年谱》,河北人民出版社 1989 年版,第 2 页。
② 张立真:《冯国璋真传》,辽宁古籍出版社 1997 年版,第 18 页。

第二章　军校生活

冯国璋投军后一年,李鸿章创办了中国第一座近代化的陆军军官学校——北洋武备学堂,冯国璋有幸被保送入学。在这所为培养新型军事人才而开办的近代化军校里,冯国璋不仅学到了现代西方军事理论,而且结识了一批有抱负、有作为的年轻学员,这为他日后的发展铺垫了良好的人脉关系。

一、北洋武备学堂

北洋武备学堂是直隶总督兼北洋大臣李鸿章于清光绪十一年(1885年)二月在天津创设的,是中国近代史上最早的陆军军官学校。李鸿章的目的,当然是为了扩充其嫡系淮军的实力。

淮军是为镇压太平天国运动,在曾国藩的指示下,由李鸿章招募淮勇编练的一支军队,是袁世凯"小站练兵"编练新军以前清政府的主要国防力量。清咸丰十一年(1861年),太平军向上海进军,上海守备清军无力抵抗,而作为外援的英军尚未赶到。是时曾国藩为两江总督,总督江苏、安徽、江西三省军务,他所训练、统率的湘军驻扎安庆,上海地方官绅派代表向他求援。曾国藩早有用湘军制度练两淮勇丁的计划,即命他的得力幕僚李鸿章招募淮勇,于清同治元年二月(1862年3月)在安庆编成一军,因为兵员及将领主要来自安徽江淮一带,故称"淮军"。其后,淮军乘英国轮船,闯过太平天国辖境,前往上海,与英、美各军合作对抗太平军。太平天国运动失败后,淮军被大量裁撤,但仍保留下五万人的规模,后又作为清军主力与捻军作战。

李鸿章就任直隶总督兼北洋大臣后,淮军又肩负起海防重任,并增建了新式炮队十九营,武器配备、营制操练,全部因袭德国成法。于是,淮军的训练任务便加重了。除聘请德国军官李劢协(Lehmayer)来华教习三年以外,并选派官弁七人,随李劢协赴德学习水陆军械技艺,以三年为期,学成回国后分拨各营教练,这是中国在役军官出洋学习的最早记录。淮军虽然派员弁出洋,吸收兵学新知,仍不能满足当时的需要,必须做大规模的传习。适清光绪十一年(1885年),中法议和之后,有一批前一年聘雇的德国军官留在天津。周盛波、周盛传乘机禀请李鸿章,仿照西国武备书院之制,于天津设立陆军武备学堂。

北洋武备学堂(1900年被八国联军焚烧后的景象)

李鸿章认为周氏兄弟的建议可行,就在清光绪十一年五月初五日(1885年6月17日)给朝廷上了一份奏折,内中阐明了创办北洋武备学堂的目的:"臣查泰西各国讲究军事,精益求精。……当其肄业之初,生徒比屋而居,分科传授,其于战阵攻守之宜,直视为身心性命之学,朝夕研求,不遗余力,而枪炮之运用理法,步伐之整齐灵变,尤为独擅胜场。我非尽敌之长,不能致敌之命,故居今日而言武备,当以其人之道还治其人;若仅凭血气之勇,粗疏之才,以与强敌从事,终恐难操胜算。"①从学习西方的军事教育制度入手,改变只凭"血气之勇,粗疏之才"与敌作战的现状,最终达到提高清军战斗力的目的,这是李鸿章创办北洋武备学堂的最初想法。朝廷允李鸿章所请,遂设校址于天津紫竹林,定名为天津武备学堂,习称北洋武备学堂。

北洋武备学堂以道员杨宗濂为首任总办,以荫昌为首任会办。杨宗濂(1832—1901 年),字艺芳,江苏金匮人,出身监生,1855 年任户部员外郎。太平军起,返乡组织团练进行对抗。后入李鸿章幕府,率濂字营与太平军、捻军作战,颇受李鸿章重视。荫昌(1859—1934 年),字午楼,满洲正白旗人。清末曾任江北提督、陆军部大臣;入民国后,曾任总统府高等顾问、总统府侍从武官长,是满人被授予陆军上将第一人。

北洋武备学堂的军事教习多聘用德国退役军官,他们"或熟精枪炮阵式,或谙于习炮台营垒做法,皆由该国武备院读书出身,技艺优良,堪充学堂教师之选"②。学堂初设步、马、炮、工程四科,1890 年后增设铁路科。课程设置分学、术两科,学科教授中国经史、天文、舆地、格致、测绘、算学、化学、战法、兵器等;术科教授马、步、炮队操演阵式,枪炮技艺和营垒工程等。学堂取德国教学法,注重实际演练和考核。每日教习以德语授课,学生靠翻译听讲。隔三五日到军营一次,演练筑垒、操炮技术和步、马、炮、工各队攻守战法,检验所学军事知识。

为保证武备学堂教育方针的贯彻执行,李鸿章制定了《北洋武备学堂学规》作为学生的行动指南。《学规》全文四十六条,并附有《续定章程五条》,是一部较为完备的军事学堂管理规程,成为以后各军事学堂参照的成法。择其要者叙述如下:一是注重学员的精神教育,其第五条规定:"每日由汉教习摘录经史一则,书于黑板,令诸生照录,讲解透澈,感发忠义之心。"其第二十九条又规定:"闲书小说,除《三国演义》外,一概不准偷看。"二是严格考勤纪律,其第十条规定:"该学生一日不到,即少一日之课程。倘有托病及借故不到者,记过一次;如有一月之中无一日间断者,即记功一次。"③三是严格

---

①　《开办武备学堂折》,《李鸿章全集·奏稿》卷 53,海南出版社 1997 年版,第 1595 页。
②　《开办武备学堂折》,《李鸿章全集·奏稿》卷 53,第 1595 页。
③　《北洋武备学堂学规》,《历史档案》1990 年第 2 期。

考试制度,其第十二、第十四条规定,每一个月小考一次,称为月课;每三个月考试一次,称为季考;一年期满,大考一次①。四是明确了考绩奖励制度,其第十四条规定:"考列优等者,遇有哨官、哨长缺出,先尽拨补;如本系哨长,记升哨官;本系哨官,循资作为帮带。"②清光绪十二年六月的《续订章程》中又进一步:"考列一等者,遇有哨官、哨长缺出,先尽拨补;如本系哨长,记升哨官;本系哨官,即擢为帮带。"③去掉了"循资"两个字,突出了考绩的作用。这是激励学生努力学习,力图打破原有"循资"晋升的惯例,是为建设新式军队的开端。

北洋武备学堂开办不久,学员名额由原来的一百多人增加到三百人,学制由原设一年改为两年,然后又改为三年,课程安排也渐入正轨。中国当时没有后膛快炮及海岸要塞各种重炮,所以对于炮术的训练特别重视,后来大名鼎鼎的段祺瑞即以炮科的优异成绩而得到李鸿章的赏识。到清光绪二十六年(1900年),该学堂共培养出1500名毕业生,除130名为袁世凯所用外,其余几乎全部当教官④。同年,八国联军攻陷天津,北洋武备学堂被焚毁。

北洋武备学堂被当作培养将才的场地,即所谓"陆师将才,以武备学堂为根本"⑤。从北洋武备学堂毕业的学生当中,主要的有王士珍、段祺瑞、曹锟、段芝贵、陆建章、李纯、李长泰、鲍贵卿、陈光远、王占元、何宗莲、田中玉、雷震春、言敦源、卢永祥、尚德全、阮忠枢、王怀庆等,他们都是20世纪二三十年的风云人物,其中不少人后来成为直系军事集团的骨干。

北洋武备学堂的影响还在于它为后来陆军学堂的发展提供了可资借鉴的经验,如两广总督张之洞援例经奏请在广州设立了广东水陆师学堂,淮军系还创办了两所随营学堂,即威海卫武备学堂和山海关武备学堂。更为重要的影响,是学堂首任总办杨宗濂详采兵法编成《学堂课程》八卷,成为后来各武备学堂的范本。

---

① 《北洋武备学堂学规》,《历史档案》1990年第2期。
② 《北洋武备学堂学规》,《历史档案》1990年第2期。
③ 《北洋武备学堂学规·续订章程五条》,《历史档案》1990年第2期。
④ 王家俭:《北洋武备学堂的创设及其影响》,《国立台湾师大历史学报》1976年第4期。
⑤ 姜克夫:《民国军事史》第一卷,重庆出版社2009年版,第17页。

二、"武校出文生"

北洋武备学堂的学员都是从淮军中选拔的"精健聪颖"弁兵，首期约有一百人，以后更番迭进。冯国璋是北洋武备学堂的首期学员，他是如何进入北洋武备学堂的呢？张一麐记述说：学堂"征取各营颖异之士，祺即以公应。"[1]"祺"即是指刘祺，是他举荐冯国璋入北洋武备学堂的。

在北洋武备学堂，冯国璋的学习是刻苦的，成绩也不错。"公潜心力学，每试辄冠其曹，然课余之暇不以武备废文事"[2]。与其他学员不同的是，冯国璋除去修习学堂规定的课程外，还不停地练习时文帖括，为参加科举考试做准备。冯国璋热衷于科举考试，本有他们家族的传统在内，还有他的兄长都有多多少少的功名，而当时的社会氛围仍以应试及第为正途，不以入伍当兵为时尚也。张一麐交待过冯国璋的这一段经历：

> 公诸兄皆入县学，仲兄以拔萃贡成均，声誉尤著。时方右文，公常愧不如诸兄，无以承老父欢。值年假回籍应科试，时功令特设数学附生额，公以明算故，一试而捷。武备生多出卒伍，文试获隽自公始。文忠喜曰："武校出文生矣。"是年应戊子顺天乡试，赝荐未售，仍返校中受课。己丑正月丁赠公忧，贫无以葬，厝柩宗祠中，室三楹，才足蔽风雨，公痛甚。既贵乃迁葬，且葺祠而新之，曰：以志吾终身之恨也。[3]

冯国璋的三个哥哥都入了县学，他的二哥蕴璋为本邑庠生，清同治十二年（1873 年）参加拔贡生考试，一举而中，此即为"以拔萃贡成均"，后升为候补州判。没有取得任何功名的冯国璋感受到了很大的压力，于是在清光绪十四年正月（1888 年 2 月）趁学堂放年假的机会，回河间参加一年一度的大考。幸运的是，冯国璋一举中第，考得算学附生第一名。所谓附生，在清代是指童生入县学者即未考取秀才直接入县学者。算学附生是开办洋务学堂

---

① 张一麐《故代理大总统冯公事状》。
② 张一麐《故代理大总统冯公事状》。
③ 张一麐《故代理大总统冯公事状》。

后才有的,但考算学附生额也很不容易,先要过本府"岁考"的正场(即《四书》、诗文、诗赋、策论),再参加一次算学科目的考试。两场考试全部合格,录取为生员即秀才,之后才可以备案应试举人。考中算学附生时,冯国璋已三十岁了,正届而立之年。据说,冯国璋在这次应试前还有一个小故事:

> (冯国璋)花钱雇了一辆小推车,给他推着行李书箱等,从天津小站出发直奔家乡方面走下来。中途行至河间城东北南留路村时,遇到他的一位表亲开玩笑似地说:"军官坐小推车,不大雅观吧!"他沉思了片刻说:"今日乘独轮车行三百里,将来坐八抬轿成万户侯。"南留路村的一位老私塾先生听了赞叹地说:"姓冯的小子语气可不小啊! 后生可畏,焉知来者!"①

想必这也是一个美丽的传说,一个人发达了,总会有很多故事附会。但是,从这个传说中,也可以看出冯国璋的志向是不小的。到清光绪十六年(1890年)正月,他的父亲去世,"贫无以葬,厝柩宗祠中,室三楹,才足蔽风雨,公痛甚"。穷秀才无钱葬父,心痛之情是可以理解的。"既贵乃迁葬,且茸祠而新之,曰:以志吾终身之恨也。"后来发达了,重新将父母迁葬,终于了结了心愿,冯国璋也算是一个志存高远的人。

冯国璋考中算学附生,对创办北洋武备学堂的李鸿章来说也是一件天大的好事,因当时的军校生多为行伍出身,军校出了个秀才实属空前绝后,因此他才夸赞道:"武校出文生矣。"凭了李鸿章的一句赞语,冯国璋的名头自然就大起来了。第二年应顺天府试,冯国璋未能考中举人,但这丝毫未影响到他在北洋武备学堂的学业和地位。因为参加两次考试耽误了上学时间,他直到清光绪十六年(1890年)才毕业,又因考试成绩优秀而留在学堂当教习。"庚寅学成毕业,留校为教员,诸生帖然钦服"②。"诸生帖然钦服",说明冯国璋的学识才具还是不错的。

在北洋武备学堂上学期间,冯国璋还得到了荫昌的赏识和提拔。冯国璋之所以能够留在学堂任教习,荫昌的拔擢是最重要的因素。后来,袁世凯

---

① 田胜武、田艳华:《冯国璋全传》,中州古籍出版社1993年版,第25页。
② 张一麐:《故代理大总统冯公事状》。

练兵小站,又是荫昌将冯国璋举荐给袁氏的,因此冯国璋一直称荫昌为"恩师"。及至1917年冯国璋出任代理大总统,荫昌适为总统府侍从武官长,负责保卫大总统的安全。以老师为侍从武官长,冯国璋是很不安的,他一再表示"岂敢用老师为侍从"。不久,就解除了荫昌侍从武官长的职务,聘为总统府高等顾问,月致俸银一千元①。

三、"北洋三杰"

北洋武备学堂出来的学生有很多是清末民初军政两界的风云人物,而与冯国璋并列的是王士珍和段祺瑞,他们三人被称为"北洋三杰"(王士珍为"龙",段祺瑞为"虎",冯国璋为"豹",也有人说冯国璋为"狗")。王士珍(1861—1930年),字聘卿,号冠儒,直隶(今河北省)正定人,清末曾任江北提督、陆军部大臣;入民国后任参谋总长、陆军总长,并短期署理国务总理。段祺瑞(1865—1936年),字芝泉,安徽合肥人,入民国后曾三次出任国务总理,还担任过集国家元首与政府首脑于一身的临时执政,是民国前期政坛的绝对实力派人物。

"北洋三杰"的说法是在他们三人跟随袁世凯在小站练兵以后出现的。"清季中日之役,国威新挫,朝野岌岌图强,特诏前总统项城袁公,创练新建陆军于天津小站,精整票姚,为诸省冠,实为袁开基之始。究其著速效者,袁公盖得三人焉:曰正定王公、合肥段公、河间冯公,世号'北洋三杰'者也。三人者,雄才并驾,壁垒崭新"②。小站练兵,下面还要专节叙

王士珍

<hr />

①　张立真:《冯国璋真传》,辽宁古籍出版社1997年版,第29页。

②　贾恩绂:《德威上将军正定王公墓志铭》,卞孝萱、唐文权编:《辛亥人物碑传集》,凤凰出版社2011年版,第263页。

述。时人将他们三人并称，这本身就表明他们之间是存在着某种默契的。但是，"北洋三杰"的称号据说却是外国人赠给的。清光绪二十六年（1900年）秋，跟随袁世凯驻扎在山东的武卫右军举行秋操，观操的德国胶州总督称他们为"北洋三杰"①。

冯国璋的四子冯家迈回忆说："我父亲和王士珍、段祺瑞三个人号称'北洋三杰'。从天津的北洋武备学堂起，就是同学，并且还成了结义兄弟（我父亲居长，王居次，段最小）。后来，袁世凯在'小站练兵'，他们又开始在一起做事。因此，他们之间的感情，向来是亲密融洽的。他们三个人中间，我父亲和王士珍始终保持着良好的友谊关系，在我父亲就任代理总统以前和段祺瑞也还是友好无间的。"②原来，他们三人还是结拜兄弟，无怪乎要以"北洋三杰"来称呼他们。

与冯国璋同为首期学员的王士珍、段祺瑞，经历上却有很大不同。冯国璋入北洋武备学堂时，年龄 26 岁；那一年，王士珍 23 岁，段祺瑞 21 岁，因而王士珍和段祺瑞都喊冯国璋"四哥"。王士珍是被正定镇总兵叶志超保荐进入北洋武备学堂的，毕业后又回到正定镇标，担任炮队教习。段祺瑞则是从威海军营考入北洋武备学堂的，毕业后被派往旅顺监修炮台。直到袁世凯练兵小站，他们三个人才又聚到一起。可是，他们三人之间疏疏密密的关系，却影响到了民国前期的实际政治进程。

"当是时，淮军诸将领多以行伍起家，谓功名自马上得之，于军学多嫚语姗笑，文忠虽知之，固亦无以易诸将也。毕业诸生多淹滞侘傺，久之始任用，即用亦不称其才。"③淮军的各级官佐多出身于江淮农民，在平吴剿捻诸战役中，均取得比较高的职位，他们对军校毕业生存有天生的排斥性，而指挥权又掌握在这些人手中，冯国璋等人得不到重用也就是理所当然的事情了。曾协助李鸿章办理洋务达三十余年、并具体负责北洋武备学堂招生和分配事宜的周馥就明确指出："武备生分发回营后，各老将视

---

① 高拜石：《古春风楼琐记（五）》，作家出版社 2004 年版，第 94 页。
② 文斐编：《我所知道的"北洋三杰"》，中国文史出版社 2004 年版，第 211 页。
③ 张一麐：《故代理大总统冯公事状》。

之不理。"①在这种情况下,北洋武备学堂的毕业生只能充任教习,教练新操,而不能掌握实际权力,李鸿章希望以军校生充实、改造淮军的初衷也就无法实现了。

---

① 《周悫慎公全集·自定年谱》上卷,第22页。

第三章　守土有责

从北洋武备学堂毕业的第二年,冯国璋为了施展他的抱负,毅然离开学堂进入聂士成军中效力。在随聂士成考察东三省和甲午赴朝作战的过程中,冯国璋不仅积累了一定的军事学修养,更受到聂士成的青睐,为他日后的发展打下了良好的基础。

一、随聂士成考察东三省

清光绪十九年(1893 年)秋,聂士成请准直隶总督兼北洋大臣李鸿章,率多名北洋武备学堂毕业生赴东三省和朝鲜各地考察和勘测地形,冯国璋适在其中。张一麐记述说:"公辗转兵间,依功军统领聂忠节公士成麾下。公以东三省与俄接壤,穷冬蒙犯霜雪,乘耙犁周行边界,调其屯垒、鄂博以及山川厄塞,过目而诵,于心如烛照数计,自冬徂春,乃返芦台报命。"①

聂士成(1836—1900 年),字功亭,安徽合肥北乡(今长丰县岗集镇聂祠堂)人。幼年丧父,家境贫寒,与母亲相依为命。聂士成自小好行侠仗义,后投身军旅,开始了四十年的戎马生涯,先后参与剿灭捻军、中法战争、甲午战

① 张一麐:《故代理大总统冯公事状》。

争、庚子之变,战功卓著,于庚子之变的天津保卫战中,中炮阵亡。清廷追赠他为太子少保,谥号忠节。清光绪十八年(1892年),聂士成升任太原镇总兵,仍率领所部淮军驻直隶,因其字为功亭,故称其所部淮军为"功军"。

冯国璋跟随聂士成考察东三省,是在聂士成升任太原镇总兵以后。聂士成考察东三省的动机,是为"熟悉其道路之险要,径行之难易","备异日与强邻战事之需"①。聂士成带领冯国璋、张祖佑、鄢玉春等数人,沿黑龙江乌苏里江一线中俄边境勘察,经瑷珲、海兰泡、黑河、伯力,直至双城子、海参崴,冒零下三四十度的严寒,历时半载,经由朝鲜北部咸镜道入朝,沿朝鲜东海岸游遍元山海口,直至汉城折返经平壤回国,行程二万三千余里。所到之处,山川要塞均用新法绘图说明,地形地貌、风土人情、驻军防守,了如指掌,所搜集的资料以聂士成之名汇编成《东游纪程》,冯国璋担任注说编写任务②。冯国璋担任注说,表明他的文字功底和军事学素养得到了聂士成的认可。

聂士成铜像

《东游纪程》都写了些什么呢?该书共分四卷:卷一、卷二《日历》,卷三《东省全图》及《图说》,卷四《东三省韩俄交界道路表》,共十万多字。《日历》中记载了每日行程、沿途见闻,有关当地的历史沿革、人口来源、风土人情、物产贸易等,特别注重于军事地理的勘测,对地形、地貌、双方驻军、防御设施、驿站道路等都有详细记载,并提出了准确独到的见解。在图表中共绘制

　　① 陈英:《一部闪烁着爱国主义光辉的著作——聂士成与〈东游纪程〉》,《安徽史学》2001年第2期。

　　② 聂士成:《东游纪程》,中华书局2007年版,第49页。

了32幅要塞地图和各地之间详细的交通里程表,并对之加以说明。这一切都是用科学的方式勘测、调查得来,真实可靠,不是一般游记可以相比的。因而,有研究者对此书给予了高度评价:"《东游纪程》是一本极具价值的军事资料,书中涵盖了他追求民富国强、社会进步的爱国思想和强军固边、积极防御的军事思想。"①下面撷取《东游纪程》中的几处记述,粗略考察一下这部著作的实际价值。

第一处是关于舒兰的记述。那是清光绪十九年(1893年)十月初九日,原文如下:

> 早八点钟由站起程,雪未霁,向北偏西行五里至哑叭屯渡河,又三里至万家,西北向有叉道,询系往乌拉街大道。其旧城在康熙初年为吉林将军驻所,自迁吉林后,设立乌拉打牲总管一员,每年征贡松江鱼、珍珠、松子各物。又四十里过四家子河,亦松花江支河。又十二里至舒兰河站,东南三十里有石磊子地方,产烟煤,亦供吉林机器局之用。是日,宿舒兰河站,计行程六十里。寒暑表二十一度。②

根据前一天的记述,他们是由金珠站(今吉林市龙潭区金珠乡)冒雪起程的,行24公里过四家子河,即松花江的支流,进入如今的舒兰境内。这一天,他们把四家子河北6公里之外的舒兰河站当作终点。你看,他们对当地物产和交通要道的记录多么仔细!

第二天是十月初十,恰逢慈禧太后五十八岁生日。将在外,君命都可以有所不受,难得聂士成还记得这么一回事——"恭值慈禧端佑康颐昭豫庄诚寿恭钦献皇太后万寿"。既然想到了,便马虎不得,于是他命令站丁将崇文观洒扫洁净,在其中设立香案,率随行人员及学生面向京城的方向,"望阙叩祝"③。崇文观本是旧官署名称,此处可能是驿站内所设的办公或递交文书的场所。

---

① 陈英:《一部闪烁着爱国主义光辉的著作——聂士成与〈东游纪程〉》,《安徽史学》2001年第2期。

② 聂士成:《东游纪程》,中华书局2007年版,第22页。

③ 聂士成:《东游纪程》,第23页。

第二处是关于黑河的记述。那是清光绪十九年（1893年）十一月初五日，原文如下：

> 遥见左岸烟雾弥漫，楼阁鲜明，沿江长十里许，俄海兰泡城也。右岸即黑河屯。至屯店有卡伦，翻译办理中外交涉事宜，兼理事厅官及漠河矿务分局、电报分局各委员谒见，询及中外情形，复称呼俄人为羌人；量布尺为羌尺，每尺合中国二尺；用钱以羌帖，每张合中国制钱七百五十文。若零用红铜钱如英美式，名改别，每一百改别合羌帖一张，外来客商须用银换帖始可通行。每银五钱七分换羌帖一张。街市除烟酒食物外，别无他货。俄屯虽耕种，食用十不敷三。全赖中国运卖米、麦、牛、马、柴草，资接济云。①

这样的记述可说是很详细的了，而聂士成对于边境贸易甚至提出了自己的建议。当时中俄两国关系和睦，不禁止民间贸易，也未设关卡。聂士成建议设关卡收税，增加收入。当天的记述文字还交待了中俄双方官员交往的事情：

> 考俄人海参崴、伯利、海兰泡均为阿穆尔省管辖，而伯利为总督治所。海兰泡酋与瑷珲副都统职任等，理交涉事件，文移往复平行。大事仍照会黑龙江将军，小事则会同中国黑河屯理事厅官办理。商民在俄城贸易，白天任往来，至夜十点钟，则禁止，犯者以贼匪治罪，或先禀明领票可免。每日中国往海兰泡者络绎不绝，俄国往黑河屯者甚寥落，即俄官亦罕与华官晤面焉。是日，宿黑河三义客寓。②

据黑河老照片三合义门牌照片所示，三合义是由天合义、地合义、人合义等诸多旅店、商铺组成的，照片显示有客栈牌匾一块，就在当时的三道街，即今天的海兰街（黑河市公安局位置西侧），三义客寓即应在此处。

第三处是在朝鲜的见闻。清光绪二十年（1894年）二月十七日，聂士成一行人一入朝鲜，当地知府就率卫队出来迎接。"其队伍仍古制，用火枪，尚

---

① 聂士成：《东游纪程》，中华书局 2007 年版，第 23 页。
② 聂士成：《东游纪程》，第 23—24 页。

黑河老照片中的三合义，当年聂士成、冯国璋就客宿在这里

逊中国鸟枪兵，衣较笨。府城墙高不过八尺，皆乱石堆砌，楼堞颓坏，内无街道，民居错杂，住低小草房，门前污秽。"不久，知府摆宴相请，"人一小桌，器用铜质，腥闻不能入咽"①。甫入朝鲜境，聂士成等的第一印象竟是贫穷不堪，那是比中国还落后的国度，但落后的还不仅仅是经济上的。二月二十八日，他们来到富宁府，印象就更差了：

> 城内荒陋至极，民苦可知。朝鲜民情太惰，种地只求敷食，不思蓄积。遇事尤泥古法，不敢变通。读书几成废物，平居好游，文理欠通，笔谈数十句，多半费解。谈时务辄加菲薄，可憎可怜。②

朝鲜上层社会拘泥于古法，不思进取，不敢变通，谈时务居然受到菲薄，真是保守之极。那个时候，中国人的观念已有所变动，开始学习西方的坚船利炮，洋务运动搞得有声有色了。而当时的朝鲜半岛还实行闭关锁国，对外界不闻不问，距离世界大势很遥远。接下来的旅途所见，更验证了聂士成等的观感，如三月十一日的记述：

> 早四点钟南行十五里入德源界。又三十五里至文川站，北山后即文川郡。又三十里至铁关站。又十五里至德源府。出城穿树林逾山

---

① 聂士成：《东游纪程》，中华书局 2007 年版，第 94 页。
② 聂士成：《东游纪程》，第 100 页。

河,又十五里至开元山。有中国领事官吴君驻此,迎入府,而学生等已先一点钟由吉州乘朝鲜商船至此。云朝鲜元山丸、理云丸轮船,均由日本大阪价买,各六千元,保险十年;管轮、驾驶均日本人。由元山开往前津、新浦、遮湖、西湖、端川至吉州、临湖各海口,递运货物。以各海口出产稀少,不通商贾大道,无甚起色。当问吉州、临湖距温贵近远? 复云:船主言水陆凡九百五十里。是日,宿元山领事府,计行程百五十里。[①]

此处所谓"中国领事官"是清政府驻朝鲜元山的商务委员,而不是现在意义上的外交官,所谓"领事府"也就是清政府驻元山商务公署。当时,袁世凯正充"驻扎朝鲜总理交涉通商事宜",因朝鲜作为中国的属国,袁世凯便俨然成为朝鲜国王的"太上皇"。聂士成考察朝鲜期间,袁世凯还曾接待过聂士成。

聂士成们对朝鲜落后状况的认识,还可以三月十二日的记述为佐证:

早八点钟遣学生等测绘元山海口,随亲往山上,遍阅海口。四面俱山,略与烟台相仿,口内宽仄与胶州相等。轮船不能泊岸,民船亦难避风。所幸水势不大,溜悉平。海岸码头为日本人修造,贸易亦归之。其男妇计有千余,佣工多系华人。俄罗斯立有界碑,占据地面,并无买卖。朝鲜海关在此,请丹国人治其事,归德源府守监理。日本亦设有领事一员。进口多民船,亦多日本大阪船,余则本地小船,关税亦不见旺。元山海东四百里有具文岛,一名郁陵岛,长广各七八里。初,有居人食鱼为生,迨朝鲜收后遂空无人。俄属海参崴轮必由此出入,前英人筑炮台,旋复退还。若此岛设台置防,辅以兵轮,制俄之权可操券矣。晚赴德源府尹宴。[②]

元山的地理位置相当重要,却已被日本人占尽先机,华人只是日本人的佣工而已。历史上朝鲜久为中国的属国,但晚清政府稀里糊涂地放弃了宗主国的地位,这才是造成甲午战争的远因。不知聂士成当时是否已经感觉

---

① 聂士成:《东游纪程》,中华书局 2007 年版,第 106—107 页。
② 聂士成:《东游纪程》,第 107 页。

到中日间的战争阴影已经临近了呢？但是，参加东三省及朝鲜各地的考察，对冯国璋的影响是比较大的，使他在不久之后的甲午战争中辅佐聂士成指挥清军在朝鲜和关外各地大挫了日本侵略者的锋芒。

二、甲午出征朝鲜

冯国璋随聂士成考察东三省和朝鲜回来后不久，中日甲午战争爆发，聂士成又被派往朝鲜战场作战。清光绪二十年（1894 年）五月初三日，李鸿章奏派直隶提督叶志超、太原镇总兵聂士成共率芦榆防兵四营援朝。聂士成率前锋八百人先发，初六抵朝鲜后，两天后叶志超亦赶到，合屯牙山。牙山在仁川之南、成欢驿之西，距离汉城 75 公里。

清政府当时对日本有一个错误的判断，认为日本自明治维新后，议会可能阻碍政府的行为，日本不会出兵朝鲜。因此，在军队出动后，清政府根据《天津条约》的规定照会日本，说明中国出兵系应朝鲜之请。这时日本首相是伊藤博文，外务大臣是陆奥宗光，他们采取了断然处置，一面奏请日皇裁可出兵，一面把议会解散，并派日本公使大鸟圭介乘坐军舰"八重山"号驰抵仁川，并率四百人前往汉城，另派六艘兵舰停泊汉江口。清政府出兵是以朝鲜忠清道的牙山为目的地，目的在替朝鲜王室平定国内叛乱；日本则是以汉城为目的地，目的在控制朝鲜全局和挟持朝鲜政府。朝鲜内乱平定以后，日本陆军仍源源而入，迄五月中旬，日军已达八千人，均驻屯汉城周围要害，为陆军少将大鸟义昌所率领的第九旅团，而驻屯牙山的清军只有三千人[1]。在这种形势下，日军与清军开战已是不可避免的了。

7 月 25 日，埋伏在牙山口外丰岛海面的日本舰队不宣而战，突袭清军运兵船队，"高升"号被击沉，七百多名清军士兵遇难，中日甲午战争爆发了。28 日，日本陆军开始向驻屯牙山的清军大举进攻，这是聂士成部入朝后首次与日军接战。此时，冯国璋在做什么呢？张一麐记述道："忠节悉公能，会甲午军兴，凡战术军储多资以擘画，是役惟功军独全，且屡与敌抗，有战绩，

---

① 丁中江：《北洋军阀史话》第一集，中国友谊出版公司 1996 年版，第 33 页。

论者多忠节之知人。是为公用兵发轫之始。"①

当聂士成部登船运往朝鲜时,冯国璋负责后勤保障,筹集、供应粮草。等到清军与日军交战时,冯国璋又为聂士成出谋划策。由于清军没有充分准备,匆忙应战,面对日军凶猛的攻势,聂士成部虽然尽力抵抗,但终是敌我力量悬殊,又孤立无援,聂士成只好接受冯国璋的建议,放弃牙山,与叶志超合兵一处坚守成欢驿。未想叶志超怯敌,已弃城而走,聂士成无法立足,只好又退守平壤。

聂士成部退守平壤,与后续入朝的清军左宝贵部会合。作为统帅的叶志超饰败为胜,李鸿章据以入奏,清政府传令嘉奖,恩准冯国璋补用知县衔,并加五品顶戴②。但到了9月15日,日军进犯平壤,清军不支,造成大溃败。此后,日军如入无人之境,到9月21日占领朝鲜全境。10月24日,日军强攻聂士成部防守的鸭绿江畔虎山阵地,"士成兵单,势不支,战一时许,亦退渡叆河而西"③。日军侵占九连城和安东(今辽宁省丹东市)后,又开始进攻凤凰城,聂士成奉命扼守摩天岭。

甲午中日战争中的清军士兵

①　张一麐:《故代理大总统冯公事状》。
②　公孙訇:《冯国璋年谱》,河北人民出版社1989年版,第4页。
③　姚锡光:《东方兵事纪略》,中华书局2010年版,第35页。

　　在摩天岭孤军无援的危急时刻,冯国璋建议聂士成在山林中多树旗帜,
行疑兵迷惑敌人,于险要处设伏兵截杀敌兵,以游击战术,虚实并举,声东击
西,致使日军疑云重重,终不敢贸然攻击,为等待援军赢得了时间①。参加
甲午陆战的湘淮军各部多数溃散,只有聂士成部屡立战功,威震辽东,主要
原因在于聂士成指挥有方,但也与冯国璋的出谋划策分不开。

　　在保卫鸭绿江防线的战斗中,冯国璋曾一度与部队走失。此时参战的
清军都已溃不成军,也有很多军官乘机以"走失"为名,逃离战场。但冯国璋
恪尽军人职守,历经险阻,返回聂士成部,继续投入战场,不失军人本色。在
那个时候,还发生了一个"小马渡江"的故事。据冯国璋的孙女冯容讲述,
"小马渡江"的故事是这样的:

　　　　有一年祖父随聂军门去朝鲜打仗。日本人多,兵器又好,清军战败
　　了,祖父只得跟着往回跑。祖父和他的卫兵阎升一起往北跑到了鸭绿
　　江边,正愁着没法过河,忽然从小树林里斜着跑过来一匹灰黄色的小高
　　丽马,这可救了两个人的命了。祖父和阎升拽着马尾巴过了河。

　　　　两个人过了河,又渴又饿又累,走到一个山脚下见到一个小和尚,
　　二人就向小和尚要水要斋饭,小和尚问明爷爷的姓名后说:"施主请随
　　我上山,我家师父叫我在这里等着您呢。"两个人既感谢又奇怪地跟着
　　上了山,住在了庙里。老和尚和爷爷在谈话时说:"将来你贵不可言,以
　　后有事我会去找你⋯⋯"在庙里休息了几天,谢了老和尚,爷爷就回到
　　了聂军门的部队。

　　　　这匹马是匹母马,从此成了我们家的功臣,以后就有专人照看起
　　来。小高丽马后来又生下一匹小马。老马死后这匹小马也受到了特殊
　　关照,我的伯父和兄长们常去看它并备加呵护。父亲说:"马通人性,有
　　一天,照看小马的人来见你三大爹(我们的三伯父冯家遇,字叔安),说
　　小马不好好吃食,好像是病了。三大爹即去看它,拍了拍它说:'这老东
　　西,还没死呐。'看了一会就走了。三大爹刚一进屋,看马的人就又来报
　　说:'小马躺下了,什么料也不吃了。'三大爹赶紧说:'知道了。'又赶紧

　　①　张立真:《冯国璋真传》,辽宁古籍出版社1997年版,第41页。

到马棚,蹲在地上拍着小马说:'老家伙,你怎么听不懂玩笑话啊,我跟你说笑话哪。'说着,自己下手用精饲料掺着青草,亲自喂小马。小马吃了几口,忽地一下就站起来了。三大爹又抚慰了几句后才离开,小马才好转起来。"①

根据冯容叙述的口吻来看,故事应该是真实的。正因为冯国璋克服困难,坚持返回聂士成的部队,才有了防守摩天岭时故布疑兵的奇谋,也才获得了聂士成的更大信任。

三、随使东瀛

甲午战争以清政府的失败而告终,中日间签订了《马关条约》,清政府以巨大代价宣告了两国间战争状态的结束。聂士成部移防芦台,冯国璋也被委为芦榆防军军械局督办,后选充出使日本钦差大臣裕庚的随员。"东事既葳,忠节驻屯芦防,委办军械局。会裕京卿庚出使日本,欲得南北洋具军事知识者与以俱,沟通以中外武学。忠节以公名荐,充武随员"②。

裕庚出使日本,是甲午战争结束后中日两国政府为恢复邦交而互派使节的结果。裕庚(1838—1905年),字朗西,本姓徐,汉军正白旗人,曾入安徽巡抚(后为两广总督)英果敏幕府。清光绪二十一年(1895年)农历七月,裕庚出任驻日本公使,清光绪二十四年(1898年)农历六月回国,任太仆少卿衔总理各国事务衙门行走。清光绪二十五年五月十二日(1899年6月19日)至清光绪二十八年十一月十八日(1902年12月17日),裕庚又出任驻法国公使。裕庚的三女儿德龄公主曾进宫做过慈禧太后的女官。

看来,裕庚还不是一个糊涂的官员,他"欲得南北洋具军事知识者与以俱,沟通以中外武学",是有远见的。在聂士成的推荐下,冯国璋在裕庚身边担任了一个军事随员,随裕庚东渡日本。途经马关时,冯国璋百感交集,赋诗一首,表达内心的情感:

---

① 冯容:《辛亥革命前的冯国璋》,《纵横》2010年第12期。

② 张一麐:《故代理大总统冯公事状》。

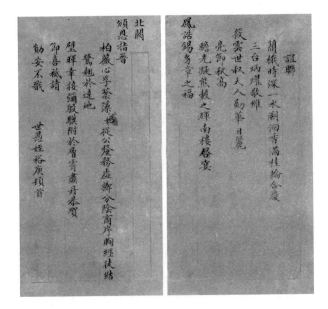

裕庚手迹

东赴日本过马关,低首伤心恨难言。

暗立兴国安邦志,青云直上九重天。①

冯国璋到日本的目的很简单,就是在接触日军将领的同时,暗中考察日本的军事,弄清楚日军是怎样采用西方的军制、战术和武器,从而大大提高其作战能力的。在这次考察过程中,冯国璋结交了不少日军将领。其中,最有名的就是陆军大将福岛安正和陆军中将青木宣纯。同时,冯国璋还走访了不少著名的军事院校,比如日本陆军幼年学校、成城军校,以及近卫师团、户山师团等陆军部队和炮兵学校、警察署等。"日本军学方孟晋,公以夙所诵习,参伍考证,日与其将校游。如故陆军大将福岛安正、中将青木宣纯等,皆时时过从,研览其图籍章制,日积月累,成书数大册,归而上之忠节"②。

除了结交日军将领和走访军事院校,这次考察还让冯国璋有一个意外收获,那就是他阅读了一批西方近代的军事名著,获取了大量有关西方近代

---

① 田胜武、田艳华:《冯国璋全传》,中州古籍出版社1993年版,第35页。

② 张一麔:《故代理大总统冯公事状》。

军事训练和军事科学发展的资料。冯国璋知道,日本人正是因为学习了这些著作和资料,并落实到了军队训练之中,才在短时期内拥有了强大的军事力量。在回国之前,冯国璋几乎是不眠不休地抄录和整理这些著作和资料。到临走时,他把这些资料和自己的阅读心得汇编成册,竟然有好几大册。正是靠着学习和掌握这些西方军事知识,使得冯国璋有了训练新军的理论准备。

清光绪二十二年(1896 年),冯国璋获准回国。按照清朝的外交规矩,凡是担任驻外公职,一般都需要在外边待上三年时间。而冯国璋此次出国,只待了一年时间。他之所以急着回国,无非就是要将自己的所学尽快付诸实践。

回国之后,冯国璋便将自己在日本"参伍考证"整理出来的几大册资料献给了聂士成。对于冯国璋的努力,聂士成自然十分赏识。但是,他毕竟只是一个旧式将领,即便知道西方近代军事知识的重要性,也无法将它们运用到自己军队的训练上来。因此,聂士成对冯国璋资料中所介绍的那些西方军制、战术和管理经验并不感兴趣。尽管如此,心胸开阔、善于用人的聂士成还是认为这些东西极有价值,于是就把这些资料转呈给了袁世凯。

此时,袁世凯已开始在小站训练新军。袁世凯自己也曾经用心学习过西方近代的军事知识,一看到这些珍贵的资料,兴奋莫名。浏览一遍下来,袁世凯就知道冯国璋不仅对日本人学习西洋兵法的来龙去脉十分了解,而且还专门研究过日军的各种重要典章制度,是一个绝对优秀的军事人才。"以为鸿宝也,谓军界之学子无逾公者"。"军界之学子无逾公者",袁世凯给予冯国璋的这个考语,绝对是够高的了。再加上有荫昌的大力推荐,袁世凯便对冯国璋更加器重,急切地盼望着他能够到小站来,协助自己训练新军。自此,冯国璋追随袁世凯,走上了辉煌的人生之路。

第四章　崛起军界

　　北洋武备学堂肄业，参加甲午战争，随使东瀛，对冯国璋的军界地位都没有产生多大的影响，他仍然处于边缘地位。袁世凯小站练兵，奠定了北洋新军的基础，也使得冯国璋在军界崭露头角。从此冯国璋搭上了袁世凯这班车，深度参与晚清时期的军事教育，成为当时中国影响颇大的军事理论家和军事教育家。

一、小站练兵

　　甲午之役，中国竟败于蕞尔小国日本，清廷上下大为震惊，于是编练新军的呼声日盛，这才有小站练兵之举。

　　小站距天津东南 70 里，原名新农镇，是天津至大沽站中间的一个铁路站。原淮军军部曾在此驻扎屯田。清光绪二十一年（1895 年），在李鸿章的军事顾问汉纳根（Von Hanneken）的建议下，清政府派遣长芦盐运使胡燏棻在小站以德国陆军操典编练"定武军" 10 营，计 4750 人，包括步队 3000 人，炮队 1000 人，马队 250 人，工程队 500 人[①]。胡燏棻（1840—1906 年），

---

　　① 　来新夏等：《北洋军阀史》上册，南开大学出版社 2000 年版，第 95 页。

位于天津市津南区的小站练兵园

安徽泗州（今泗县）人，祖籍浙江萧山，字芸楣，亦作云眉。进士出身，捐道员，得以补天津道。先后任广西按察使、顺天府尹、总理各国事务大臣、邮传部侍郎等职。他一生力倡维新，主张向西方学习，振兴国家。正因为胡燏棻有一定的新式思想，所以被委办编练新军事宜。后调任津芦铁路督办，才由袁世凯接替他。

"定武军"的各级军官多为淮军将领，另外还选拔了天津武备学堂毕业生何宗莲、吴金彪、曹锟、田中玉、刘承恩等担任教习或军官，并购买西洋先进武器，期望以新式装备、新法训练形成新的军队阵容。袁世凯奉旨接替胡燏棻后，立即将"定武军"进行扩编改造，制定新的军制，并全部用洋枪洋炮武装起来，成"新建陆军"。

新建陆军包括步队八营，共8000人；炮队两营，共2000人；马队两营，每营500人，共1000人；工程队一营，计1000人。全军总共1.2万人，以步队为主，炮队为辅，马队巡护，工程队供临时调遣。在编制上分为两翼，设统领2人，下设分统、分领训练，每分统统辖步队二千，炮队二千，马队一千。其组织如下：

新建陆军步队营，设统带官兼1员管辖全营，帮统带官1员，管带领官4员，哨官12员，哨长24员，督排哨长4员。

新建陆军炮队营，设统带官1员，管辖全营。帮统兼左翼领官1员，管

辖 3 哨。副领官兼哨官 3 员,哨长 9 员,各管重炮 2 尊。管查炮马哨长 1
员,帮统兼右翼领官 1 员,管辖 3 哨。副领官兼哨官 3 员,哨长 12 员,管查
炮马哨长 1 员,帮统兼接应马炮队领官 1 员,管辖 3 哨。副领官兼哨官 3
员。哨长 9 员。管查炮马哨长 1 员。

新建陆军马队营,设统带官 1 员,管辖全营。帮统官 1 员,领官兼哨官
4 员,哨官 8 员,哨长 12 员。

新建陆军工程营,管带官 1 员,帮带官 1 员,委员 1 员,管理桥梁司队官
1 员,木工 4 队,铁工 1 队,水工 2 队。管理地垒司队官 1 员,筑工 4 队,石工
1 队,筐工 2 队,土工 2 队。管理电雷司队官 1 员,雷兵 3 队,管理修械司队
官 1 员,修炮铁工 1 队,修枪铁匠 2 队,修械木工 1 队。管理测绘司队官 1
员,测绘 1 队,印化兵 1 队。管理电报司队官 1 员,工匠 1 队。

新建陆军督练处,督练官 1 员,稽查全军参谋军务营务官 1 员,执法营
务官 1 员,督操营务处 1 员,督队稽查先锋官 14 员。另教习处洋教官 13
员,翻译 13 员,粮饷局总办委员 1 员,管理采买制造委员 2 员,军械局总办
委员 1 员,收发军械委员 2 员,军医局正医官 1 员,副医官 1 员,还有转运
局、侦探局等。

新建陆军须帐篷 2400 个,全部用外国帆布制造,每名士兵均备洋制雨
衣、雨帽和洋毯,每哨有洋表、双筒望远镜和指南针。每二营有行军电台。
每官长有督队腰刀 1 把,手枪 1 只①。

新建陆军的建成,标志着我国第一支陆军近代化的完成。做出这个判
断的理由是:第一,这支部队全面使用了西式武器、西法编制、西法操练,增
强了自身的战斗力;第二,这支部队已不是单一步兵的旧式陆军,而是一支
拥有步兵、骑兵、炮兵、工程兵等多兵种的部队;第三,这支部队起用一批出
身于洋学堂(包括从国外回来的留学生)的青年军官②。

据说,直隶总督兼北洋大臣荣禄视察新建陆军时,对该军的装备和训练
有素赞赏有加:“会协办大学士荣禄奉诏检阅新建陆军,时公方统工程营,凡

---

① 丁中江:《北洋军阀史话》第一集,中国友谊出版公司 1996 年版,第 52—53 页。
② 黄征、陈长河、马烈:《段祺瑞与皖系军阀》,河南人民出版社 1990 年版,第 8—9 页。

水雷、旱雷、踩雷及各种制造,独运精思,创制奇诡。荣相阅视,尤为嗟叹。翌年二月,荣相复奉命来镇检阅。荣相之往来须过海河,见公所制帆布桥,步骑炮车行过如履坦途,而散则为舟,可游泳,事过拆卸卷藏。荣相深为惊异,反复来,公复为架布桥。"[1]这里所说的"公"还不是指冯国璋,而是王士珍,时王氏正充新建陆军工程营管带。荣禄从未见过这么多的新式装备,他的赞叹肯定是由衷的。这时,冯国璋在干什么呢?

冯国璋加入小站练兵的队伍后,先是被委任为督操营务处帮办兼步兵学堂监督。袁世凯取得小站练兵权以后,聘翰林出身的徐世昌任参谋营务处总办(也就是他的参谋长),可徐世昌根本不知兵,袁世凯不得不从北洋武备学堂毕业生中寻找练兵和带兵的干部。荫昌给袁世凯推荐了四个主要干部,即王士珍、段祺瑞、冯国璋和梁华殿,王士珍被任为讲武堂总教习兼工程营管带,段祺瑞被任为炮兵学堂监督兼炮兵营统带,梁华殿被任为督操营务处总办。可梁华殿有才无命,到小站后不久,即在一次夜间操练中不慎落水淹死了,冯国璋遂被提升为督操营务处总办。

冯国璋在小站练兵期间做出的最大贡献,是制定出一套比较完整的营规操法。小站练兵之初,袁世凯只是在"定武军"的基础上,仿照德国陆军模式扩充组建起一支队伍。但是,所有奠定新军基础的一切工作刚刚起步,军制、条规、操法粗糙零乱,需要全面筹划。而制定营制军规,是一项颇为复杂的系统工程,这个重任就落在了冯国璋的身上。

冯国璋从两个方面着手制定营规操法。一方面,邀请在华的外国军事专家到小站研讨兵法,力争使新建陆军的营制操典与国际标准接轨。另一方面,根据新建陆军现有的规模,结合个人所学兵法的体会,"讨论折中",与王士珍、段祺瑞等几位总办合作,将各兵种的兵法、操典、营规以及各项图说,"次第成书"[2]。其中,大都由冯国璋"一手修定"。

冯国璋主导的这套营规章程共计有十八种,如兵丁驻扎营内暂行章程、操场暂行规则、出操规条、行军暂行章程、择地暂扎各条、夜战防守暂行章

① 尚秉和:《德威上将军正定王公行状》。
② 张一麐:《故代理大总统冯公事状》。

程、监战条规、打靶法式、验报枪枝章程、损械罚章等等,内容系统规范,具有可操作性。冯国璋明确要求"教练诸法,必由督操处会同洋员,按照泰西新式操法,先教官长,依次转教兵勇,以期一律。凡教一事,又必须操练纯熟后,始可依次加进,不得躐等草率"。意图严格训练,达到国际水准。与湘淮军单纯添练洋操相比,前进了一大步。清光绪二十四年(1898年)秋,英国海军司令贝思福到小站参观各队操演后,评价新建陆军兵弁"操法灵熟,步武整齐";野战演习时,官兵"娴习口号,熟谙行阵",认为新建陆军"为中国最有望之兵"①。

冯国璋在为新建陆军制定营制军规的过程中,并不是完全照抄西方国家的先进经验,而是渗透进中国传统文化要素。谨以冯国璋参与编成的《劝兵歌》为例,就是教育士兵要好好当兵:

> 谕尔兵,仔细听:
>
> 为子当尽孝,为臣当尽忠。
>
> 朝廷出利借国债,不惜重饷来养兵。
>
> 一年吃穿百十两,六品官俸一般同。
>
> 如再不为国出力,天地鬼神必不容。
>
> 自古将相多行伍,休把当兵自看轻。
>
> 一要用心学操练,学了本事好立功;
>
> 军装是尔护身物,时常擦洗要干净。
>
> 二要打仗真奋勇,命该不死自然生;
>
> 如果退缩干军令,一刀两断落劣名。
>
> 三要好心待百姓,粮饷全靠他们耕;
>
> 只要兵民成一家,百姓相助功自成。
>
> 四莫奸淫人妇女,哪个不是父母生?
>
> 尔家也有妻与女,受人羞辱怎能行。
>
> 五莫见财生歹念,强盗终久有报应;

---

① 张立真:《冯国璋与中国早期的军事现代化》,《辽宁大学学报》(哲学社会科学版)1997年第4期。

纵得多少金银宝,拿住杀了一场空。

六要敬重朝廷官,越分违令罪不轻;

要紧不要说谎话,老实做事必然成。

七戒赌博吃大烟,官长查出当重刑;

安分守己把钱剩,养家糊口多光荣。

你若常记此等话,必然就把头目升;

如果全然不经意,轻打重杀不容情。[①]

　　过去我们总是指责这首《劝兵歌》是为了维护"封建统治"的需要,有麻痹普通士兵思想的嫌疑。现在重新打量其中的歌词,有哪句不是教人守法向善的?"安分守己把钱剩,养家糊口多光荣",这句歌词尤其令人动容,这正是中华民族家文化的精髓。

二、完善新军军制

　　如果说小站练兵时期制定营规操法仅仅是冯国璋对中国近代军制做出的初步贡献,那么,其后他跟随袁世凯率部移驻山东和担任直隶军政司教练处总办期间所做的工作,特别是常备军制度的建立,使得中国近代化的军制建设得以完成。

　　清光绪二十五年(1899年)十一月,清政府派袁世凯署理山东巡抚,袁世凯乃率所部移驻山东,此时已改称武卫右军。在前一年,练兵大臣、大学士荣禄督练武卫军,这是清政府"集权中央"的一种做法。荣禄创建的武卫军,最大的特点是将主帅统辖的权力付与满人,削弱汉人掌兵的权力。因此,荣禄把直隶提督聂士成的武毅军调驻芦台,改其番号为武卫前军;把甘肃提督董福祥的甘军调驻蓟州,改其番号为武卫后军;把四川提督宋庆的毅军调驻山海关内外,改其番号为武卫左军;袁世凯的新建陆军被改为武卫右军。荣禄则另募亲兵一万人,号武卫中军,驻防南苑。这就是荣禄编练的武卫五军,明的是加强京师外围的警备实力,暗的则置于交通便利、耳目易周

---

① 李宗一:《袁世凯传》,国际文化出版公司2006年版,第55页。

聂士成的武毅军

的地方,以便控制。

　　在此武卫五军中,聂士成武毅军、董福祥甘军、宋庆毅军,皆以旧将练新兵,战斗力不强。义和团运动风起,聂士成殉难天津,董福祥遣戍新疆,毅军无所作为,荣禄的武卫中军亦溃败不能成军,硕果仅存者只是袁世凯的武卫右军。武卫右军调驻山东,得以保存其原有的实力,并且还扩张了自身实力,这就是改编山东旧军。

　　原来,山东有旧军达34营,军伍混乱,散漫无纪,陈迹相因。袁世凯将山东旧军改编为新军,遂调冯国璋负责山东全省军队督操事宜。接受命令后,冯国璋决心从根本做起,改定营制。他按新法设官编伍,汰疲弱去冗杂留精壮,"裁莠存良",把分散芜杂类如乌合之众的兵勇,改编成包括步、马、炮三个兵种,总共二十个营,共计一万四千人的新式部队①。清政府赐名"武卫右军先锋队"。在改编山东旧军的过程中,冯国璋进一步改进了新建陆军军制的不足,使其更接近于西式军制。

　　新建陆军原有的军制大致是:一军分两翼,每翼下设营、队、哨、棚四级。作战以营为主,每营分四队,队下有三哨。队的编制是模仿湘军兵制,因兵

---

① 张立真:《冯国璋与中国早期的军事现代化》,《辽宁大学学报》(哲学社会科学版)1997年第4期。

器不同而分。现既已按兵种设营,队的建制则重叠隔膜,遂将其取消。哨是最基本的战斗单位,冯国璋减少营员,增加哨员,改为每营设四哨,每哨分九棚。这样,每翼下面的层级就减少了一级,只剩下营、哨、棚三级。这种编制方法也成为后来民国陆军军制的基础。

清光绪二十七年(1901年)10月,袁世凯由山东巡抚升任直隶总督兼北洋大臣,又开始了新的一轮扩充北洋军实力的努力。袁世凯"整军经武"的活动正逢其时,因为在他升任直隶总督的第二年,清政府就下谕,要求"各省督抚整顿兵制,期归一律"①。对于这一上谕,袁世凯积极响应,很快就制定出募兵章程十九条上报清政府。清光绪二十八年(1902年)2月2日,袁世凯又向清政府上奏说:"直隶幅员辽阔,又值兵燹以后,伏莽未靖,门户洞开,亟须简练师徒,方足以销萌固圉。""惟入手之初,必须先募精壮,赶速操练,分布填扎,然后依次汰去冗弱,始可兼顾,而免空虚。现拟在顺直善后赈捐结存项下,拨款一百万两,作为募练新军之需"②。清政府批准了他的要求。于是,袁世凯在保定创办直隶军政司,作为北洋军的总部。直隶军政司督办由他本人自兼。军政司下设兵备处、参谋处、教练处,分别以刘永庆、段祺瑞、冯国璋为总办。教练处的职责是"考查训练兵队及审定学堂课程等事"③,责任也是很重的。教练处另设帮办一人,由郑汝成担任(以后曾任上海护军使)。教练处下设二股,提调二人,分别由李纯(以后曾任江苏督军)、南元超担任。其时,冯国璋已由补用知州升为补用知府④。

清光绪二十八年(1902年),冯国璋与段祺瑞、王士珍等联手,依照德国军制拟订出《北洋常备军营制饷章》,在国内首先创建了常备军制度。规定常备兵、续备兵、后备兵各以三年为期。现役常备兵三年,月支全饷;期满后退为续备兵,月饷减至一两;又三年退为后备兵,月饷减半,平时各就其业,冬季调操一个月,发全饷;再三年除去军籍,不予征调。这样,年限减少,并

---

① 《谕由北洋、湖北派员校阅各省训练新兵》,来新夏:《北洋军阀》(一),上海人民出版社1993年版,第474页。

② 《拟拨顺直善后赈捐存款募练新军片》,《袁世凯奏议》,天津古籍出版社1987年版,第428页。

③ 中国社会科学院近代史研究所:《清末陆军编练沿革》,中华书局1978年版,第60页。

④ 公孙訇:《冯国璋年谱》,河北人民出版社1989年版,第6页。

给予常饷,可使"编氓不生疑畏之心,军伍易广招徕之路"①。当年,北洋常备军左镇建成,共十营六千人,编制方法为镇(师)、协(旅)、标(团)、营、队(连)、排、棚(班)。北洋常备军实行番号、武器、服式、军制四统一,"实开常备军风气之先"。至清光绪三十一年(1905 年),北洋常备军编成六镇、共七万人(含学兵营),是为全国编练常备军的楷模。

北洋常备军在军制上的另一个突破,是将以往的募兵制改为征兵制。严格规范征兵条件,要求应征者身高一律在 4.8 尺以上,五官端正,体魄健壮,力举百斤,不吸鸦片,务为地道的土著村民,不许地方官滥保溃勇游民②。尽管由于条件所限,征兵制没有得到严格执行,但在征募新兵时,实由地方官列出本地各乡、村应征名单,"酌量公举",做到了征募结合。

北洋新军训练

此外,北洋常备军坚决实行带兵军官经过考试择优选拔的制度。第一协编成后,王士珍第一个考中,担任了第一协协统;第二协编成后,冯国璋考试成绩最高,当上了第二协协统。

受直隶军政司练兵成绩的影响,清光绪二十九年(1903 年)12 月 4 日清政府设立练兵处,作为全国新军编练的领导机关。练兵处以庆亲王奕劻为

---

① 中国社会科学院近代史研究所:《清末陆军编练沿革》,中华书局 1978 年版,第 49 页。
② 中国社会科学院近代史研究所:《清末陆军编练沿革》,第 48 页。

总理,但奕劻昏庸不知兵,实际主持人为袁世凯。练兵处设军政司、军令司、军学司三个部门,每司设正副使各一人。这三个部门的职责分别为:军政司负责"考查官兵,筹备军需",下设考功、搜讨、粮饷、医务、法律、器械等科;军令司负责"运筹机宜,筹划防守,赞佐本处出纳号令及用兵机密事务",下设运筹、向导、测绘、储材等四科;军学司负责"训练各军操法、整饬武备学校、订期选员、呈请分派各处、校阅队伍、考试学堂等事",下设编译、训练、教育、水师等四科①。由此可见,"练兵处的职权是非常广泛的,凡新章制操法、将领奖惩升迁、军官培养、派员留学、枪炮弹药、后勤马匹等无所不包。练兵处既是新军编练的最高领导机关,又是新军编练的督察机关"②。其中,军政司正使刘永庆,副使陆嘉谷;军令司正使段祺瑞,副使冯国璋;军学司正使王士珍,副使陆建章。该年年底,担任军令司副使的冯国璋二度赴日本"取经",次年归国后升任练兵处军学司正使,负责全国的军事教育与训练工作。

练兵处从设立到清光绪三十二年(1906 年)11 月合并到陆军部,共存在三年时间。在这三年的时间里,统一了全国新军的营制饷章。为改变新军编练中的混乱状态,练兵处成立伊始,就参照西方营制,结合中国实际,开始制定新军营制饷章的工作。清光绪三十年(1904 年)9 月 12 日,练兵处会同兵部,将制订的新军营制饷章上奏清廷批准。该营制饷章是中国陆军近代化的重要军事文献,它将新军训练中的一切,从招募、训练、立军、分军、征调、奖惩到武器、运输、营舍、卫生等条理化、制度化、法律化,是一部庞大的军事法典。从此,各省新军编练即以此为蓝本,新军编练走向统一和正规。冯国璋在担任军学司正使期间,为晚清新军军制建设立下了汗马功劳。

三、督办军学

建立军事学堂,培养新军军官,是袁世凯编练北洋新军的一个重要组成部分。其实,袁世凯的作用也仅仅在提倡、创办和维持方面,而长期担任军

---

①　《东方杂志》,1905 年第 4 期。
②　张华腾、苏全有:《清末练兵处述略》,《光明日报》1999 年 5 月 7 日。

事学堂实际主持人的冯国璋与段祺瑞的作用,似乎更值得肯定。后来,冯国璋又主持全国的军事教育工作,更是对晚清军事教育的现代化做出了开创性的贡献。

冯国璋被任命为直隶军政司教练处总办,"先设练官营,以张君士钰为帮办,遴派教员修明操法,于是北洋旧有之军与新成之军,教练渐归一律"①。他规定练官营的主要任务是要选派教员,整肃旧军营伍,修明操法。具体做法是将在职的下级军官调到练官营训练学习,按兵种分成步兵、马兵、炮兵、工兵四个队,任命李泽霖为步队队官、王廷桢为马队队官、张绍桢为炮队队官、贾宾卿为工队队官,分头教练洋操,由旧军营规章法向新军靠拢,逐渐划一,便于进行统一指挥。

北洋陆军每个镇都配备了重机枪

为提高练官营的训练成效,冯国璋亲自到操场讲课示范。在酷热的夏天,他和学员一起站在操场上,边讲解边示范。有一个学员听课入了神,竟然忘记了撒尿,把裤子尿湿了。下课后,其他学员取笑他,冯国璋看他年纪很轻,便过来解围,和颜悦色地安慰一番,然后把他领到自己的房间,拿出一条裤子让他当即换上,并表扬这个学员认真学习、专心听讲的好作风,鼓励

① 张一麐:《故代理大总统冯公事状》。

他将来当个好军官①。这个故事的真实性如何并不是关键,关键的是它表明冯国璋为训练旧军官做出了巨大努力。只是练官营开办的时间不长,便停办了。

练官营之外,袁世凯又委托冯国璋创办了北洋行营将弁学堂。"袁公又建议设将弁学堂,仍一委之公。淮军宿将于而来,年之高者,且逾六十,武职则至提镇,文职则至道员,且有侍卫一班,以宫禁之虎臣,厕于诸生之列,资望既峻,约束良难。公独刚柔得中,四方材俊,一听公部勒"②。北洋行营将弁学堂开办于清光绪二十八年(1902年)5月,冯国璋为督办,雷震春为总办,总教习为日本步兵少佐多贺宗之,副总教习为日本工兵大尉井上一雄。这个学堂主要招募旧军中的将官和侍卫等入堂肄业,相当于后来的将校研究班,故而学员的年龄偏高,且级别也很高。

冯国璋不仅制定了严格的校规来约束这些学员,而且亲自过问校风军纪事宜。据冯国璋的第六个孙子冯海嵩回忆说:"我祖父当军校督办时,对于学员管教十分严格,赏罚严明。有一次一个学员(此人系满人贵族),在校外宿娼并偷吸鸦片烟,无人敢管,当时有人告密,我祖父立即亲临现场,搜查属实,当即命令随从将其人及烟具等物一并带回学校。此人口出不逊,表示贵族身份,随从人员如实以告,我祖父大怒,将军帽用力摔在地上,并声言'我可以不做此官,也要严明纪律'。他亲自用军棍责打该员,致使军棍折成两段,遂将此员开除军校。此时我父亲也是该学堂学员,这是他亲眼目睹,从此全学堂学员深受教育,再无人敢违反校规,学堂受到当时社会上各界人士的好评。"③在冯国璋的严格管理之下,北洋行营将弁学堂办得有声有色,到该学堂学习的除直隶省以外,还有山东、山西、河南等省的将弁,因此又称"各省将弁学堂"。该学堂以八个月为一期,共办四期,毕业学员总数为545人④。

---

① 张立真:《冯国璋真传》,辽宁古籍出版社1997年版,第68页。
② 张一麐:《故代理大总统冯公事状》。
③ 公孙訇:《冯国璋与中国近代军事教育》,《军事历史研究》1989年第2期。
④ 河北省政协文史委、保定市政协文史委编:《保定陆军军官学校》,河北人民出版社1987年版,第7页。

保定陆军军官学校旧址,其前身就是北洋速成武备学堂

北洋行营将弁学堂停办后,袁世凯又奏请清政府开办北洋速成武备学堂。北洋速成武备学堂开办于清光绪二十九年(1903 年),始隶直隶军政司教练处,冯国璋以教练处总办兼任该学堂总办。清光绪三十二年(1906年),冯国璋调任京职,段祺瑞出任该学堂督办。在冯、段两人的先后主持下,北洋速成武备学堂成效卓著,成为继天津武备学堂后又一所大型的军事学堂。前后三期共培养各种军事人才达 758 人之多[1],比较著名的学生有杨文恺、卢永祥、齐燮元、李景林、刘汝贤、齐振林、何恩溥等[2]。清光绪三十二年(1906 年)八月,该学堂改称陆军速成学堂后,不但大大增加了学生的录取人数(每年考收学生 1140 人),而且,学生来源也从原先的北洋各省扩大到全国。陆军部还规定,以后各省的留学生也必须从这些学生中选派,不得"另自选送,以昭画一"。此外,该学堂还设有留学生预备班,留学生必须在此学习后,经考核合格,才能派遣出国。这就使陆军速成学堂有可能在向全国输送大批军事人才的同时,又培养了一批才学俱优的留学人员,蒋介石、杨杰、张群、王柏龄等都是在该学堂上完预备班后留学日本的。显然,陆军速成学堂在培养军事人才的数量和质量等方面,较之于它的前身北洋速

---

① 《袁世凯奏议》,天津古籍出版社 1987 年版,第 1460 页。

② 张国淦:《北洋军阀的起源》,杜春和等:《北洋军阀史料选辑》上册,中国社会科学出版社 1981 年版,第 34 页。

成武备学堂,都有很大提高。

正是由于冯国璋在督办军学方面取得的成绩,袁世凯才在清光绪三十三年(1907年)保举赏给冯国璋三代正一品封典。在上奏的附片中,袁世凯对冯国璋表扬有加:"经臣行令副都统冯国璋督理北洋武备各学堂,受事之始,几无从着手。该署副都统统筹全局","时逾四载,功效彰明。如练官营、将弁学堂,成就不下千员。此次速成各学堂,成就又七百余人,而由学堂遣赴东西各国留学人数尚不在内。成材之众,近所罕见"①。

冯国璋在督办军学方面取得的另一个重大成就,是在担任练兵处军学司正使时主持制定的《新定陆军学堂办法》,旨在全国建立军事学校系统。"其入手大旨,则已有学堂学营之行省,统一其教条,未有学堂学营之行省,迅立其基础。一年小成,三年而大备,参合程度,制为章程,使各省殊途同归,斠若划一"②。《新定陆军学堂办法》把全国的军事学校分为四级:

初级教育是陆军小学堂,"教以普通课及军事初级学,并养成其忠爱、武勇、机敏、驯扰之性质,以植军人之根本。"③陆军小学堂学制三年,学生毕业后,约有九成升入陆军中学堂继续学习。

陆军中学堂是第二级教育,"教以高级普通课及紧要军事学,并作成其立志节、守纪律、勤服习之实际,以扩军人之智能"④。在课程方面,无论军事学科还是一般学科,均较陆军小学堂深邃,分科也更细,仍以普通文化课为主,兼习军事。其军事学专门学校的性质主要表现在日常的训育和教养,而非课程教育方面。至于训育与教养方式,则仿自日本陆军幼年学校。陆军中学学制两年。学生入堂后食用各项均由学堂发给,另给津贴银两,每年递增,其待遇等级高于陆小学生。毕业后,分入步马炮工辎重各队,历服正兵弁目诸务,期以四个月,名曰"陆军入伍生",然后挑入兵官学堂,约有九成能够继续学业。

陆军兵官学堂是第三级教育,目的是造就初级武官,是继小学、中学之

---

① 转引自公孙訇:《冯国璋与中国近代军事教育》,《军事历史研究》1989年第2期。
② 张一麐:《故代理大总统冯公事状》。
③ 中国社会科学院近代史研究所:《清末陆军编练沿革》,中华书局1978年版,第310页。
④ 中国社会科学院近代史研究所:《清末陆军编练沿革》,第310页。

后的最后一级军官养成教育。陆军兵官学堂专收陆军中学堂毕业生，欲使其成为新军官的唯一产地，以便有效地统一军制。这一计划是理想化的，它恪守军官必出自学堂的观念，改变将领拔自卒伍的传统做法。可是它的实现需要时间，需待陆军中学堂学生毕业后才有生源，才可能开办。所以实质上清朝无一所正规的军官学校，没有一期正规的军官学校毕业生。

第四级教育为陆军大学堂教育。这一级教育与前三级教育不同，它不是新军官养成教育，而是在职军官深造教育。考选经陆军兵官学堂毕业，"在营二年以上，核其最优者拔入大学堂"，"教以高等兵学，统汇各科，淹通融贯，具指挥调度之能"①。这一所大学堂在辛亥革命前与上述陆军兵官学堂一样未能设立。它所确立的深造教育思想及学制办法在民国后才得以实现。

《新定陆军学堂办法》"规定了学堂等级、课程次第、学生额数、学期年分、升学办法，从而建立了完整的陆军军事学校系统，这是中国历史上的第一次"②。从这部规划清朝军事教育远景蓝图的《新定陆军学堂办法》中，我们可以看到冯国璋运筹全局的战略眼光，也可窥见其强国安邦的深层思索与追求。

四、编写军事著作

编写军事著作，是冯国璋为中国近代军事理论体系建设作出的杰出贡献。他最早参与编纂的军事著作，是在小站练兵期间与段祺瑞、王士珍等人一同完成的《训练操法详晰图说》和《新建陆军兵略录存》。

清光绪二十五年（1899年）四月十一日，袁世凯奉旨率部开往山东。途中，袁世凯向清政府上奏，揭示练洋操的弊病及改正办法，并请在全国范围内公布统一的军事规章。四月十五日，清政府秘密指示袁世凯草拟一份报告以备参考。袁世凯即于五月间亲自主持编撰《训练操法详晰图说》，据末

---

① 中国社会科学院近代史研究所：《清末陆军编练沿革》，中华书局1978年版，第310页。
② 朱建新：《清末陆军学堂》，《历史档案》1997年第3期。

附的名册统计,参与编纂绘缮的人员共有四十六人之多,为首的是段祺瑞、王士珍、冯国璋、阮忠枢、言敦源等人。言敦源为之写了《题记》:"以下各叶,皆光绪己亥夏秋之交,督办新建陆军时幕僚给事之作。商榷文字,以徐公为首,而合肥段公、正定王公、河间冯公皆在给事之列。"①据此看,全面主持编纂工作的是徐世昌,而写作班子由言敦源担任主稿,冯国璋是主要参与者之一。

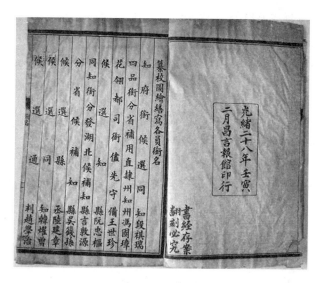

《训练操法详晰图说》扉页

《训练操法详晰图说》于同年 7 月 18 日完成呈进。全书凡二十万言,三百六十四目,分装二十二册,从训和练两方面详细记载了武卫右军训练、攻守、驻扎、步队操法、枪法、阵法、战法,炮队操法、炮法,马队操法、阵法、战法,工程队操法及沟垒说、电雷说、测绘说,并练兵要则、格式、饷章、规则律令及条教等。《训练操法详晰图说》大量录用西方国家的军事操典,是"中学为体、西学为用"在军事上具体运用的典型,而且图文并茂,通俗易解,士卒不用太多的文化就能看懂。《训练操法详晰图说》受到了清政府的高度赞赏,并被定为清末编练新军的教科书,从而在北洋建军史上产生了极大的

① 转引自《骆宝善评点袁世凯函牍》,岳麓书社 2005 年版,第 131 页。

影响。

《德威上将军正定王公行状》中也对这件事做了简略记载："公乃与段公祺瑞、冯公国璋编纂《新建陆军训练操法详晰图说》及《兵略录存》奏上，政府嘉奖。"①《兵略录存》是《新建陆军兵略录存》的简称，是袁世凯主持小站练兵时章制、禁令、训条等内容的汇编，成书于清光绪二十四年（1898年）九月，冯国璋亦参与其中。

除去前述两本书以外，清宣统二年（1910年）前由冯国璋审阅、修改并作序的北洋军事学堂教材有十余部，如《武备通论》、《步队战斗教练草案》、《战法兵语》、《军刀操法》、《教练新兵击放法》、《马匹之骑御法》、《辎重教练》、《军事初阶》、《辎重应用问题图解》等，还有一些经他鉴定、审阅但并未作序的教材，如《籍记图说》、《改定日本士官学校马学教程》等②。这些凝聚着心血的文字，体现了冯国璋对中国近代军事理论体系的探索，兹分述如下：

首先，在掌握近代军事学的方法上，主张循序渐进，由浅入深，强调基础军事课的重要性。因公务繁冗，他本人要编写军事基本知识教科书的计划未能如愿。贺丹臣受其嘱托完成《军事初阶》一书，他亲撰序言："欲行远者必自迩，欲登高山者必自卑，欲求武备之精微亦必基于浅近武备之学层累，曲折百出而不穷，然如躐等以求，终不能得其门径。国璋督理北洋学堂时曾与贺君丹臣计议及此，丹臣因有《军事初阶》之作，先总纲，次军事，次地形、地图、工程、枪炮、测量、方位、气候、命令、队种、誓所、行军、战斗、卫生、内务，凡十八种。编语不必深义，不必奥因，其本根之地，浚其知识之源，由是精而进之，其成就岂可复量。"③这段话形象地阐明了学军事如同千里之行始于足下的道理。这一年，他把《军事初阶》略作增减，在专门培养满族高级军事人才的贵胄学堂传授，获得王公懿亲的一致好评。

其次，明确提出了建立和划分军事学各分支学科的方法问题。清光绪三十一年（1905年），他在为《辎重队教练》一书所写的序言中指出，军事学

---

① 尚秉和：《德威上将军正定王公行状》。

② 潘荣：《教头总统冯国璋》，吉林文史出版社1995年版，第23页。

③ 公孙訇：《冯国璋年谱》，河北人民出版社1989年版，第7—8页。

各分支及各门课程"自与各科学小有异同,盖以其所任之义务在彼,不在此也"①。这句话指明的是,军事学与其他科学部门的区分在于"所任之义务"的不同,即所发挥的不同。与此类似,辎重学也和步、马、炮、工等军事学各分支一样,也在于"所任之义务"的不同。

再次,提出了将辎重学作为军事学独立学科的思想,并付诸实践。从北洋武备学堂到后来新设立的军事学堂,最初只设置步、马、炮、工四科,测绘等学科根本不受重视。冯国璋根据新军编练的需要,不仅增设了测绘、经理、机械等专业科目,还添设一门新的军事分支——辎重学科。他指出,"辎重是军中命脉",军队的弹药、装备、衣食住,"则非辎重不为功"②。在军事学中,辎重学属独立学科,不可轻视,从而把后勤保障与战争胜负的关系提到重要位置。他并向袁世凯郑重建议设立辎重科,教授辎重学,奠定了辎重学在中国近代军事学上的地位。

冯国璋在主持北洋各军事学堂以及担任练兵处军学司正使期间,在吸纳德国、日本军事学说、战术思想的基础上,揉进了自己的思考与理解,形成了比较完整的军事理论体系。尽管他这套军事理论体系还显得比较粗糙,也难说带上多么浓厚的中国特色,但在中国近代军事学史上还是应有其地位的。可惜的是,目前对冯国璋军事思想的研究十分薄弱,盼有识之士能填补此空白。

五、出任军咨使

由于冯国璋在新军训练上的出色表现和军事理论方面的深厚造诣,他被清政府视为少有的军事干才,因而获得了比较快的提升。

清光绪三十二年闰四月初五日(1906 年 5 月 27 日),清政府在北京创办了陆军贵胄学堂,冯国璋被任为总办。陆军贵胄学堂是为王公大臣、贵族子弟专门设置的,根据上谕:"建立贵胄学堂,令王公大臣各遣子弟投考入

---

① 公孙訇:《冯国璋年谱》,河北人民出版社 1989 年版,第 7 页。
② 公孙訇:《冯国璋年谱》,第 7 页。

学,亲习士武,洵属振兴武备之资。"①校址位于北京铁狮子胡同东口路北。

陆军贵胄学堂专门培养满族高级军事人才,成员是王公世爵、四品以上的宗室以及现任满蒙文武大员子弟。该学堂还附设王公讲习所,冯国璋经常亲自为王公懿亲讲军事学,"使其身价倍增,从此与满族亲贵建立了密切的关系"②。到王公讲习所听课的不仅有载涛、铁良等当朝权贵,更有载沣这位后来的摄政王。冯国璋因此关系,在袁世凯被排挤出清政府以后,仍能获得满族亲贵的信任,而他之所以能够出任贵胄学堂总办也是出于铁良的保奏,这说明满族亲贵开始以冯国璋为拉拢对象。

陆军贵胄学堂学员于清宣统元年十一月初十日(1909 年 10 月 23 日)毕业,全体学员包括摄政王载沣等听讲人员都领到了毕业文凭,一并刊入同学录。在此之前不久,冯国璋以"堂务难办力辞其差使,政府初拟不允,旋以该堂现改法政与陆军情形稍有不同,遂准其辞差"③。辛亥革命爆发后,陆军贵胄学堂停办,贵族学生全部编入陆军预备学校第一期肄业。

陆军贵胄学堂同学录封面

冯国璋在担任陆军贵胄学堂总办的同时,又获得了另一个更高的职位。清光绪三十二年九月二十一日(1906 年 11 月 7 日),清政府厘定官制,兵部改为陆军部,以练兵处、太仆寺并入;原练兵处军令司改为军咨处,冯国璋任军咨处正使。"宣统纪元,军咨府成立,公为军咨府军咨使,其上有大臣二人。公以军咨使承宣于下,盖已揽军

---

① 王栋亮:《清末陆军贵胄学堂述略》,《历史档案》2008 年第 4 期。
② 公孙訇:《冯国璋年谱》,河北人民出版社 1989 年版,第 7 页。
③ 王栋亮:《清末陆军贵胄学堂述略》,《历史档案》2008 年第 4 期。

事之大纲,以为得行其志矣"①。清宣统元年(1909 年),军咨处改为军咨府,其性质相当于参谋总部②,以载涛、毓朗二人为军咨大臣。在军咨大臣之下设军咨使二人,掌管总务厅事务。冯国璋出任军咨使。"以为得行其志"的冯国璋,开始对清政府的军事建设提出全盘性的设想与规划。

首先,他提出军队宜定练兵宗旨,谋定后动。练兵一定要有针对性,要设假想敌。"谓各国练兵,均有注射之的,如甲之练兵,则对于某国;乙之练兵,则对于某国。有所对,则地理之讲求,器械之演习,将校之指挥、侦探,亦必有所豫期。一旦有事,则知己知彼,习惯自然。我国练兵,则茫无所据。既无成谋之在握,岂有胜算之可操,是宜定练兵之宗旨"③。有了假想敌,才能做到有的放矢。否则,既无成谋在胸,自无胜券在握,必须从根本上改变中国以往国防意识茫然一片的局面。设立假想敌的提法,显然是冯国璋深思熟虑的结果。

其次,他提出要设立军区,这样军队设防和配合协作才能统一筹划,协力合作。"中国幅员广漠,地势不同,省各几师,多寡未当;且师以省配,各有畛域,非国防所宜是。宜改置军区,择其险要,利其交通,合数省为一区,区各数师,无事则会操,有事则分哨"④。中国幅员辽阔,地势各异,每省军队人数不一,军备成防画地为牢,互分畛域,不利于整个国家防御体系的需要。因而,全国宜收分散为集中,改置军区。按战略要地、交通要道,合并几省为一个防区,防区内各军统一行动,"无事则会操,有事则分哨",使全国形成一个整体,声息相通,便于统一调配,统一指挥。改置军区,可能是冯国璋看到各省督抚对于清政府有一种离心的倾向,才发此感想而要统一全国的军队成一体化配置的。

再次,他提出了一些具体的建议。"定教育普及之程,筹通国皆兵之法,筑军港以复海军,辟工厂以造利器"⑤,确属荦荦大端。开设军港,建设海

①　张一麐:《故代理大总统冯公事状》。

②　张德泽:《清代国家机关考略》,学苑出版社 2001 年版,第 310 页。

③　张一麐:《故代理大总统冯公事状》。

④　张一麐:《故代理大总统冯公事状》。

⑤　张一麐:《故代理大总统冯公事状》。

军,开兵工厂制造新式枪炮等等,均是很有见地的主意,也是甲午战争后国人最为关心的问题之一。

从冯国璋这封数万言的条陈中,可以看出他极具时代急迫感与忧患意识。这个条陈"充分体现了冯国璋的近代战争意识和国防思想,是其军事近代化理论渐趋成熟的标志"①,这样的评价一点也不为过。但是,冯国璋这些前瞻性的建议却不被清政府接纳。这引起了冯国璋的强烈不满,"公乃愤吾谋之不用,浩然思去其官。值西陵与祭,坠马受伤,方有元配吴夫人之丧,而母孙太夫人又已逝世,屡乞假不得请,公亦钳口结舌,随声画诺,不复言天下事矣,然清廷固知公之可大任也"②。

载 沣

清光绪三十四年(1908年),慈禧太后与光绪皇帝先后去世,载沣监国摄政,辅佐年仅三岁的小皇帝溥仪继位,年号宣统。载沣(1882—1957年),袭号醇亲王,是光绪的弟弟,时年二十七岁。他要对袁世凯下手,他身边的清朝青年贵族也暗中怂恿杀袁以泄愤。迫于形势的压力和张之洞的阻拦,最后清政府用患足疾的借口将袁世凯赶走。袁世凯被罢官,作为亲信的冯国璋也心神不宁。尽管那几年冯国璋一直在升官,清光绪三十四年(1908年)升任西陵梁各庄值班大臣,宣统皇帝登基又加封一级,不久再加一级,还被赏戴头品顶戴,在北洋高级将领中是绝无仅有的。但是,冯国璋依然不安于位。正好冯国璋陪同以载沣为首的满汉大臣去西陵祭拜光绪亡灵,不慎坠马受伤。又赶上原配吴夫人去世,高堂老母也不幸辞世,冯国璋辞官不

---

① 张立真:《冯国璋与中国早期的军事现代化》,《辽宁大学学报》(哲学社会科学版)1997年第4期。

② 张一麐:《故代理大总统冯公事状》。

准,他只好应付差事,不复高谈阔论了。

出任军咨府军咨使,是冯国璋在晚清时期担任的最高官职。有传记作者说冯国璋曾任过北洋常备军第六镇和第三镇统制[1],陶菊隐的《北洋军阀统治时期史话》也作了同样的表述,都是不准确的。笔者遍查了张国淦的《北洋军阀的起源》、张联棻的《北洋军的建立》(均载杜春和等编《北洋军阀史料选辑》上册)和《清末陆军编练沿革》,均未见有类似的记载,当属误植。

六、参加两次秋操

秋操,是中国古代军事学的一个独特名词,意为秋天里的操练。在冷兵器时代,骑兵是战斗力最为强悍的兵种之一。三秋季节,草肥马壮,历代帝王选择此时举行骑兵或骑步兵结合的军事操练,是为秋操。清光绪三十一、三十二年(1905、1906 年),清政府调动数万名新军先后在直隶河间、河南彰德进行了两次规模巨大的军事演习,即秋操。这两次秋操展示了晚清军事改革的成就,在中国军事史上具有重要意义,冯国璋都参与其中。

河间秋操是在清光绪三十一年(1905 年)9 月 24 日到 28 日举行的。由于参加秋操的北洋新军是袁世凯一手操练的,他又是练兵处会办练兵大臣及这次秋操的阅兵大臣,所以,袁世凯无疑是这次秋操的策划者和最高指挥。为保证秋操的成功,充分显示北洋新军的实力,袁世凯在秋操前精心进行了安排和部署。首先是设立了秋操的参谋作业机构——阅兵处,冯国璋被任命为总参议兼评判处首领,“总理阅兵各处事务,遵奉阅兵大臣之谕施行方略,监视军情、评判战况并指导演习等事”[2]。阅兵处下设评判处、综理处、递运处、传宣处、执法处、接待处、信号处等七个处,分工负责秋操的有关事宜。

参加河间秋操的北洋新军共两镇四混成协,总兵力为 45002 人,几占北洋新军的三分之二。这两镇四混成协分为南北两军,南军由第四镇和第四、

---

① 田胜武、田艳华:《冯国璋全传》,中州古籍出版社 1993 年版,第 52 页。
② 张华腾:《河间、彰德会操及其影响》,《近代史研究》1998 年第 6 期。

第九混成协组成,任命王英锴为总统官,陆锦为总参议,官佐目兵夫役共22513 名。北军由第三镇和第一、第十一混成协组成,总统官段祺瑞,总参议李世锐,官佐目兵夫役共 22489 名①。

几万军队参加秋操,粮饷器械、军需供应为最重要之事。冯国璋根据袁世凯的命令,选择河间府属之臧家桥、沙河桥适中地方暂设军粮分所,就近馈米粮之外,量给饼干、柴草、麸料,兼储并蓄,至于枪炮、子弹、车辆、马匹等,都做了充分准备。

光绪皇帝、慈禧太后对河间秋操极为关切,秋操期间曾发电慰问。河间秋操结束后,袁世凯将会操情况详细向两宫作了汇报,并将反映秋操实况的照片、办事章程、方略命令及战况评判、训词等上呈。光绪、慈禧阅后甚为高兴,下特旨对袁世凯、铁良等人进行表彰,并鼓励其进一步努力,精益求精。河间秋操的成功,冯国璋是出了大力的。

彰德秋操是在清光绪三十二年(1906 年)10 月 22 日至 25 日举行的,彰德即是今天的河南省安阳市。与河间秋操不同的是,彰德秋操是南北新军联合举行的军事大演习,袁世凯的北洋新军组成北军,湖北新军和河南新军组成南军,南北两军总兵力为两镇两混成协,总共 33958 人。北军以段祺瑞为总统官,陆锦为总参谋官,总兵力为一镇一混成协,共 16172 人,是由上年未参加河间会操的部队临时拼凑而成的。湖北新军第八镇和河南新军第二十九混成协合编成南军,任命张彪为总统官,黎元洪为第八镇统制官,王汝贤为第二十九混成协统领官,兵力为 17786 人②。冯国璋被任命为南军专属审判官长,想必也发挥了不小的作用,"中间彰德大操、太湖大操以及直隶会操频数,靡役不从,均学术为之发踪指示也"③。这句话既概括了冯国璋在河间秋操及彰德秋操中的作用,也指明了参加秋操对冯国璋军事学知识与思想的深刻影响。

除河间秋操、彰德秋操外,冯国璋还参与了一次流产的秋操,即永平(永平府在今河北省卢龙县)秋操。永平秋操原定于清宣统三年(1911 年)10 月

---

① 张华腾:《河间、彰德会操及其影响》,《近代史研究》1998 年第 6 期。
② 张华腾:《河间、彰德会操及其影响》,《近代史研究》1998 年第 6 期。
③ 张一麐:《故代理大总统冯公事状》。

图 19　彰德秋操中的清军炮兵

17 日至 21 日举行,因武昌起义爆发而被停办。永平秋操计划抽调陆军第一、第二、第四、第六、第二十镇一部及禁卫军一部分编为东、西两军,共计33000 人。东军系由第一、第二、第二十镇各部,编成混成第一镇和混成第三协;西军系由第四、第六镇及禁卫军混成第二协,编成混成第四镇和禁卫军混成第二协①。冯国璋被派充东军总统官,舒清阿派充西军总统官。

　　永平秋操的总方略是东军为敌军,由秦皇岛登陆后向北京方向攻击;西军为主军,其主力向滦州方向进发迎战敌军。在永平秋操的攻、防计划中,以东军为入侵的假想敌,可以看出冯国璋军事设想的某些影子。但是,永平秋操尚未开始,武昌起义已然爆发,清政府不得已取消了原先的秋操计划。同时,为了镇压武昌起义的革命军,参加秋操的新军迅速被集结起来,开往湖北前线。"永平秋操本就是将新军置于实战环境下的一次军事演习,新军各部官兵、武器装备及后勤供应等临战准备极为充分,无疑为清政府迅速集

---

① 彭贺超:《宣统三年的永平秋操》,《历史档案》2014 年第 2 期。

结兵力、开拔南下提供了极大便利"①。永平秋操不仅为清政府迅速集结兵力、开拔南下提供了极大便利,也为冯国璋提供了便利,他被任命为第二军军统,赶往湖北前线,开启了人生路上的一个新里程。

---

① 彭贺超:《宣统三年的永平秋操》,《历史档案》2014 年第 2 期。

第五章　辛亥邀功

清宣统三年(1911 年)10 月 10 日武昌起义的突然爆发,给担任军咨使闲职的冯国璋创造了一个绝好的机会。他被任命为清军第二军军统,嗣后又被调为第一军军统,处于攻打武汉民军的最前线。冯国璋在辛亥年的表现,最初是忠于清王室,后来转变为忠于袁世凯,最终帮助袁世凯实现了政权的平稳转移。

一、临危受命

辛亥年湖北新军举事,成立湖北军政府,推新军协统黎元洪为都督,向清政府叫板,要求清政府兑现政治改革的承诺,撤销皇族内阁,调整铁路干线国有化政策,平息国内骚乱,恢复国内和平。对于湖北军政府的要求,清政府并没有听进去。清政府依然按照过去的老办法,兵来将挡,任命陆军大臣荫昌率部南下,强力镇压。

10 月 14 日,清政府编配第一、二、三军,以第一、二军赴鄂,第三军驻守京畿。"著将陆军第四镇暨混成第三协、混成第十一协,编为第一军,已派荫昌督率赴鄂;其陆军第五镇暨混成第五协、混成第三十九协,著编为第二军,派冯国璋督率,迅速筹备,听候调遣;至京师地方重要,亟应认真弹压,著将禁卫军暨陆军第一镇、编为第三军，派贝勒载涛督率，驻守京畿，专司巡护"①。从这份上谕中可以看出，冯国璋是极受清政府重视的，荫昌、载涛都是满人，独独冯国璋是汉人而被委以重任。荫昌所率领的第一军主力就是参加永平秋操的陆军第四镇、混成第三协，第一军迅速编组完成是跟未能举办的永平秋操分不开的。

担任清军第一军总统官时的冯国璋

荫昌在受命前往武汉收复失地的途中，特意绕道彰德去向袁世凯讨教。此时隐退在彰德的袁世凯，尽管还处于下野中，表面上看似不问政事，实则一直与冯国璋、段祺瑞、王士珍等旧时部将保持着紧密的联系。袁世凯告诫荫昌，湖北新军举事情形复杂，他们不是要求加薪，不是要求升官，而是要求政治改革，所以对湖北新军不好鲁莽行事，不好武力镇压。再加上荫昌统帅的军队都是袁世凯旧部，他们唯袁世凯马首是瞻，荫昌根本指挥不动，所以武昌起义并没有因为荫昌前往镇压而结束。

清政府似乎也没有指望荫昌能够平息这场军事哗变，10月14日又起用袁世凯为湖广总督，授权节制湖北所属各军，督办剿抚事宜；同时宣布起用同样赋闲已久的岑春煊为四川总督。在接受了朝廷的任命后，10月23日，袁世凯在彰德老家进行了周密准备，就政治解决和军事部署作了安排。此时已受命率第二军赶往武汉前线的冯国璋首先来到彰德，段祺瑞、王士珍等北洋旧部相继赶到。

在这次秘密会议上，袁世凯决定了基本方针。政治解决方面，袁世凯建议朝廷接受湖北军政府的要求，同意并着手准备在明年即1912年召开国

---

① 张国淦：《辛亥革命史料》，龙门联合书局1958年版，第104页。

会,组成真正意义上的责任内阁;建议朝廷宽容武昌兵谏官兵,解除党禁①。在军事方面,袁世凯属意的是冯国璋。袁世凯授意冯国璋,不必急于进攻,若未准备周妥,万无一失,"断难督师出击"。袁世凯此举的目的是要吊一吊清政府的胃口,为他自己出山争取更好的条件。袁世凯还当面告诉冯国璋,要向朝廷保奏他统领第一军,主持前线战事。过了两天,袁世凯再次暗示冯国璋,"徐徐进兵","暂做守势"②。

10月27日,清政府被迫授袁世凯为钦差大臣,督办湖北剿抚事宜,节制诸军。袁世凯的第一个要求得到了满足,同时清政府也命令冯国璋总统第一军,段祺瑞总统第二军。第一军是一个战斗编制,当时担任第四镇统制的是陈光远,混成第三协协统是王占元,混成第十一协协统是李纯,这个架构一直影响到十多年以后的民国政局。

冯国璋在武昌起义爆发后迅速被授予统领前线大军的重任,颇有临危受命的意思。但是,他这个临危受命来自两个方向,一是清政府对他的信任,一是袁世凯对他的倚重。说到清政府的信任,自袁世凯被勒令回籍养病以后,王士珍自请开缺,段祺瑞外放清江浦任江北提督,只有冯国璋平步青云,一步一步地升官。但在重大历史时刻,冯国璋这架天平的重心还是倾向了袁世凯,为袁世凯出山创造了最好的外部条件。

11月16日,袁世凯就任内阁总理大臣,重组内阁,掌握了清政府的实际权力。内阁名单是:内阁总理大臣袁世凯;外务部大臣梁敦彦,副大臣胡惟德;民政部大臣赵秉钧,副大臣乌珍;度支部大臣严修,副大臣陈锦涛(辞不就);陆军部大臣王士珍,副大臣田文烈;海军部大臣萨镇冰,副大臣谭学衡;学务部大臣唐景崇,副大臣杨度(辞不就);司法部大臣沈家本,副大臣梁启超;邮传部大臣杨士琦,副大臣梁如浩(梁士诒署理);农工商部大臣张謇,副大臣熙彦;理藩部大臣达寿,副大臣荣勋③。从这天起,清政府内部围绕战与和的问题展开了激烈的较量。

---

① 马勇:《辛亥大牌局中的段祺瑞》,《北京科技大学学报》(社会科学版)2011年第9期。

② 《冯国璋致寿勋函》,中国第二历史档案馆编:《中华民国史档案资料汇编》第一辑,江苏古籍出版社1991年版,第190页。

③ 张国淦:《辛亥革命史料》,龙门联合书局1958年版,第112页。

二、攻占汉口、汉阳

冯国璋接掌第一军后,一改此前消极避战的态度,立即指挥第一军进攻汉口,陈光远、王占元、李纯又都是他的亲信,因而作战非常积极。11月1日,冯国璋发布了《第一军总统冯示》,制造社会舆论:

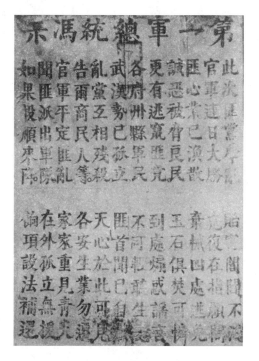

冯国璋告示

此次匪党肇乱,遗害闾阎不浅。

官军连日大胜,克复在指顾间。

匪心业已涣散,弃械四处逃免。

诚恐被胁良民,玉石俱焚可怜。

更有逃窜匪党,到处煽惑谣言。

各府州县军民,不可轻听生变。

武汉势已孤立,匪首闻已自歼。

乱党互相残杀，天心于此可见。

告示商民人等，各安生业勿迁。

官军平定匪乱，家家重见青天。

闻匪派出军队，在外孤立无援。

如果投顺来降，饷项设法补还。①

　　但是，清军的攻势虽猛，却进展不快，原因是汉口市区街道狭窄，树木茂密，遮挡住了楼群和街道。因而，清军在夺取刘家庙和大智门火车站以后，民军退守汉口街巷，清军无法向前推进。为了攻下汉口，清军纵火焚烧市街，"汉口桥口以下，付之一炬，自十二日起至十三日止，火犹未熄，竟将长江经济中心汉口之繁盛市场，化为焦土"②。清军纵火焚烧汉口街区，引起了国内外舆论的严重不满。声讨北洋军的函电交驰，袁世凯要求冯国璋"通饬各营，整顿纪律"。冯国璋也向官兵宣谕："我命令全军从现在起停止自由，不执行军令者，军法从事。"③可恶果已经造成，再做怎么样的补救也无法消除汉口商民的痛伤。

　　至于是谁下达的火烧汉口的命令，大多数人认定是冯国璋所为。张立真就这样写道："冯国璋急于尽忠立功，以市街有路障阻挡，本军进攻不利为借口，竟不择手段地下达灭绝人性的火烧民房命令。"④冯国璋作为清军在汉口前线的最高指挥官，手下的士兵纵火他绝对难辞其咎，但说是他直接下达的命令，证据还不够充足。吴禄贞通电指责清军纵火行为的文字是大家引用比较多的，原文是这样的："官军占领汉口，焚烧掠杀，惨无人道，禄贞桑梓所关，尤为心痛，此皆陆军大臣荫昌督师无状，司长丁士源、易乃谦逢迎助虐，应请圣裁严行治罪。"⑤电文里没有指明是冯国璋所为。但是，北方的清军将领如第二十镇统领张绍曾、第三镇协统卢永祥、第二混成协协统蓝天蔚、第三十九协协统伍祥祯、第四十协协统潘矩楹等联名电请清政府惩办冯

①　吕伟俊、王德刚：《冯国璋与直系军阀》，河南人民出版社1993年版，第22—23页。

②　张国淦：《辛亥革命史料》，龙门联合书局1958年版，第146页。

③　吕伟俊、王德刚：《冯国璋与直系军阀》，河南人民出版社1993年版，第23页。

④　张立真：《冯国璋真传》，辽宁古籍出版社1997年版，第118页。

⑤　张国淦：《辛亥革命史料》，第146页。

汉口革命军运炮备战

国璋①,这从侧面说明冯国璋应对清军火烧汉口一事承担责任。

冯国璋指挥清军占领汉口后,袁世凯开始与革命军进行接触,以君主立宪为谈判条件,但遭到革命党人拒绝。于是,袁世凯命令冯国璋进攻汉阳。在战前举行的军事会议上,冯国璋以决绝的口吻做了分析:"武昌、汉口势成犄角,汉口适当武汉之冲,领兵者不得汉阳,那么,汉口终不可守。现在,我们占了汉口,下一战必先取汉阳。汉阳有兵工厂,经过几十年的经营,汉阳兵工厂的实力足以接济各省的需要。倘若凭恃龟山、黑山各高险之地,俯瞰长江对岸,武昌不过如同釜底的一个弹丸,不攻自破。所以,要全力攻夺汉阳。"②经过半个多月的激战,11 月 27 日,清军占领了汉阳。第二天,清政府授予冯国璋"二等男爵"。据说,冯国璋在得知自己封爵后,竟然感动得大哭起来,说:"想不到我一个穷小子,现在封了爵啦!这实在是天恩高厚,我一定要给朝廷出力报效。"③

就在攻占汉阳的那一天,清军却在前线抓获了一名由武昌前往北京的革命党细作朱芾煌,更奇异的是,朱芾煌的身上携有"直隶总督袁"所填发的

① 冯天瑜:《清军纵火烧汉口》,《人民政协报》2011 年 10 月 10 日。

② 王树枏:《武汉战纪》,载中国史学会主编:《辛亥革命》(五),上海人民出版社 1957 年版,第234—235 页。

③ 文斐编:《我所知道的"北洋三杰"》,中国文史出版社 2004 年版,第 223 页。

护照,并称过江赴京是为南北秘密议和。为慎重起见,冯国璋致电北京,请示处理办法。袁世凯回电,大意是可以按照军法处理,但克定现在不在北京,此事也可以问一问他①。摸不着头脑的冯国璋只好给安阳的袁克定打电报询问,袁克定急回电营救朱芾煌,并派人持亲笔信函赴汉阳。袁克定给冯国璋的信函是这样写的:

> 朱君芾煌系弟擅专派赴武昌。良以海军背叛,我军四面受敌;英人有意干涉,恐肇瓜分;是以不得不思权宜之计,以定大乱。今早有电,谅达记室。朱君生还,如弟之脱死也。②

从袁克定的信里,可以清楚地感觉到朱芾煌身负袁氏父子交代的重大使命。朱芾煌(1877—1955 年),原名绂华,四川江津人。同盟会会员,民国初任南京临时总统府秘书。因与袁克定有旧,穿梭于南北,调停和议,有大功于民国建立。袁克定信中所说的"海军背叛",是指以萨镇冰为首的清海军归附民军,大大减轻了清军对革命军的压力。袁克定(实为袁世凯)认为,海军背叛、北洋军腹背受敌,已不宜再战,名为"权宜",实为"和议",也是在暗示冯国璋不要对民军穷追猛打。后朱芾煌被押解至北京,旋即开释。

与袁氏父子的意见相反,冯国璋认为长江一鼓可渡,武昌唾手可得。攻克汉阳后,冯国璋托人向隆裕太后启奏,请求拨给饷银 400 万两,便可独力平定"叛乱"③。隆裕太后表示,400 万两饷银一时难以筹划,但可以先拨发三个月的饷银,并准备召见冯国璋。12 月 1 日,冯国璋又致电军咨府:"国璋专顾前敌,自不难一举扫平,而后患亦可永绝。"④冯国璋的态度正好与袁世凯的想法南辕北辙,袁世凯不得不明确指示他与刚刚成立的武昌军政府商洽停战事宜。11 月 30 日,双方达成协议,规定 12 月 2 日至 5 日停战三天。12 月 4 日,冯国璋奉命与军政府商洽继续停战,达成停战条款五项:一、停战三日期满,继停十五日;二、北军不遣兵向南,南军也不遣军向北;

---

① 文斐编:《我所知道的"北洋三杰"》,中国文史出版社 2004 年版,第 224 页。
② 《袁克定致冯国璋函》,《近代史资料》总 45 号。
③ 公孙訇:《冯国璋年谱》,河北人民出版社 1989 年版,第 15 页。
④ 公孙訇:《冯国璋年谱》,第 15 页。

三、总理大臣派北方各省代表前往，与南军各省代表商讨大局；四、唐绍仪充总理大臣代表与黎元洪或代表讨论大局；五、以上所言南军，秦晋及北方土匪均不在内①。

然而，此时的冯国璋对袁世凯的真正意图尚未完全了解，或者说完全不理解袁世凯的议和之谋。他仍然不时致电清政府，请求增派援军，鼓吹使用武力击破革命军。12月初，冯国璋曾三次接见袁世凯派来的特使，他们之间的谈话也是蛮有趣味的，请看相关回忆：

> （袁世凯）派心腹到汉口见冯国璋说："革命党一旦反攻过来，你打算怎么办？"冯说："我只有尽忠报国，不知有他。"袁世凯第二次又派人见冯国璋说："天下纷扰，你不要固执己见，倘时机到来，你也可酌情行事。"冯国璋说："我意已决，请勿多言。"袁世凯看冯国璋与自己的宗旨不合，第三次忽然派人到汉口见冯国璋，令其班师回京。冯国璋问有无上谕，来人说是宫保口谕。冯国璋恐其言不实，于是给袁世凯发电询问。袁世凯回电，不说有无此举。冯国璋因来人甚唐突，很怀疑，可又不敢轻易处置，只得让宪兵管带王某把这人送回北京，路经彰德，为袁克定截去。②

清军过浮桥（孝感）

① 公孙訇：《冯国璋年谱》，河北人民出版社 1989 年版，第 15 页。
② 王镜芙：《一生投机的袁世凯》，载吴长翼编《八十三天皇帝梦》，文史资料出版社 1985 年版，第 181 页。

不论这段回忆的层次是否清晰,但大体上是符合事实的。不到万不得已之时,袁世凯是不会轻易明确表示态度的。既然冯国璋不理会袁世凯的意图,一意孤行,袁世凯只好走马换将,调段祺瑞代替冯国璋统帅湖北各军,并调冯国璋为察哈尔都统。12 月 15 日,冯国璋离开汉口北上。12 月 18 日,南北议和开始。而冯国璋抵京后未及赴任,就改任统筹京畿防务,兼任禁卫军总统官。

冯国璋虽然不领会袁世凯的意图,可他在武汉前线指挥清军打仗还是有一套的,并且也遇到过危险。冯容是冯国璋四子冯家迈的长女,她回忆过冯国璋的一些往事(是听他父亲和其他人讲述的):

> 对于祖父在攻打武昌起义军时表现出的军事才能,父亲这样说过:"要说爷爷是真能打仗,说用兵如神也不为过,愣是把革命军士气旺盛的汉口和汉阳给拿下来了。张大伯说当时爷爷带的是训练有素的北洋军,上将军是既懂兵法又有智谋,真是有勇有谋。仗打得是很辛苦,有几次爷爷也是很危险,但还是打了胜仗。"
>
> 祖父打汉口遇险的事,祖母也提到过:"打汉口时,有一回你爷爷真是死里逃生。"说是有一次祖父的司令部被黄兴派出的敢死队所包围,当时北洋军的主力都被派往东西两侧,司令部只有警卫队。交火后,双方打得很激烈,情况非常危急,当祖父被部下强行拽着离开时,那支黄兴的小部队不知道打的是司令部,因此只"干扰"了一下就撤了,所以说那次祖父是死里逃生。如果他们知道是司令部的话,后面的情势还不知道会怎样呢?[①]

前面所说的"张大伯"是指冯国璋的参谋长张联棻,他跟冯家人的联系是比较密切的,故而冯容才有机会听他讲祖父的一些经历。张联棻(1880—1966 年),字复卿,山东淄川(今淄博市博山区)人。北洋速成武备学堂肄业,曾经历过民国前期的诸多重大事件。新中国成立后,任北京市救济分会执行委员、北京市政协福利会委员等职。1954 年 7 月 14 日,由李济深介绍

---

① 　冯容口述、彭秀良整理:《我的祖父冯国璋》,《文史精华》2015 年 1 月(上)。

加入"民革"。同年因工作成绩显著,被誉为"北京市十位红色老人"之一。他的回忆应该是可信的。

三、接统禁卫军

禁卫军是清皇族编练的新军,由载涛任总统官,拱卫京师。该军分两协,每协辖有两个步标,另外还有炮标、马标和工程营等,共一万多人。其中,除了步兵第四标是汉人士兵组成外,其他均为旗人,抱有誓死保卫大清的态度。如果禁卫军变乱,袁世凯的和谈计划,就极有可能落空。在冯国璋刚立下赫赫战功的情况下,袁世凯将他调任禁卫军总统官既名正言顺,又具有"一石二鸟"的功效。而那些满蒙亲贵们,也因冯国璋此前在湖北"平叛"得力,效忠清室,对其出任总统官一职颇有好感。关于冯国璋接统禁卫军,里面还有一个小插曲,是冯家迈回忆出来的:

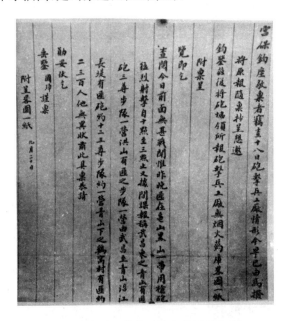

冯国璋在汉口前线写给袁世凯的战报

在我父亲感到自己受了袁世凯的愚弄,回京后既不去见袁,也不到察哈尔就都统新职。过了些时,有一天袁克定忽然来了,他手里拿着我父亲以前向袁拜门时的门生帖子和袁所填写的"兰谱",进得门来,口称四叔,跟着就跪了下去。他一面向我父亲磕头,一面嘴里还叫着"四叔",并说明他所以拿着这两份帖子的缘故,意思是袁世凯今后不把我父亲当作门生看待,而是改做把弟看待了。我父亲看到这种情景,晓得这又是袁的牢笼之计,但是,也不敢怠慢,一面赶紧把袁克定挽了起来,一面嘴里连连地说:"老弟,快起来! 快起来! 你这是寒碜我,我一半天就过去看宫保。"果然,我父亲接着就去看了袁世凯,并且被任命为禁卫军的总统官。[①]

冯国璋接统禁卫军后,马上着手进行整顿。他首先全面组织军司令处,分设参谋、秘书、副官、军械、军需、军法、军医等处,各负其责,扩大了禁卫军的编制。平日严格训练,谆谆训诫军人以服从命令为天职,从官长到目兵,每人发一本军人遵守规则手册。用严格的章法约束军队,听从总统官的指挥,从而很快掌握了禁卫军。1 月 19 日,冯国璋还被满蒙亲贵推举为立宪君主会会长。

1 月 26 日,原禁卫军统领、清皇族中极力反对清帝退位的少壮派代表人物良弼,在住宅附近被革命党人彭家珍用一颗烈性炸弹炸伤一条腿,第二天因失血过多身亡。良弼被炸身死,让王公贵族人心惶惶,纷纷逃出北京。这个良弼也是一条硬汉,曹汝霖回忆道:"良伤一腿,由日本军医为治,拒绝麻醉药,忍痛将一腿齐膝锯下。医生劝其用麻醉品可少受痛苦,良慷慨叹曰:国痛尚可忍,何在一腿? 岂知毒已上升,锯了一腿后仍殒命,亦一豪杰之士也。"[②]良弼被炸身死,对冯国璋加强对禁卫军的控制更为有利。

在同一天,段祺瑞自汉口率北洋将领共 47 人联名发出电文,请清帝逊位。该电文称:"恳请涣汗大号,明降谕旨,宣示中外,立定共和政体。"[③]段祺瑞发表赞成共和的通电后,冯国璋最初的反应是不能理解也不予赞同的。据恽宝惠回忆,冯国璋在看完电报后,非常生气地说道:"芝泉怎么会发出这

①　文斐编:《我所知道的"北洋三杰"》,中国文史出版社 2004 年版,第 208 页。
②　曹汝霖:《曹汝霖一生之回忆》,中国大百科全书出版社 2009 年版,第 98 页。
③　吴廷燮:《段祺瑞年谱》,中华书局 2007 年版,第 22 页。

样的电报？他本人现在保定,这个电报,是不是有人捏造,还是他的本意,我一定要问一下。"①直到后来,段祺瑞亲自派人来向冯国璋解释,并透露这是袁世凯的意思,冯国璋这才默然作罢。

恽宝惠没有回忆到的一个细节是,同一天,清内阁以徐世昌、袁世凯、冯国璋、王士珍四人名义电告段祺瑞等,请勿轻举妄动。文曰:

> 忠君爱国,天下大义。服从用命,军人大道。道义不存,秩序必乱,不为南军所俘,便为乱军所胁,利害昭著,万勿误歧。我辈同泽有年,敢不忠告。务望剀切劝解,切勿轻举妄动。联奏一层,尤不可发,亦不能代递,务望转请诸将领三思。涕泣奉复。昌、凯、璋、珍。②

但清政府已处于内外交困的境地,隆裕太后主持召开了两次御前会议,讨论清帝退位问题。在第二次御前会议上,终于决定了清帝退位。冯国璋闻讯,颇为痛切地对恽宝惠说:"唉! 皇族甘愿退让,我们今儿还给谁打。这样看来,大清国的江山就算完啦!"③的确,大清朝的江山确实是完了。不过,已经成立的南京临时政府与袁世凯内阁议定了一系列优待条件,计有优待皇室八条、待遇皇族四条、待遇满蒙回藏七条,其原文如下④:

> 甲、关于清帝退位后优待之条件:
>
> 今因大清皇帝宣布赞成共和国体,中华民国于大清皇帝辞位之后,优待条件如左:
>
> 第一款:大清皇帝辞位之后,尊号仍存不废,中华民国以待外国君主之礼相待;
>
> 第二款:大清皇帝辞位之后,岁用四百万两,俟改铸新币后,改为四百万元,此款由中华民国拨用;
>
> 第三款:大清皇帝辞位之后,暂居宫禁,日后移居颐和园,侍卫人等照常留用;

---

① 文斐编:《我所知道的"北洋三杰"》,中国文史出版社 2004 年版,第 227 页。
② 中国史学会主编:《辛亥革命》(八),上海人民出版社 1957 年版,第 173 页。
③ 文斐编:《我所知道的"北洋三杰"》,第 228 页。
④ 张国淦:《辛亥革命史料》,龙门联合书局 1958 年版,第 317—318 页。

第四款：大清皇帝辞位之后，其宗庙陵寝，永远奉祀，由中华民国酌设卫兵妥慎保护；

第五款：清德宗崇陵未完工程，如制妥修，其奉安典礼仍如旧制，所有实用经费，均由中华民国支出；

第六款：以前宫内所用各项执事人员，可照常留用，惟以后不得再招阉人；

第七款：大清皇帝辞位之后，其原有之私产，由中华民国特别保护；

第八款：原有禁卫军归中华民国陆军部编制，其额数俸饷，仍如其旧。

乙、关于清皇族待遇之条件：

（一）清王公世爵，概仍其旧；

（二）清皇族对于中华民国国家之公权及私权，与国民同等；

（三）清皇族私产一律保护；

（四）清皇族免兵役之义务。

丙、关于满、蒙、回、藏各族待遇之条件：

（一）与汉人平等；

（二）保护其原有之私产；

（三）王公世爵，概仍其旧；

（四）王公中有生计过艰者，设法代筹生计；

（五）先筹八旗生计，于未筹定之前，八旗兵弁俸饷，仍旧支放；

（六）从前营业居住等限制，一律蠲除，各州县听其自由入籍；

（七）满、蒙、回、藏原有之宗教，听其自由信仰。

以上条件，列于正式公文，由中华民国政府照会各国驻北京公使，转达各该政府。

虽然内阁已然同意上述条件，御前会议也决定了清帝退位，但禁卫军官兵却是不大好说服的。在这个关键时刻，冯国璋显示出了极具智慧的一面。张一麐记述说："公知其上级将领深知大局之无可挽回，不欲重糜烂，乃进其下级官长、目兵而劝导之。告以朝廷之忧危，国家之破碎，与自古有国者灭亡之祸，徒足以毁宗而殃民。日夜开诚，军心感化，公乃争优待皇室条件，争待遇满蒙回藏条件。虽不能尽如所求，而裨益于清室者至巨，至此乃宣布逊政，而公之心苦矣。"①这个说法与事实接近，但细节不够清楚。下面是恽宝惠的回忆，对其中的关键之处补充无遗：

大约在1912年2月初的某天，正当禁卫军的官兵议论纷纷的时候，冯国璋来到驻地并命令吹号集合，他要亲自向官兵们宣布清帝退位的优待条件和禁卫军的安置问题。吹号后，全体官兵集合在操场，操场的前面则摆着三张大方桌，其中一张叠在上面，并在旁边放了接脚的椅子，以临时搭一个高台，方便冯国璋向官兵们讲话。

在全镇官兵按照步、马、炮、工程、辎重营的顺序列队后，冯国璋便拿着一张纸卷上了台，他先扫视了一下列队的官兵，随后开始讲话："我今天来，是和大家说一件要紧的事。大家知道，袁总理是主张君主立宪的，我也是向来赞成君主立宪。但现在独立的省份太多了，要打起来，兵力不敷使用，军饷也没有着落，外国人又不肯借给我们钱。现在隆裕皇太后下了懿旨，说要将国体问题交给国民大会公决，但现在的局势已经是万分危险了，就算我们禁卫军的官兵拼着性命去打，那护卫皇宫和保卫京师的责任又交给谁？"

看到下面已经有动静后，冯国璋赶紧拿出那张纸卷开始念："现在，总理大臣已经和民军商定了优待条件：皇太后和皇帝的尊号、满族和蒙族的待遇，还有我们禁卫军的一切，一概不动……"

当冯国璋念到"大清皇帝辞位"的时候，队伍里立刻出现了不小的骚动，一些旗兵嘴里虽然没有说什么，但脸上无疑是那种又惊又愕的表情；而一些人干脆就抹开了眼泪。随着冯国璋越往下念，队伍的骚动情况就越严重，很多官兵都已经脱离了原本整齐的队列，开始相互议论并发表自己的意见，其中也不乏愤怒的举动。唯独屹然不动的，是由汉人组成的步队第四标，他们仍旧整齐的列队站着，丝毫不为所动，表现出无动于衷的表情。

冯国璋在念完优待条件后，见队伍已经凌乱，便大声宣布："我刚才所说的事情，不论官长士兵，有什么话都可以跟我说，你们大家可以推选几个代表，请代表上前五步，由他们代大家申述意见。"

---

① 张一麔:《故代理大总统冯公事状》。

过了一会,队列里走出几个代表,他们提了两个问题,一是皇太后和皇帝的安全,冯总统(禁卫军的统领当时称总统)是否能够担保?二是禁卫军今后归陆军部编制了,会不会取消?冯总统能不能对此担负完全责任?

冯国璋听后,立刻上台答复说:"两宫的安全,我冯某敢以身家性命担保!并且,我敢担保两宫决不离开宫禁,仍旧由我们禁卫军照常护卫。至于我们禁卫军,不论我今后调任什么职务、走到任何地方,我保证永远不和你们脱离关系!"

在代表们归队后,队伍的骚动仍旧没有完全平息下来。这时,冯国璋急中生智,他再次跳上高台,大声对下面说:"我还有话跟大家说!"这时,协统姚宝来、王廷桢赶紧对自己的队伍高喊一声:"立正!"

在队伍稍微安定了一点后,冯国璋便大声道:"现在你们不管是目还是兵,赶紧推选出两个人来,今天就发给他们每人一把手枪,并且从今天起就跟随在我的左右,以后不论在家出外,只要发现我和革命党有勾结的情形,准许这两个人立刻把我打死,并且不许我的家属报复。"

旗兵们听了这话后,当场便推选出两个人,这两个人都是步队里的正目(即班长),一个叫福喜,一个叫德禄,两个人来到冯国璋面前后,冯国璋对随从幕僚说:"今天就到镇司令部拟两份命令,委派这两个人做本处的副官,领两支手枪,并按每月50两银子支饷。"

这事办好之后,队伍才安静了下来,冯国璋也算是松了口气。他回到镇司令部后,一屁股坐在沙发上,只"嗳"的长叹了口气,一言不发。情势所逼,冯国璋当时的心情,既觉得自己对不起清廷,又不得不做了袁世凯的驯服工具……袁世凯对他也是有知遇之恩的啊!

在沉默的气氛中,冯国璋随后便离开了镇司令部。从此后,冯国璋的身边便多了两个拿手枪的旗兵,他们不但跟着冯国璋回煤渣胡同的私宅,而且真的是冯国璋去哪里都跟着,这种情形一直持续了很长一段时间。

据称,当时禁卫军的军心确实是不稳的,特别是在宣布优待条件的时候,旗兵们觉得已经到了生死存亡的地步,如果不是冯国璋的灵机一动,当时发生什么事情还真不好说。

清帝退位之后,冯国璋对前朝的官服和官帽都是十分珍重的,他的官帽仍旧挂在客厅的四足帽架上,为了防止落尘,他还特意让人做了一个帽袱子盖在官帽上。冯国璋身后的小辫,也是1912年8月去天津上任直隶都督时才剪掉的。这也许是为了维系禁卫军的军心而有意为之,但一直到冯国璋逝世,禁卫军也确实没有和冯国璋脱离过关系[①]。

由于冯国璋出色地做好了禁卫军的工作,后面的事情就简单多了。1912年2月12日,清隆裕太后率同宣统帝退位,其退位诏书全文如下:

武昌起义纪念馆

朕钦奉隆裕太后懿旨:前因民军起事,各省响应,九夏沸腾,生灵涂炭,特命袁世凯遣员与民军代表,讨论大局,议开国会,公决政体。两月以来,尚无确当办法,南北睽隔,彼此相持,商辍于途,士露于野。徒以国体一日不决,故民生一日不安。今全国人民心理,多倾向共和,南中各省既倡议于前,北方诸将亦主张于后,人心所向,天命可知。予亦何忍因一姓之尊荣,拂兆民之好恶。是用外观大势,内审舆情,特率皇帝将统治权公诸全国,定为共和立宪国体。近慰海内厌乱望治之心,远协古圣天下为公之义。袁世凯前经资政院选举为总理大臣,当兹新旧代谢之际,宜有南北统一之力,即由袁世凯以全权组织临时共和政府,与

① 文斐编:《我所知道的"北洋三杰"》,中国文史出版社2004年版,第228—233页。

民军协商统一办法。总期人民安堵，海宇乂安，仍合满、汉、蒙、回、藏五族完全领土为一大中华民国，予与皇帝得以退处宽闲，优游岁月，长受国民之优礼，亲见郅治之告成，岂不懿歟。①

在清帝退位时，禁卫军被改编成陆军第十六师，仍旧由冯国璋遥为领制，而且这个师也一直派出一个营给冯国璋作卫队，冯国璋到哪里，他们就跟到哪里。后来，冯国璋做上了大总统，第十六师也分拆成了第十五师和第十六师，两个师仍旧派出队伍轮流到总统府担任守卫工作。在冯国璋卸任回河间老家后，第十六师还派出一个连跟着下去，以示特殊关系。

1912 年南北议和会议场景

清室得以体面退出历史舞台，按说是一个各方面共赢的结果。有研究者指出："当时决定中国命运的各派势力，把握住这一历史机遇，顺应舆情，放弃对立与报复性仇杀，泯除积怨，而寻求理性的和平了结，逐渐成为共识。并且本这个共识，和平结束了清王朝，共同建立了新的共和国家。辛亥革命的和平解决，使各派的政治利益得到了最大的满足。国民免遭了战争带来的屠戮与浩劫，躲过玉碎瓦全、倾家荡产、颠沛流离、横尸遍野的苦难，安宁地过渡到新的政权之下。国家实现了政权的和平转移，国力未遭破坏，国基未受动摇，国家形象提高。这是一个了不起的历史创举，是古老东方政治智

---

① 张国淦：《辛亥革命史料》，龙门联合书局 1958 年版，第 315 页。

慧的结晶。"①笔者认同这一见解。而在政权平稳过渡的过程中,冯国璋无疑是发挥了别人无法替代的作用的。

四、出督直隶

1912年2月15日,袁世凯被临时参议院选为中华民国第二任临时大总统。3月10日,袁世凯在北京就任临时大总统。袁世凯掌握北京政府的实际权力以后,准备将冯国璋放在较为重要的位置上。9月8日,任命冯国璋为直隶都督兼民政长,但仍兼禁卫军总统官。在此之前,发生了王芝祥"督直改委"事件,王芝祥未能做成直隶都督,才轮到冯国璋出任这一拱卫京畿的重要职位。

王芝祥(1858—1930年),直隶通县(今北京市通州区)人。清末为广西布政使并兼巡防营统领,在辛亥革命中反正参加革命军。广西独立后,王芝祥率部前往南京准备参加北伐。南北议和时,南方革命党人推荐他出任直隶都督,以扩大革命党在北方的势力。唐绍仪在组织第一届内阁时间,试图调和南北矛盾,也就附和了南方革命党人的要求,并向袁世凯提出由王芝祥出任直隶都督。袁世凯当时虽然不愿意,但也没有直接拒绝,表示可以先让王芝祥来京。袁的回应不过是权宜之计,目的是为了骗取同盟会放弃陆军总长一职,而由其亲信段祺瑞充任。

因此,1912年5月26日王芝祥刚刚进京,冯国璋、王占元等十余人便于27日联名上书袁世凯,声称直隶军界反对委任王芝祥"督直"。袁世凯随即以军队反对为借口,拒绝委任王芝祥为直隶都督,并命令直隶各界不准"随意迎拒"。唐绍仪认为政府不能因军队反对而失信于民,力图挽回对王芝祥的任命。双方争执不下,不久即发生王芝祥"督直改委"事件。袁世凯"派王芝祥督办南京整理军队事宜",即协助江苏都督程德全完成黄兴辞职后的南方军队整编工作,而王芝祥的这一委任并未得到国务员的副署,从法

---

① 骆宝善、刘路生:《袁世凯与辛亥革命》,《史学月刊》2012年第3期。

律上讲是无效的①。因为根据《临时约法》的规定,所有未经国务员副署的命令都不具有法律效力。但是,王芝祥"督直改委"事件直接造成了唐绍仪内阁的总辞职,同时也给冯国璋出任直隶都督创造了条件。

9月15日,直隶省12个机关在省商会开欢迎新都督大会,冯国璋在会上致答词,开诚布公地说:

> 兄弟此来督直有三好三坏,好处即吾民国变更政体,一切平等,官民可以和衷共济,此其一;虽有少数人不赞成吾督直,尚有多数人赞成,将来所有进行,尚不致有大的阻碍,此其二;军警秩序谨严,保证无再有他变,此其三。坏处即是,吾人政治上阅历少及本性粗率,并不善运动。至于谋划本省政治进行,用人即调和新旧,理财则先开源后节流,办事则事前着意,俾免临时失措,将来另将本省应办各事列表宣布为目的。尚望各机关辅助进行,以达目的。②

冯国璋的这个讲话是很实在的,既道出了出任直隶都督的有利条件,又直率地承认自己缺少治理一方军政民政的阅历和经验,希望得到各机关的配合。冯国璋这样讲话自有他的苦衷,因为在此之前的9月12日,直隶旅京各界人士在安庆会馆开会,反对冯国璋就任直隶都督,提议由蒋雁行继任③,舆论开始就对他不利。这种不利的舆论倾向在冯国璋督直期间一直没有消除,反而掀起了几次大的波澜。

10月20日,冯国璋到省议会宣

王芝祥

---

① 严泉:《民国初年王芝祥"督直改委"事件考》,《民国档案》2013年第2期。

② 公孙訇:《冯国璋年谱》,河北人民出版社1989年版,第21—22页。

③ 公孙訇:《冯国璋年谱》,第21页。

布政见,议员们对他提出的改组政府及教育、农业、工商诸项政纲,皆持异议,抨击甚力,搞得不欢而散。半个月后,因人事和财政问题,冯国璋再次同省议会发生冲突,直隶各界意见纷纷①,舆论对冯国璋更为不利。但是,冯国璋还是比较尊重省议会及议员的,他遭受议员质问,羞得满脸通红,一句话也说不出来,又不敢发作,干在那里,下不了台。最后,还是议长出面,宣告休会,冯国璋才下台离去。过后,冯国璋居然托人捎话,向发难的议员道歉,说他对军队讲话惯了,没有经过议会的场面,说了粗话,真是不好意思。还问,议员有什么要求没有,他尽可以满足,同时希望跟议员见面,有话好说。"不能不说,这位北洋宿将,还真是有些涵养"②。其实,冯国璋自身有些涵养只是问题的一个方面,民初各地军政长官对法律和省级立法机关的尊重才是问题的根本所在。

根据1913年4月2日公布的《省议会暂行法》的规定,省议会主要拥有以下三项职权:第一,议决权。凡下列各种事项,须经省议会议决:(一)本省单行条例,但不得与法律、命令抵触;(二)省预算、决算;(三)省税、使用费、规费的征收;(四)省债募集,省库有负担的预约;(五)省财产和营造物的处分和买入;(六)上述管理方法。

第二,监督权:(一)受理本省人民关于本省行政诉愿事件;(二)认为省行政长官有违法行为时,得以出席议员三分之二以上的可决提出弹劾,经由内务总长提交国务会议惩办;(三)对省内官吏认为有违法、纳贿情事,得咨请省行政长官查办。此外,省议员对于本省行政事项有疑义时,得以十人以上的连署,提出质问书于省行政长官,并限期答复;议员若认为答复不得要领时,得要求省行政长官自行到会或派员到会答辩。

第三,建议权:省议会对于本省行政或其他事件有意见时,可随时向省行政长官提出建议。省行政长官对于某项事件遇有疑难时,可向省议会咨询,省议会亦须据实答复③。

由上述法律规定来看,省议会对本省财政事项是有议决权的,身为都督

① 张立真:《冯国璋真传》,辽宁古籍出版社1997年版,第145页。
② 张鸣:《"北洋之狗"冯国璋》,《深圳晚报》2011年6月3日。
③ 钱实甫:《北洋政府时期的政治制度》上册,中华书局1984年版,第215—216页。

的冯国璋当然不能独断专行。10 月 31 日，冯国璋致电国务院，直陈"直省财政本已罗掘俱穷，致费无着，补苴乏术，饷项支绌，兵溃堪虞，虽有救急之方，议会亦难承认，国璋服官本省，不愿与乡人过生恶感，值此时势难处，财政外交万分棘手，全省安危所系，不得不据实披沥上陈，顷已电请大总统另简贤能，以维大局，庶可与议会协商一致进行"①。因与省议会的龃龉，已然萌生退意，冯国璋还是不适应新生的民主政治架构。

与此同时，他也将这个意思转达给省议会："直省财政窘迫，本月早饷尚属无着，国璋孑然独处，何能当此重咎，刻已电陈大总统请另简贤能接替，并电达国务院将原电送贵会审阅。国璋在位一日职守所在，仍当惟力是视，至应如何设法筹措款项，以维大局之处，并望从速议定为至要，行政官改组一节尤盼明教。"②这封信虽然有以退为进的意思，但总体上仍取对省议会尊重的态度，希望能够与省议会沟通获得谅解，俾使省政能够顺利进行。

但如果省议会超出自身职权，过度干预行政长官的自主行为，冯国璋也是不会答应的。12 月 1 日，议会提出通过考试录取州县级官员议案，请省行政公署批准。冯国璋在答复省议会的咨文中写道："以为任免官吏之权自应归都督，议会不得干涉，且省官制又未订定，自应暂守旧法，不能轻为紊乱，致启纷争。"③有人据此认定冯国璋缺乏民主观念，不与省议会合作。还有人据此认定，冯国璋得到了袁世凯的支持，胆壮气粗，与省议会争夺用人权。因为 11 月 5 日袁世凯曾电斥直隶省议会不得干预用人行政，11 月 16 日大总统袁世凯又授予冯国璋勋位。但这些都是不靠谱的猜测，我们应该从有关省议会的立法条文中寻找依据，毕竟民初的都督或民政长都不敢轻易忽视法律的作用。

12 月 27 日，冯国璋命人与奥地利商人斯喀拉订立借款草约，借取外债 300 万元，以直隶酒捐为抵押，未能在省议会获得通过④。对照前面所引《省议会暂行法》的规定，这属于"省库有负担的预约"，省议会基于某种担忧不予通

---

① 公孙訇:《冯国璋年谱》，河北人民出版社 1989 年版，第 23 页。
② 公孙訇:《冯国璋年谱》，第 22—23 页。
③ 公孙訇:《冯国璋年谱》，第 23 页。
④ 张立真:《冯国璋真传》，辽宁古籍出版社 1997 年版，第 147 页。

过,也是合法的。但是,冯国璋与省议会的紧张关系却没能缓解,1913 年 1 月 14 日,顺直省议会致电中央政府,反对冯国璋兼任直隶民政长。电文如下:

> ……冯都督于政治学识非其所长,今若令冯都督兼理民政,虽有各司佐治,而考覆一事亦非政治学者所能胜任。本议会为一省人民代表,事关一省前途,未敢缄默不言,拟请政府援照晋、鄂、赣、闽等省办法,由中央简任民政长主治本省民政,而以军事责成冯都督。冯都督深遽兵学,又曾身经战阵,必能保障一省,为国宣劳,而直省民政既有专官治理,亦不至费弛失坠矣。①

都督不兼民政长,本是袁世凯极力推行的一项政策,顺直省议会反对冯国璋兼理民政,也是援引其他省份的做法,不独专与冯国璋做对。提出的理由却颇有意味,"于政治学识非其所长",这是冯国璋就任直隶都督时的话,此处却被省议会拿来否定他自身兼任民政长的理由,甚是有趣。在此之前,1 月 11 日,冯国璋在北京宝祥寺禁卫军督察队办公室宴请参谋本部、陆军部及近畿各镇军官时,冯国璋已经意识到危险了,他在发言中说:

> 国璋以军人出任民治,地方绅士辄谓国璋武夫不知政治,以治民必无良果,其用意盖卑薄军人无政治知识,暗生反对,故我辈军人尤当研究政治学,以补不足,而免讥谤,君所注意者一也。②

这个发言不似发泄怨气,像是自勉,反映出冯国璋政治上开通的一面。可对于冯国璋来说,他面临的困难远比他想象的要多,天灾就是他无法预测的。1912 年夏,京津保地区阴雨连绵,河水暴涨,永定河、滹沱河决堤几十处,四十多个州县一片汪洋。灾民流离失所,惨状异常。10 月 25 日,冯国璋向红十字发出乞赈电报,请求向海外华侨募捐,赈济直隶灾民:

> 今夏阴雨连绵,河流陡涨,直境永定、滹沱诸处河堤同时决口数十,州县田庐财产悉遭淹没,闾阎荡析,惨不忍闻,急须赶筹急赈,又应堵筑堤防,灾重工繁,实非巨款不办。直省帑源枯竭,虽经张前都督通电,京

---

① 公孙訇:《冯国璋年谱》,河北人民出版社 1989 年版,第 24 页。
② 公孙訇:《冯国璋年谱》,第 24 页。

外疾呼,请各省都督协助银米稍资接济,但需款尚多,终不免捧土塞河之虑。……素仰贵会轸附创夷,不分畛域,慈心宏愿,遐迩咸知,敬代我直数万灾黎呼吁请命,务乞广为劝募各岛华侨、欧美善士,量力钦助。俾得集成巨款,工赈并行,涸鲋尚苏铸盒,以报沥诚。①

除去募捐救济灾民以外,冯国璋更是从各个方面想办法,力图使灾民得到更好的及时救济。首先,针对京津商人囤积居奇的做法,冯国璋命令天津平粜局采取强制措施,对天津、保定运粮商人一律按九折粮价收买,借以平抑粮价;其次,从河南、安徽、湖北、奉天等省大量购买大米、小米、玉米、杂粮,保证市场供应;复次,请求交通部准许路经京汉、津浦、京榆铁路线转运赈灾粮食,减半收取运费,免除税厘,降低粮食成本②。经过种种努力,市场粮价慢慢回落,又加上各地捐款的源源到来,算是缓解了灾民饥困之苦。

但是,冯国璋想要从根本上解决水患问题,却碰了壁。3 月 12 日,他出面与议员、绅商讨论治理水患问题,提议疏浚河道,开通天津至保定河运,变害为利。议员们担心筹得这笔巨款,会被官府挪作他用,无人响应③。这项造福于民的百年大计就这样夭折了。但冯国璋在治理直隶水患方面也不是一无作为,有研究者翻阅《直省五河图说》一书,发现这是冯国璋督直时命水利专家勘察永定河、大清河、子牙河、南运河、北运河及箭杆河上游、青龙湾减河后绘制的水利图,并详加注明。直隶省长朱家宝在该书序中称:"民国二年,河间冯公督直,命黄技正国俊勘测河流,为根本求治之计。越明年,冯公去直,事几中辍。"④因为冯国璋不久被任命为江淮巡抚使,带兵南下,这项工作不得不中途停止了。

总体上看,冯国璋督直的一年多时间里,在政治上的建树确实不多。1913 年 3 月 20 日,"宋教仁案"发生后,冯国璋关注的重点也发生了转移,后又率军南下,直隶的事情他就无暇顾及了。直到 1913 年 12 月 16 日被任命为江苏都督时止,冯国璋才正式卸任直隶都督,改由赵秉钧署理。

---

① 公孙訇:《冯国璋年谱》,河北人民出版社 1989 年版,第 22 页。
② 张立真:《冯国璋真传》,辽宁古籍出版社 1997 年版,第 146—147 页。
③ 张立真:《冯国璋真传》,第 148—149 页。
④ 李正中主编:《近代中国天津名人故居》,天津人民出版社 2002 年版,第 32 页。

第六章　主政江苏

1913年3月20日,"宋教仁案"发生,直接引发了革命党人反对袁世凯的武装斗争,史称赣宁之役。赣宁之役给冯国璋造成了新的机会,在平定"叛乱"以后不久,冯国璋被任命为江苏都督,成为雄霸一方的"诸侯",同时推动了江苏的现代化建设。

一、赣宁之役

民国肇建,孙中山就任临时大总统于南京。南北议和成立,袁世凯继孙中山为第二任临时大总统。为防止袁世凯专权独断,孙中山和南京临时政府修改《临时约法》,改总统制为责任内阁制。1912年年底到1913年年初,第一届国会议员的选举中,国民党成为第一大党,国民党的核心人物宋教仁也就会顺理成章地成为内阁总理人选。宋教仁是责任内阁制的积极拥护者,自不能见容于袁世凯。1913年3月20日,宋教仁在上海车站被刺,两天后逝世。宋教仁(1882—1913),字遁初(又作钝初),号渔父,湖南桃源人。民国初年第一位主张实行责任内阁制的政治家,也是中国国民党的主要筹建者,与孙中山、黄兴并称,曾任唐绍仪内阁的农林总长。

4月26日,"宋教仁案"证据公布,幕后主使直指袁世凯。同日,袁世凯

与五国银行团的大借款成立,借款总
额二千五百万镑,利息五厘,实收八四
折,中国的利权受到重大损失。这两
个事件引起了国民党人的激烈反对,
袁世凯也积极备战,6 月 9 日下令免去
江西都督李烈钧的职务,以黎元洪兼
领江西都督事。7 月 12 日,李烈钧在
湖口率先举事,"二次革命"爆发。14
日,黄兴由上海急赴南京,与程德全、
章梓等人"会商"讨袁军事,以响应"二
次革命"。15 日,正式宣布江苏独立,
成立讨袁军总司令部,黄兴自任司令,

宋教仁

何成浚任副官长。江苏独立后,安徽、上海、广东、福建、湖南、重庆等地,也
相继宣布独立。因为只有江西和南京的战事持久一点,所以也称"二次革
命"为"赣宁之役"。这是民国成立后的第一次南北战争,这一次战争的结果
使得北洋军源源进入南方各省,除了广西、贵州、云南、四川外,其他南方各
省都成为了北洋军及其附属军的征服地,同时也为冯国璋督苏创造了条件。

　　江苏讨袁军总司令部成立后,在长江流域形成与袁世凯对峙的局面。
袁世凯也立即布置两路大军南下:第一军军长段芝贵统率第二师师长王占
元、第六师师长李纯两部担任湖北、江西之线;第二军包括冯国璋、张勋、雷
震春等部(因第二军不止是一个军,所以称为第二路军),由冯国璋统率,沿
津浦路南下进攻南京①。段芝贵和冯国璋都是袁世凯的心腹大将,袁世凯
心目中的两个重要棋子,从这一安排中,可看出已内定段芝贵为湖北都督,
冯国璋为江苏都督。

　　张一麐记述道:"湖口发难,公驰书规劝苏、粤、湘、赣四省,告以邦基甫
定,休养为急,万不可自相残贼,重伤元气,即有小不慊,何为苦吾民。既已

---

① 陶菊隐:《北洋军阀统治时期史话》第一册,三联书店 1957 年版,第 185 页。

不可休矣,乃奉令任第二军军长,充江淮宣抚使,统所部南下。"①这段记述颇有为尊者讳的意味,为了配合袁世凯的军事部署,冯国璋以直隶都督身份联合奉天都督张锡銮、山东都督周自齐等十人发出一道通电,指责黄兴、李烈钧、胡汉民等"不惜名誉,不爱国家";5 月 19 日,冯国璋又联络北洋派将领共八十二人联名通电,谓"决以武力对待倾覆政府、破坏共和之人"②。

冯国璋、张勋乃各率大军沿津浦路南下,黄兴功败垂成,于 7 月 28 日退出南京。袁世凯之所以让冯国璋进攻南京,还有一个不良居心。在南京驻军当中,主张独立最坚决的是第一师师长章梓和第八师师长陈之骥,黄兴就住在第八师师部。而冯国璋正是陈之骥的岳父,以岳父打女婿,真乃千古少有的怪事。

黄兴退出南京后,陈之骥亦取消独立,以师长名义维持南京秩序。8 月 8 日,一个名叫何海鸣的人占领了都督府,再次宣布南京独立。但这一次"独立",仅仅维持了六个小时,就被陈之骥扑灭了。陈之骥得手后,立即赶往江北浦口冯国璋处汇报,表示投诚的意思。他前脚刚走,讨袁军再一次起事。8 月 11 日,第八师第二十九团同情独立的官兵杀回马枪冲入都督府,在马厩的稻草中救出了何海鸣,第二次占领了都督府,并很快控制了南京城。9 月 1 日,北洋军大举进攻,袁世凯并悬赏:谁先攻入江苏都督府,谁就是江苏都督。结果,张勋部攻陷太平门,首先进入南京城。袁世凯为了表示大公无私和嘉奖有功,便把江苏都督给张勋做了。冯国璋在收编南京城内外的讨袁军残部后,便一声不响地率领他的部队渡江而去。那位讨袁军首领何海鸣看到大势已去,向江宁绅商强行索得 7 万元饷银后,于乱军中杀出都督府,出聚宝门逃遁③。张勋(1854—1923 年),原名张和,字少轩、绍轩,号松寿老人,谥号忠武,江西奉新人。清末任云南、甘肃、江南提督,辛亥革命以后任江苏都督、长江巡阅使。因所部定武军均留发辫,人称"辫帅"。

张勋做了江苏都督后,偌大的一个南京城立刻就看不到一点民国气象,

---

① 张一麐:《故代理大总统冯公事状》。

② 吕伟俊、王德刚:《冯国璋和直系军阀》,河南人民出版社 1993 年版,第 31 页;陶菊隐:《北洋军阀统治时期史话》第一册,三联书店 1957 年版,第 182 页。

③ 刘小宁:《1913 年的"二次革命"》,《档案与建设》2013 年第 10 期。

完全恢复清代的气氛。他绝对不准他的兵士们剪掉辫子,因为辫子已成他的军队的特别标志。他看见穿西装剪短头发的人就生气,看见留辫子的就引为同志,于是,南京城内突然流行起拖辫子,扎假辫子的风气盛行一时。他绝对不许用"前清"字样,他认为在他统治下的区域,应该仍是"大清天下"。

　　江苏都督府的大柱和栋梁他都涂上一道朱红色,把旧两江总督时代的吹鼓手和炮手都找了回来,每天开吹三次,开炮三次。这一切都是清代的官制和排场。他不但恢复了厘捐总办、粮台总办、督销总办、道台、知府、知县等等,而且一切都是"札委"。南京城内就有一个知府"江宁府杨"和两个知县"江宁县左"、"上元县沈"。知县的衙门里恢复了刑名老夫子、差快等等。县太爷坐堂,恢复了藤条、小条等刑具。南京城内大小官员们都拖着辫子,打轿子上院,谒见时要先递手本,见了"大帅"要行跪拜礼,要自称卑

张　勋

职。所有这一切都是清代两江总督衙门的规矩。

　　辫子兵的各营都用龙头令箭,官长们则穿的是清代的蓝制服,军营中不许悬挂中华民国的军旗,而要悬挂红色白边的蜈蚣旗。民国的国旗也不许悬挂,江苏都督府门前大桅杆上挂的是一个斗大的"张"字红旗。所有这些怪现象,袁世凯都装做不曾晓得,可是外国使节们对此非常惊讶,他们曾质问南京城不挂民国国旗的原因。袁世凯待外国人抗议了,才打电报责备张勋不该禁止悬挂国旗。9 月 17 日,南京城内才有五色国旗出现[①]。

　　满脑子复辟思想的张勋大肆胡闹,终于闹出了一个外交事件,结束了他的江苏都督。无所不为的辫子兵乱烧、乱杀、乱抢,有一天杀错了人,杀伤了

① 丁中江:《北洋军阀史话》第一集,中国友谊出版公司 1996 年版,第 442—443 页。

三个日本人。日本军国主义分子马上鼓噪起来,竟向日本外相牧野请愿出兵中国。日本驻华公使向袁世凯政府提出了严重抗议,要求中国政府向日本谢罪,同时黜免张勋。袁世凯于是派张勋的同乡李盛铎到南京来调查,劝张勋对日本人让步,以免引起两国关系恶化。张勋乃和日本驻南京领事直接进行谈判,谈判的结果是张勋亲自到日本领事馆道歉,日本放弃了要求撤换张勋的要求。可是日本问题虽告解决,美国和英国也一而再提出了撤换张勋的要求。由于外国人有这样的要求,正好给袁世凯撤换张勋的好借口,何况袁世凯这时在外交上正亲美英,使他对美国和英国的建议愈加认真。10月上旬,他派张勋的老友阮忠枢前来南京,把外交团的意见委婉地告诉张勋,要他自动辞职,以免引起外交上的更大压力①。12月16日,袁世凯发表了新的人事命令,调张勋为安徽都督兼长江巡阅使,任命冯国璋为江苏都督。张一麐记述说:"袁公倚公为长城,给予一等文虎章,复以江苏都督属公,旋任为宣武上将军,督理江苏军务,给予一等嘉禾章。"②这些均属事实,就是简化了一些。

二、江苏都督

前面说过,冯国璋是接替张勋而为江苏都督的,这其中还有一个小曲折。袁世凯任命张勋为江苏都督后,9月10日冯国璋奉命返回北京,继续担任直隶都督。但到了10月19日,仍以江淮宣抚使的名义由津浦路南下,视察驻江苏各地军队的情形,似乎也是得之于袁世凯的授意。冯国璋虽然以江淮宣抚使的名义进驻南京,却一直没有组织江淮宣抚使署,他的这个江淮宣抚使兼职似乎是专门为监视张勋而设的。恽宝惠回忆当时的情形是这样的:

> 我是军司令部的秘书长,为了职责的关系,曾经在闲谈当中问过他:"是不是要组织宣抚使署?"冯回答说:"不用。你给兼着办一办得

---

① 陶菊隐:《北洋军阀统治时期史话》第一册,三联书店1957年版,第204页。
② 张一麐:《故代理大总统冯公事状》。

啦。"所以，当时冯的手里，虽然已经有了颁发下来的江淮宣抚使的关防，可是，"江淮宣抚使"的大木牌，他却不让它挂出来。这个大木牌尽管没有公开出去，公文却还是收到了许多，它们的内容主要是控诉"辫子兵"的暴行。原来，这些"辫子兵"在沿着运河南下作战的时候，真正是每到一处就骚扰一处，的确做到了"兵匪不分"。特别是他们在南京城内骚扰得更加厉害，这就使得这些地方的老百姓有冤难诉，有苦难申。幸而这时有了宣抚使了，所以就向着这宣抚他们的人申诉起来。但是，冯怎样对待这一问题呢？他为了不至于得罪了张勋，就用了旧官场中惯用的"推、拖、骗"的手法，一方面，批示原来的具呈人，说明"已转江苏都督查核办理"；另方面，就把我们所收到的许多呈文照转给张勋。请想：这让贼去捉贼的办法，又会有什么结果呢！①

是啊，让贼去捉贼，是不会有结果的。冯国璋的江淮宣抚使虽然不好为民做主，可奉命整理军队的事情还是要做的。10 月 24 日，奉大总统令宣告：江苏军队复杂，中央财政困难，必须认真淘汰，以节靡而实用。着江淮宣抚使冯国璋驰往江苏察看检阅，节制各军，分配驻防，裁并冗滥无用军队，所遣士卒资遣原籍各营生业，毋许逗留等②。10 月 29 日，冯国璋偕张勋和江苏民政长韩国钧赴孝陵卫检阅张勋军队，拟酌加淘汰。

欲行裁减军队之举，肯定会引起军人的激烈反对。11 月 10 日，冯国璋与张勋、韩国钧联衔发布布告辟谣：本宣抚使此次南来会同都督、民政长筹商裁减军队、绥戢民生等事，迭次晤商，各皆同意，即将校士兵亦皆服从命令。乃近日谣言四起，谓本宣抚使与都督龃龉，现以裁兵之事疑惑，诸多误会，仰军民等毋得听谣言自相疑扰③。谣言不是没有来头的，冯国璋整理、裁减军队的活儿干得并不轻松。

也许是为了给足张勋的面子，也许是在做官样文章，冯国璋还力保张勋的江苏都督不变动。11 月 4 日，他致电中央政府，谓"苏督一职非张不能胜

---

① 文斐编：《我所知道的"北洋三杰"》，中国文史出版社 2004 年版，第 236 页。

② 公孙訇：《冯国璋年谱》，河北人民出版社 1989 年版，第 31 页。

③ 公孙訇：《冯国璋年谱》，第 32 页。

任,况乱事甫定,全赖张势,如准张请,轻发命令,则国璋决不承认,而裁兵之事亦难着手,惟有返京"①。这个电报起到了多大作用,是无从判断的,但张勋交卸江苏都督职务是在此一个月之后。

对于冯国璋来说,出任江苏都督是求之不得的好事情。江苏是有名的鱼米之乡,物产丰富,用来蓄养军队非常合适;江苏水陆交通方便,津浦路通达南北,长江水路畅通东西,军事地位十分重要。占据江苏,进可攻退可守,用于自保也很有利。当时军事上的三个支撑点分别是北京、上海、南京,上海又归江苏都督管辖,可见江苏都督的位置有多么重要。相比于直隶都督,江苏远离京师,受到中央干涉的机会较小,因此江苏都督的自由度比较高。后来,冯国璋反对袁世凯帝制自为,继而暗中破坏段祺瑞的"武力统一"政策,都跟他经营江苏有关。

冯国璋戎装照

但继任江苏都督的最初日子里,冯国璋是不好过的。张勋留下的烂摊子要他收拾,他手下的士兵也不遵从约束,干出了一些扰民的事情。他刚接任江苏都督不久,就有一位名叫袁思治的人投书都督府,要求严肃军纪:

> 张督在任时,部下倚势横行,道路以目。城内外商民如赤子之依慈父母,皆欣欣然有喜色。以为自兹以往,吾侪小民,可以安居乐业,高枕无忧。而都督痌瘝在抱,救济情殷,普抚恤之实惠,设借贷之良方,迭电中央,赔偿损失,地厚天高,齐声感戴。何意驻扎军队不能仰体仁怀,以保护治安为念,往往三五成群,向各处旅馆商店及赀户人家任情骚扰,稍有拂逆,即威吓势压,甚至夜静更阑,不论何业人家,敲门叫喊,问有

---

① 公孙訇:《冯国璋年谱》,河北人民出版社 1989 年版,第 32 页。

姑娘与否,快些开门。若以道理向之婉言,遂肆口毒詈,用木石乱打,并将刺刀抽出,势极凶猛,岗巡亦不敢干与。人民一夕数惊,未获安枕。此事各军队皆然,而尤以卫队兵士为最多数。在彼抛离家室,且有恃无恐,无怪其然,而人民实不堪其蹂躏矣。嗟夫! 大兵之后,创巨痛深,虽相安无事,望之尤生惊惧。矧劫之以威,临之以众,哀哀残黎,其何以堪耶! 素仰都督整饬军纪,雷厉风行,有犯必惩,使一草一木之微,各得其所。特恐政躬勤劳,耳目难周,下情易于上壅耳。爰不揣冒昧,披沥渎呈。伏冀密饬贤员查禁,以肃军纪,而卫民生。感荷鸿施,当一瓣心香,永祝长生矣。[①]

这封公民来信从指责张勋开头,然后再给冯国璋戴了一顶高帽子,最后提出了整饬军纪的要求,写得很有条理。从信中可得知,冯国璋的卫队士兵也很骄横,扰民到了匪夷所思的地步。冯国璋还是有从善如流的品质的,1914 年 1 月 1 日,他在上任布告中明确表示:

> 照得本都督奉命来宁权摄都篆下车伊始,首宜咨询民隐,保卫治安。查宁省自改革以来,屡经兵燹,疮痍满目,转徙时闻,前张都督安集抚循,秩序已渐期规。复乃近闻有匪徒暗中播弄,致民间无端惊扰,迁避载途。本署都督保义为怀,目击颠连,良深悯恻,合亟于莅事之始明白宣布:自兹以往,我商民人等身命财产均由本署都督担任保护,所有调宁军队业经饬令严加约束,万不致扰累商民。其各安居乐业,毋事惊疑,应遵照警章各自检守,无论居民店户均不得容留闲人等居住,以绝奸宄,而保善民。设有藏匿匪人、暗设机关等情形,应由附近邻居密报警察究办。倘敢通同徇隐,一经发觉,即一并严惩不贷,勿谓言之不早也。[②]

随即设立全省执法处,1 月 27 日又设立宪兵司令部,任陈调元充总司令。除这些紧急措置的部署以外,冯国璋还特别注重安置、教育与惩治相结

① 《袁思治函》,吉迪整理:《大树堂来鸿集》,《近代史资料》总 50 号。
② 公孙訇:《冯国璋年谱》,河北人民出版社 1989 年版,第 34 页。

合的制度性安排,以期从根本上解决军人乱纪的问题。1914年1月初,设立军事研究所,安置解职的军官;开设江苏补助教育团、陆军讲武堂,培训闲散军官及在职中下级将领,以防止不法兵痞聚集在大庭广众闹事;设立南京军事图书馆,以期提高军人的素质;命令军警不准侵扰学校,更不得擅自搜查学校等①。这些举措,有效地改善了社会治安。

另外,冯国璋还对警察进行了整治。张勋攻下南京后,把南京城内所有的警察一齐革职,用辫子兵代替警察站岗。因辛亥年张勋被江浙联军赶出南京城时,城内警察曾经欢迎革命军人入城,他记恨于心。冯国璋将张勋遗留的兵痞全部撤换下来,起用较有素质的警官设立军警稽查团,都饬检查警风警纪;然后创办警察学校,提高警察的文化水准,并派人到直隶天津一带招募警察②。这一整套的措施,压住了军警胡作非为的歪风邪气,也使南京城内民众的情绪稳定下来。

约束士兵与军警遵纪守法,只是强化社会治安的一个方面。另一方面,冯国璋需要将兵灾之后的民众生活安顿好。临近年关,商民劫后余生,嗷嗷待济。1月19日,冯国璋饬令国税厅发出布告:现届旧历年关,各项厘税分别减收三日,以示体恤。1月27日,又饬令江宁赈抚局,于旧历年底赈济现款二十余万元,被灾商民赖以度日③。冯国璋对生活在南京的满人也是很照顾的,他设立了旗民生计处,建养济院、工艺厂、垦务局,推广垦牧业,把救济与就业并举④,力图为满人谋得长久的生活之路。

冯国璋主政江苏期间,还处理了一桩涉外官司,即"摩兰特夫人被伤案"。1915年6月12日晚,英国传教士摩兰特夫人领着爱女与另一位传教士之女,一同在南京街头散步。当她们走到北极阁九眼井时,突遭一名穿军服携战刀的士兵殴打,三位女子均被打伤,尤以摩兰特夫人的女儿伤势最重,而凶手逃之夭夭。摩兰特夫人的儿子追踪无果,遂报警,第二天英国驻南京领事又亲诣官署面告本国侨民受伤情况。冯国璋闻讯立即做出反应,

---

① 张立真:《冯国璋真传》,辽宁古籍出版社1997年版,第191页。
② 张立真:《冯国璋真传》,第191页。
③ 公孙訇:《冯国璋年谱》,河北人民出版社1989年版,第34—35页。
④ 张立真:《冯国璋真传》,第192页。

首先派员前往医院向三位受伤者诚恳道歉,并发出通缉令,悬赏 500 元(后又增加到 1000 元)追凶。9 月 11 日,冯国璋对涉及此案的渎职军警人员进行惩处,金陵道尹俞纪琦、江宁县知事吴其昌未能有效管理本辖区治安,各记过一次;北极阁附近未设岗警,江宁镇守使王廷桢、宪兵司令陈调元各记过一次,警察厅长王桂林、北区警察署长张国琛各记大过一次,北区巡察官芮吉记大过两次并降为二等警察①。经过冯国璋和民政长官的努力化解,这次事件没有酿成外交纠纷。

从 1913 年 12 月 16 日到 1917 年 8 月初赴京代理大总统,冯国璋主政江苏共三年又八个月。在此期间,冯国璋的职务也有很大变化,最初是江苏都督。1914 年 7 月 1 日,各省都督被裁撤,冯国璋被授为宣武上将军,督理江苏军务。1916 年 7 月 13 日,又改称江苏督军。同年 10 月 30 日被选为中华民国副总统,仍兼江苏督军。

主政江苏期间,冯国璋与江苏民政长官合作,大力发展南京城的市政建设,留下了颇为光鲜的一段经历。

三、推进市政建设

民国初年,各省实行军民分治,都督之外还有一位民政长负责行政事务。冯国璋初任江苏都督时,与之搭档的民政长是韩国钧。韩国钧(1857—1942 年),字紫石,亦字止石,晚号止叟,江苏海安人,人们敬称其为紫老。清光绪五年(1879 年)中举,先后任行政、矿务、军事、外交等职,曾任吉林省民政司长。"赣宁之役"后,简任江苏民政长。1914 年 5 月,各省民政长改称巡按使,韩国钧仍为江苏巡按使,同年 7 月 22 日调任安徽巡按使。

冯国璋与韩国钧精诚合作,首先为恢复南京的工商业共同谋划。他们共同筹款六万多元设立待济处,专门贷给小商贩,资助开张开业②,使市面逐渐繁华起来。南京城除原有的浦口商场外,又开立了多处商业场所,这给

---

① 张立真:《冯国璋真传》,辽宁古籍出版社 1997 年版,第 207 页。
② 公孙訇:《冯国璋年谱》,河北人民出版社 1989 年版,第 35 页。

道路交通造成了很大压力。冯国璋与
韩国钧商议,决定接受前一年省议会的
建议,拆除部分城墙,增建拓宽马路,并
全面筹划旧城改造计划,改变南京的市
容市貌。为此,南京市专门成立了马路
工程局,负责城市建设任务。1914 年 2
月上旬,从仪凤门外一带开工修筑马
路,因清末两江总督张之洞在仪凤门下
铺设了南京第一条近代马路直通下关,
首先改造这条马路意义重大。改造下
关,任务特别繁重,迁坟移户,挖河挑
泥,凡是低洼之处全部运土填平,建造

韩国钧

统一标准的房子,当地居民非常高兴。修建马路之外,他们两位又计划拆除
城内的小铁路,改建电车;协商筹建南京自来水工程,为市民提供饮水方便;
还重修了莫愁湖,使之成为南京城的一个游览地①。

　　1914 年 9 月 5 日,齐耀琳接替韩国钧任江苏巡按使。齐耀琳
(1863—?),字震岩,吉林伊通人。清光绪二十一年(1895 年)进士,曾任直
隶按察使、河南布政使、河南巡抚等。入民国后,任河南都督、吉林民政长等
职。齐耀琳与冯国璋的关系处得也不错,他们一起落实建设南京的长远规
划,继续兴修马路,至 1917 年夏天全部告竣。

　　大力推进南京城的市政建设,是冯国璋主政江苏时最大的一项政绩。
但还有一件利国利民的大事必须提出来,这就是冯国璋带头抵制中央政府
的"停兑令"。所谓"停兑令",是指 1916 年 5 月 12 日由国务总理段祺瑞签
发的国务院第二号令,命令中国银行、交通银行自奉令之日起不准兑现、付
现。这道"停兑令"有何不妥之处,需要从源头上说起。

　　自民国北京政府组成时起,财政收支就十分拮据。1912 年 9 月至 12
月四个月,政府总收入 2719 万元,总支出 7009 万元,不敷数达 4290 万元。

---

　　① 张立真:《冯国璋真传》,辽宁古籍出版社 1997 年版,第 195—196 页。

1916年,护国战争的烈火烧遍大江南北。袁世凯为了对付南方的革命军,拼命扩大军备,增加军费,而各地的督军大多自立为王,中央财政面临枯竭。于是北京政府就开动机器印钞票,当时具有钞票发行权的两家银行——中国银行和交通银行不得不印发巨额钞票。到1916年5月"停兑令"公布前,两行共发行兑换券7000多万元①。钞票发行过多,就不能不引起银行的信誉动摇,引起通货膨胀和市民恐慌,北京和天津地区的中、交两行钞票持有者,纷纷前往银行要求兑现。军队也以"不相信纸币"为理由,要求发给现洋。袁世凯政府就从各银行库存将现银发给军队,于是中、交两行现银库存大量下降。

在这种情况下,为稳住金融盘子,时任总统府秘书长的梁士诒向政府谋划了中、交两行同时停兑的方案。在国务院发布"停兑令"之前,中、交两总行曾电询各自分支机构对于停兑的意见,交通银行因受梁士诒影响,表示无意见。而中国银行则表示反对,中国银行的分行中以上海、汉口、南京、镇江等反抗最力。中国银行南京分行经理谈荔孙找到冯国璋商议应对"停兑令"办法,从减少民众损失、维护中行信誉、保持市面稳定等方面出发,主张在江苏省内有限制兑现印有江苏字样的中国银行钞票,得到了冯国璋的支持。

5月12日"停兑令"颁布后,中国银行南京、上海等分行都立即向中总行去电陈述不能执行"停兑令"的理由,在中行系统中,南京分行去电最早。5月15日《申报》公开报道了南京中国银行抗"停兑令"相关情况:"冯将军亦不赞成——闻南京冯上将军亦不赞成此令,特嘱南京中国银行照常营业收兑钞票,并发给现洋三十万,交中国银行以资周转。"②由于冯国璋的支持,更增添了中国银行南京分行抗"停兑令"的信念和力量。中国银行南京分行及所属,如苏州、无锡、常州等行亦照常兑现。

"停兑令"等于宣布政府金融政策的破产,其结果是使筹资更加困难,百姓恐慌,市场混乱,物价飞涨。北京市场大起恐慌,两行纸币跌到六折。粮、

---

① 叶世昌、潘连贵:《中国古近代金融史》,复旦大学出版社2008年版,第215页。

② 白雁:《金融大战,白下路23号赢了袁世凯》,《现代快报》2012年2月13日;公孙訇:《冯国璋年谱》,河北人民出版社1989年版,第54页。

南京仪凤门（民国初年）

盐、油、炭、日用品及洋货奢侈品价提高三四成，米价比原价增加了百分之五，金价每两50元增至80元，当铺则止当候赎，商号则停止交易，生意萧条，市况惨淡。一般政府官吏，早在停兑前就对强行减俸和搭发公债券十分不满，现在又拿到不断跌价的纸币，生活水平降低很多，怨声载道。

5月15日，中行股东联合会通电国务院、财政部、各省军政长官，及各地中行分支行，阐明了抗"停兑令"的理由："此次中央院令停止中、交两行兑现付存，无异于宣告政府破产，银行倒闭，直接间接宰割天下同胞，丧尽国家元气。"通电发表后，率先复电赞成的也是江苏省的上将军冯国璋、巡按使齐耀琳，认为事关国脉存亡，自当竭力维持①。鉴于全国各界的激烈反对，北京政府被迫于6月1日宣布"停兑令"缓行。冯国璋抵制"停兑令"，虽有为自己利益着想的打算，但出于对社会公众利益的关心也应该是原因之一。

四、续娶周夫人

冯国璋在江苏都督任上，又收获了人生中的一大喜事。冯国璋的原配吴夫人于清宣统二年（1910年）去世后，他就没有续弦，身边只有几房姨太太陪侍。袁世凯见冯国璋中馈乏人，便施展起他那一套笼络人心的手段，欲

---

① 白雁：《金融大战，白下路23号赢了袁世凯》，《现代快报》2012年2月13日。

与冯国璋结为某种亲属关系。正好他的总统府中有一位未出阁的家庭教师，名叫周砥，袁世凯从中穿针引线，很快就功德圆满了。周砥，字道如，江苏宜兴人。她父亲曾做过前清的内阁学士，膝下只生有一子一女。由于周砥爱好读书，她父亲便将满腹诗书尽传授与她。后来周砥随宦京师，又进了天津女子师范学校，学识愈加增进。经女师校长傅增湘介绍，得以进入袁府做了家庭教师，府中老少颇敬她几分。

恰巧袁世凯的三夫人也是周砥的女弟子。袁三夫人和周道如朝夕相处，俨如姊妹，书窗闲谈时，三夫人问及婚嫁之事，周砥说："吾终身事，若非执掌大权之高等军官不嫁。"三夫人即将此话告知袁世凯，袁氏亦有心作伐介绍给冯国璋。某日，冯国璋到袁府，袁世凯有意让他俩见面，冯国璋目睹周之丽容，盛赞不已。袁世凯就道："君欲胶续，当为作伐而撮合之。"冯国璋本无续弦之意，但因是袁世凯大总统作撮合，且素知周女士颇谙韬略，亦可为戎机之襄助，就欣然同意了。在冯国璋从北京赴宁走马上任南下之时，有好友恭送行旌，席间谈及此事时，冯国璋拈髯大笑道："若说起容貌来，亦不能比得西施、王嫱，可是人家学问实在高上，我一个武夫，又年过半百，还有什么不满意的事。不过，这胡子长得住否，实在是个大问题。"众鼓掌大笑，有一人则悄然对友道："此乃冯上将得意之语也！"①

1914 年 1 月 12 日，袁世凯派大公子袁克定率周家姻族南下南京。这一日，下关轮渡码头张灯结彩，并建有松柏牌楼一座，上悬"大家风范"四字匾额。周氏家族分乘大轿入城，以鼓楼前交涉局为坤宅。宅前亦设松柏牌楼，用五色电灯勾出"福共天来"的字样。都督府的人知道周氏尚武，特为派军警列于宅前，层层护卫，刀枪森耀，侍从人员也多为武人。18 日下午二时，周氏由坤宅移驻将军府。迎新车队前，是一座活动的红绸彩门，上横书四字"山河委佗"；左右有对联一副："扫眉才子，名满天下；上头夫婿，功垂江南。"为河北旅宁同乡会所赠。冯国璋身着上将军礼服，佩挂勋章，率仪仗队亲往坤宅迎亲，然后随车浩浩荡荡直入都督府西花园内。

在都督府礼堂，冯国璋与周砥举行了现代文明婚礼。袁世凯特为指定

---

① 李炎锠：《冯国璋的婚礼》，《钟山风雨》2004 年第 3 期。

江苏民政长韩国钧为证婚人。冯国璋
的婚礼极为豪华，都督府内张灯结彩，
在南京城轰动一时。袁世凯和冯国璋
的部属送到将军府的金银首饰、珠宝
玉器等礼物达一百二十多担。都督府
中天天大宴宾客，足足持续了十多
天①。贺客中赠诗者颇多，安徽省长倪
嗣冲送一副对联，不惟对仗工整，且寓
意深远：

周　砥

> 将略褐轻裘，夺龙盘虎踞，好
> 做洞房，从此儿女莫愁，想顾曲英
> 姿，不愧小乔夫婿；

> 家风寄芜楼，喜裙布荆钗，迎来琼岛，为报湖山卷画，有执柯元首，
> 喜得大树将军。②

这副对联将冯国璋与周砥的结合比作小乔配周郎，甚是美誉。又将地
理事物穿插其中，更显精致。当时新娘年龄只有三十多岁，而新郎已有五十
五岁，老夫少妻，冯国璋好不得意。关于周砥嫁到冯家的情形，冯国璋的四
子冯家迈也有简单的回忆："她来的时候，随带有陪嫁的男女佣人各四人，并
且由于也是南方人，不习惯于我们家里的北方吃食，所以一个人吃南方饭。
她好交际，好讲排场。"③

这位周夫人着实不简单，她特别热心举办女子教育，不仅经常去女校参
观，还帮助一些女校解决经费短缺问题。在周夫人的影响下，1916 年 12
月，冯国璋倡议成立全国教育会，率先在南京设立了筹备处，并逐渐普及到
全国。有这样一位贤内助，冯国璋是幸福的，而且还拉近了与袁世凯的
距离。

---

①　熊鹍：《冯国璋在江苏》，《档案与建设》2007 年第 5 期。
②　张立真：《冯国璋真传》，辽宁古籍出版社 1997 年版，第 186 页。
③　文斐编：《我所知道的"北洋三杰"》，中国文史出版社 2004 年版，第 217 页。

第七章　反对帝制

当冯国璋与袁世凯的关系达到鼎盛期时，他们之间开始出现裂痕。袁世凯帝制自为的消息地下蔓延，冯国璋多次试探，但一直没有得到肯定的答复。真相大白后，冯国璋的反对态度就明朗化了，他们之间的冲突也爆发出来。借助与西南实力派的密切关系，冯国璋采取了消极对待的行动方式，反对袁世凯复辟帝制。

一、马首是瞻

自小站练兵时起，冯国璋就追随在袁世凯的身后，在袁氏的提携下一步步做到了开府建衙的封疆大吏，他对袁世凯自然是心存感激。辛亥年武昌民军起义，冯国璋不甚明了袁世凯的安排，后被调离武汉前线，虽有些不大满意，但在关键时刻还是坚定地站在了袁世凯这一边。袁世凯又使用与部下联姻的办法，将自己家的家庭教师周砥介绍给冯国璋，完成了一桩政治联姻。对待手下的另一位大将段祺瑞，袁世凯也曾使用过这种手段，那是将他自己的表侄女张佩蘅介绍给了段祺瑞，也成功地加固了彼此之间的关系。因而，在很长的一段时间里，冯国璋、段祺瑞都唯袁世凯马首是瞻，极力维护北洋系的整体利益。

　　"赣宁之役"后,冯国璋很是支持袁世凯集中行政权力的做法。中华民国南京临时政府成立时依据的是《临时约法》,政权移交后,袁世凯也是继孙中山为临时大总统,因而需要制定宪法,以立定中华民国的国体,再依据宪法选举出正式总统和正式政府。而根据袁世凯的设计,是选举总统,然后再以正式总统的身份修改《临时约法》,最终达到实行总统制的目的。果然,1913 年 10 月 6 日,国会选举袁世凯为正式大总统,10 月 10 日又举行了大总统就职仪式,袁世凯便立即提出增修约法案,欲将责任内阁

袁世凯

制的《临时约法》变为总统制的约法。这一主张自然遭到了国会的反对,于是冯国璋就又一次站到了袁世凯这一边。10 月 28 日,冯国璋与直隶民政长刘若曾联名通电,电文中列举宪法会议所提交的宪法草案之误谬,指出草案中关于行政权各条,宜殚心研究,详加修改①。11 月 1 日,他又与张勋、姜桂题复电袁世凯,反对宪法起草委员会起草宪法,声称:"宪法起草委员会,如固执谬见,则将视为公敌,并告诫各议员,若不早自变计,则必发生不利之事件,而使宪法难以告成。"②11 月 3 日,冯国璋第三次发出通电,谓国民党与政府为敌,前"作乱",虽被剪除,但现"宪法起草为国民党人所主持,……若不扫除,则卷土重来势有必至。今宪法草案该党主张奇谬,破坏三权鼎立之原则。……应请大总统明发命令,将该国民党本支各部通饬一律解散。"③第二天,袁世凯下令解散国民党。11 月 5 日,袁世凯又派军警包围参、众两

---

① 公孙訇:《冯国璋年谱》,河北人民出版社 1989 年版,第 31 页。
② 公孙訇:《冯国璋年谱》,第 32 页。
③ 吕伟俊、王德刚:《冯国璋和直系军阀》,河南人民出版社 1993 年版,第 45—46 页。

院,收缴国民党议员证书、徽章,使得国会不足法定人数而无法开会。过了两个月,又彻底解散了国会。在袁世凯通往个人独裁的道路上,冯国璋起初是帮了大忙的。

袁世凯要走向个人独裁,还需要独揽军政大权,其第一步是成立陆海军大元帅统率办事处。根据《中华民国约法》第二十三条的规定,"大总统为陆海军大元帅,统率全国陆海军之规定,于大总统府内设统率办事处"①。办事处内设办事员,以"参谋总长、陆军总长、海军总长、大元帅特派之高级军官、总务厅长"充任②。设立陆海军大元帅统率办事处的目的,主要是剥夺段祺瑞手里的军权,当时"北洋三杰"的情况是:冯国璋外调南京,主持长江一带的军事;段祺瑞在中央统理全国军事;王士珍却退隐正定。段祺瑞以陆军总长身份,不但对北洋军系独揽大权,即对于全国军事亦有统筹之权。冯国璋和段祺瑞在北洋系的地位本来不相上下,现在段祺瑞却在其上,他自然要帮助袁世凯削弱段祺瑞的权力。

于是,就有了模范团的建立。1914 年 10 月 23 日,模范团成立于北京,袁世凯兼任团长,陈光远为团副,王士珍、袁克定、张敬尧为办事员,段祺瑞被彻底排除在外。模范团本来就是袁氏父子为加强个人军事实力而单独成立的"自卫军",目的是以新抽调的中下级军官做基干,逐步取代暮气沉沉的北洋军。冯国璋肯定是支持成立模范团这个事情的,他把三子冯家遇送到模范团做排长。

曾为袁世凯帝制自为推波助澜的夏寿田比较过冯国璋与段祺瑞的不同性格和做事方式,他说"段祺瑞素性刚愎,有主见,平时对项城不事趋奉"③。冯国璋呢,"平易近人,有内心"④。"有主见"、"有内心",表面上看起来没有多大区别,可实际上"有主见"的段祺瑞当面就敢顶撞袁世凯,而且不屑于做背后文章;"有内心"的冯国璋则隐忍不发,不到形势明朗化的时候,绝不采

---

① 张侠、孙宝铭、陈长河:《北洋陆军史料(1912—1916)》,天津人民出版社 1987 年版,第 6 页。

② 张侠、孙宝铭、陈长河:《北洋陆军史料(1912—1916)》,第 5 页。

③ 张国淦:《北洋述闻》,上海书店出版社 1998 年版,第 81 页。

④ 张国淦:《北洋述闻》,第 82 页。

取过于激烈的行动。冯国璋的这一性格特征,可从收留张宗昌及刺杀陈其美的事情上看得更清楚一些。

张宗昌(1882—1932 年),字效坤,山东掖县(今莱州市)人。父早亡,母以大脚出名乡里。张宗昌因孤儿身份,所以沦为市井无赖。十八岁赴东北,先在抚顺挖煤,后至哈尔滨为赌场守卫,再后到了海参崴,因体格高大,膂力过人,擅长枪法,精于骑射,又天生一副绿林好汉的个性,交朋结友,挥金如土,所以很能得到当地流氓地痞的拥戴。他在海参崴时,曾干过好几次放火而不杀人的勾当。事情是这样的:有一个犹太人曾去找他,问他愿不愿放火,每次可得2000 卢布。他问在何处放火?犹太人说就是烧我自己的房子。张宗昌觉得很奇怪,为什么会请人烧自己的房子?犹太人也不解释,只说:"你烧了我的房子,我决不会告你,你还可得 2000 卢

张宗昌

布,何乐而不为呢!"张宗昌虽然莫名其妙,不知犹太人葫芦里卖的什么药,可是既然有钱可赚,乃欣然应诺。这笔交易很快就圆满完成了。以后经犹太人的介绍,一连做了好几次放火的勾当,每次都顺利地拿到应得的钱,这一来让他的胆子就大了。原来犹太人是买了火险,放火是为了骗保险费的[1]。

辛亥革命爆发后,革命党人黄兴、陈其美密派李征五去东北招募土匪编练骑兵,准备北伐,张宗昌招募土匪百余人乘船到烟台投奔山东民军都督胡瑛,后赴上海,暗拜李征五为师,被编为光复军骑兵独立团,张宗昌任团长。

---

① 丁中江:《北洋军阀史话》第二集,中国友谊出版公司 1996 年版,第 192 页。

袁世凯就任正式大总统后,南方革命军队大量采编,张宗昌改任江苏陆军第三师(师长冷遹)骑兵团团长,驻徐州。"赣宁之役"中,张宗昌率骑兵团擅自后退,动摇了讨袁军阵线,第三师因寡不敌众战败,张宗昌改投冯国璋麾下。冯国璋把张宗昌的部队解散,改派他为副官长,兼军官教导团团长。

1916 年春,陈其美在上海策动反袁,张宗昌被袁世凯收买,派心腹程国瑞等人潜沪刺杀了陈其美,得到了袁世凯、冯国璋的进一步信任。冯国璋代理大总统后,委任张宗昌为侍从武官。陈其美(1878—1916 年),字英士,浙江吴兴(今湖州)人。在辛亥革命元勋中,陈其美算是大器晚成的,他三十岁时才在日本加入同盟会,且初时并未受重视,同盟会成立后的初期军事活动中均未参与。武昌首义,他联络光复会上海支部、商团、会党及部分防军,在上海树起独立大旗,并一举荣登沪军都督的宝座,成为民初政坛上雄踞一方、举足轻重的人物。张宗昌刺杀陈其美的过程,恽宝惠有这样的回忆:

陈其美

　　某一天,忽然接到了袁世凯发来的密电,让冯设法把陈其美消灭掉。冯为了执行袁的这一阴谋,就通过了师景云的往来传达,密派了张宗昌来担负这个任务,这个任务的代价是五万元。原来,陈其美这时正在上海的租界里搞倒袁活动,他为了壮大自己的力量,就尽量从各方面来网罗志同道合的人们,以便能尽快地举起反袁的旗帜。就在这个时候,张派遣他的部下程国瑞、王栋等一些人顺利地打入了陈的秘密组织。同时,陈又是一个好吃、好玩、好赌博的人,所以这些人就投其所好地和陈同吃、同玩、同赌博,慢慢地竟成为他的知心朋友。陈的设想是,上海的租界是袁世凯力所不能及的一个特殊地方,因此,他对于个人的防范戒备是不那么注意的。这就使得这一些人钻了他的空子。在某一天的夜间,正当他们又在陈的住所里聚会的时候,便出其不意地用手枪把陈打死。等到陈的佣人听得枪声,喊来巡捕,那一些杀人凶手却早已逃之夭夭,不知去向了。①

　　师景云是冯国璋的参谋长,这个回忆大体上是可信的,只是在某些背景方面有些出入。张宗昌刺杀陈其美是在 1916 年 5 月 19 日,其时不仅袁世凯已在全国人民的反对下宣布取消帝制,而且冯国璋也已亮明态度,不支持袁世凯继续担任总统。在这种情势下,他并没有约束张宗昌的行为,听任张宗昌继续执行袁世凯的指令,这正是"有内心"的一个表现,盖不愿彻底翻脸矣。

二、不明真相

　　当国内风传有人向袁世凯劝进,拥其称帝时,冯国璋尚未知悉袁世凯的底细。他在 1914 年 12 月 12 日致电政事堂(政事堂系由原国务院改组而成,是袁世凯为称帝所作的准备步骤),坚决反对复辟:"闻有人倡为复辟归政之谣,初以其说无烦驳正,……嗣见肃正使之呈请,参政院之建议,各将军巡按之电,始知风影谣传,喧播中外"。"国璋自为民国服务以来,既抱定纯一宗旨,河山无恙,金石不渝。"②态度至为坚决,可惜袁世凯是不会把真心透露给他的。

　　1915 年 1 月 18 日,日本窥探到袁世凯妄图称帝的野心,向中国政府提出"二十一条"要求。2 月 1 日,冯国璋与段祺瑞领衔十九省将军致电政府,谓"有图破坏中国之完全者,必以死力拒之,中国虽弱,然国民将群起殉国"③。这两位大将都不明了袁世凯的当务之急何在,于是公开反对对日妥协。3 月 19 日,袁世凯召开对日会议,段祺瑞反对妥协,主张强硬。4 月 6 日,冯国璋再次致电政府,声称"请缨为国御侮"④。5 月 2 日,段祺瑞与黎元

---

① 文斐编:《我所知道的"北洋三杰"》,中国文史出版社 2004 年版,第 239 页。
② 吕伟俊、王德刚:《冯国璋和直系军阀》,河南人民出版社 1993 年版,第 53—54 页。
③ 公孙訇:《冯国璋年谱》,河北人民出版社 1989 年版,第 41 页。
④ 公孙訇:《冯国璋年谱》,河北人民出版社 1989 年版,第 41 页。

洪、刘冠雄率陆军部、参谋本部、海军部职员赴关岳庙举行宣誓,以示军人忠诚卫国。到了中日谈判最为关键的 5 月 8 日,袁世凯召集国务卿及各部总长开紧急会议,发言者大都迎合袁氏的意思,认为只有接受日本要求之一途,唯独段祺瑞主张动员军队,对日示以强硬。最后,袁世凯以"我国国力未充,目前尚难以兵戎相见"为由①,决定忍辱接受日本最后通牒之要求。

冯国璋一方面在对日问题上表示强硬态度,一方面又要摸清袁世凯的底细。4 月 6 日,他在南京与梁启超晤面,协商政局,决定亲赴北京,打听袁世凯称帝内幕。6 月 15 日至 21 日,又与梁启超密商,打算共同进京劝阻袁世凯称帝,他对梁启超说:"我之辩说远不如子,子之实力亦不如我,必我与子同往,子反复予以开导,我隐示以力为子后盾,庶几千钧一发,危机可挽。"②6 月 22 日,冯国璋前往北京晋谒袁世凯,谈到帝制问题,袁世凯矢口否认:

> 冯言:"帝制运动,南方谣言颇盛。"袁言:"华甫(冯之字),你我多年在一起,难道不懂得我的心事? 我想谣言之来,不外两种原因:第一,许多人都说我国骤行共和制,国人程度不够,要我多负点责任。 第二,新约法规定大总统有颁赏爵位之权,遂有人认为改革国体之先声,但满、蒙、回族都可受爵,汉人中有功民国者岂可丧失此种权利? 这些都是无风生浪的议论。"稍停,袁又言:"华甫,你我是自家人,我的心事不妨向你明说:我现有的地位与皇帝有何分别,所贵乎为皇帝者,无非为子孙计耳。我的大儿身有残疾,二儿想做名士,三儿不达时务,其余则都年幼,岂能付以天下之重? 何况帝王家从无善果,我即为子孙计,亦不能遗害他们。"冯言:"是啊,南方人言啧啧,都是不明了总统的心迹,不过中国将来转弱为强,则天与人归的时候,大总统虽谦让为怀,恐怕推也推不掉。"袁勃然变色言:"什么话? 我有一个孩子在伦敦求学,我已叫他在那里购置薄产,倘有人再逼我,我就把那里做我的菟裘,从此不问

① 胡晓:《段祺瑞年谱》,安徽大学出版社 2007 年版,第 91 页。
② 公孙訇:《冯国璋年谱》,河北人民出版社 1989 年版,第 42 页。

国事。"①

　　冯国璋听了这番表示,当然是相信的,他辞出后顺道访政事堂机要局长张一麐,把袁世凯适才讲的话对张一麐复述了一遍,问张对此看法。张一麐自小站练兵时便充当袁世凯的文案,参预机密最久,又和冯国璋私交也最深,他听了冯国璋的叙述,想了一会说:"老头子的话是信得过的,事情的确如此,有人想做开国元勋,但老头子不会傻到这个地步。"②

　　冯国璋又把袁世凯的谈话和张一麐的意见说给梁启超听,梁启超说:"我想仲仁的话是对的,他不会这样傻。"③于是,冯国璋就信以为真,觉得外面的谣传都没有根据。在北京的那些日子里,袁世凯对冯国璋优礼有加。一天,袁世凯早餐,有牛奶酪,便命差官打电话询问冯上将军是否起床,将这碗牛奶酪送过去,说是冯上将军爱吃,总统今早上正吃,特地送来。又一天午餐,见桌上有红烧猪膀,又令差官电告冯上将军等等吃饭,总统就送菜来,佐

梁启超

以四个大馒头,说今日午饭,知道这道菜上将军爱吃,所以送来④。受到如此体贴的照顾,冯国璋的感激之情自不待言。但是,7月9日冯国璋回到南京,8月14日筹安会发起,相距不到两个月,冯国璋才恍然大悟,受了袁世凯的骗了,自此与袁世凯离心离德。

　　在北洋系的圈子里,还流传着一个故事,也是讲冯国璋和段祺瑞为何与袁世凯离心离德的:

①　张国淦:《北洋述闻》,上海书店出版社1998年版,第82—83页。
②　丁中江:《北洋军阀史话》第二集,中国友谊出版公司1996年版,第49页。
③　陶菊隐:《北洋军阀统治时期史话》第二册,三联书店1957年版,第99页。
④　张国淦:《北洋述闻》,上海书店出版社1998年版,第83页。

　　袁称帝以前,小站旧人早已恢复了跪拜礼,段祺瑞独不肯,他对于其他问题倒无所谓,就反对在民国时代还要曲膝。冯国璋劝他说:"芝泉,你别任性吧,皇帝和终身总统有何区别? 跪拜礼和脱帽鞠躬礼又何尝不是一样?"冯拉了段一齐到袁那儿去拜年,自己先跪下去,段见冯下跪,没有办法,只得依样画葫芦了。袁见了这两员大将跪在自己面前,倒有点不好意思,慌忙站起身来,呵着腰说:"不敢当,不敢当!"

　　冯、段坐了一会,再至袁克定处,也行跪拜大礼,心中当然是十二万分委屈,怎知这位大少爷却端坐不动,受之泰然。段一肚子冤气,怒冲冲地跑出来,埋怨冯说:"你看,老头子倒还谦逊不遑,大少爷却架子十足,哪里拿我们当人! 我们做了上一辈子的狗,还要做下一辈子的狗!"冯亦连连摇头说:"芝泉,莫说你发怒,我亦忍耐不住,今后我跟着你走,我们不能再当一辈子狗了!"冯、段的不满,后来有人传给克定,埋怨他不该摆架子激怒了北洋的两大将,怎知克定却淡淡地说:"这正是我的安排,这两个人都是老头子养大的,现在他们都有点尾大不掉,我若不折折他们的骄气,将来他们更不得了,难免不爬到我的头上呢!"①

前面说过,冯国璋比段祺瑞"有内心",从这件事上可窥见一斑,但他的不满情绪也已是很强烈了。而袁世凯也逐渐对他二人不满意了,并时常流露出来:

　　自从统率办事处成立以来,段就经常不到部,一切部务交由他的得意学生、陆军次长徐树铮代拆代行。有一天,袁召段进府来查问一件公事,段答以"要到部查明",袁就满脸不高兴地说:"怎么还要查明,你的呈文不是已经送来了吗?"这样一来,使段很难为情。事实上,他根本没有看过这件公文,是次长代他签名送上来的。事后袁向人大发牢骚说:"咱们北洋团体还成一个什么样子的团体,华甫(冯)要睡到十二点钟以后才起床,芝泉(段)老不到部!"②

---

①　陶菊隐:《北洋军阀统治时期史话》第二册,三联书店 1957 年版,第 102—103 页。
②　陶菊隐:《北洋军阀统治时期史话》第二册,第 71—72 页。

这种不满意的情绪到最后,是彼此之间矛盾的深化,1915 年 5 月 31 日袁世凯派王士珍署理陆军总长,段祺瑞被迫退隐。李剑农评论说:"冯在四年六月入京,向袁探听消息,袁不肯说真话,已知道袁不相信自己,及段免职,冯更'兔死狐悲';袁氏想利用周夫人从中斡旋,但也无效,冯一以消极应付。"①

三、消极应付

1915 年 8 月上旬,袁世凯的政治顾问、美国人古德诺要回国时,袁世凯授意他写了一篇《共和与君主论》,并命法制局参事林步随译成中文,送交《亚细亚报》发表,这是帝制运动公开活动的一个信号。8 月 14 日,杨度、孙毓筠、严复、刘师培、李燮和、胡瑛等六人联名通电全国,发表筹组筹安会宣言。23 日筹安会正式成立,帝制运动明朗化。

8 月 24 日,被冯国璋派到北京打探消息的王廷桢来函,报告段芝贵领头策动北京军警"筹安"大会,签名拥戴袁世凯的情形,劝告冯国璋通电签名劝进。9 月 7 日,也在北京探风的恽宝惠发来函件,详细陈述了冯国璋处于被动局面、袁世凯身边人对冯国璋如何不满等情形,最后提出了一个建议:

> 我师与极峰感情实无迟回审顾之余地。惠识见短浅,所见虑者在大局之利害,而未遑计及悠悠毁誉也。伏望钧座遇事毅然独断。凡有可以与中央为表里之融洽者,或函或电,径达极峰。如能得师母大人进京一行,将内容曲折面为密达,则所裨益尤非浅勘。②

恽宝惠绝对是冯国璋的心腹,他劝冯国璋一定要对帝制运动表示态度,否则会很不利,并建议周夫人进京一次。9 月 17 日,冯国璋与江苏巡按使齐耀琳联名致电北京,声称对帝制表示"意见相同",但其中并无推戴文字③。10 月 25 日,又送周夫人进京,但这也不过是表面文章而已,借此掩饰

---

① 李剑农:《中国近百年政治史》,商务印书馆 2013 年版,第 408 页。
② 《恽宝惠致冯国璋函》,吉迪整理:《大树堂来鸿集》,《近代史资料》总 50 号。
③ 吕伟俊、王德刚:《冯国璋和直系军阀》,河南人民出版社 1993 年版,第 56 页。

一下自己内心真实的想法。10 月 30 日,齐耀琳要按照北京的部署举行所谓国体投票,就是让那些被"圈定"的民意代表投票拥戴袁世凯做皇帝,冯国璋消极应付的态度表现得更直接了。恽宝惠有一段很翔实且生动的回忆文字,抄录于下:

> 齐很早地就到了行署(上将军行署即冯国璋的办公地——引者注),他在巡视了会场一周以后,便来到了冯的客厅里,请冯的承启长宋秉智去请冯出来一同莅会。可是,宋接着就来报告齐:"上将军得了感冒,有些头痛,实在不能够出来了。上将军说,一切请巡按使偏劳吧!"齐听了以后,不禁大为着急,一方面赶忙让宋秉智把师景云、何绍贤和我三个人找了去,急急地和我们说:"这怎么办!让我一个人唱这台戏,我可唱不了!"一方面就再三地请求我们给想办法。我们看到他那气急败坏、坐立不安的样子,真正是漉了汗了,觉得他可笑亦复可怜。可是,冯的意图,我们当时已经是完全清楚了,他就是要让齐当个独挑的角色来唱这一台戏,因此,要想在这个时候改变他的意图,也还是有相当困难的。就在这事成僵局的最后关头,我们经不住齐的反复要求,就和宋秉智商量着说:"那我们只有擅闯辕门了!"跟着,我们四个人便一同去了冯的卧室里。我们进去以后,看到冯穿着长袍缎鞋,昂然地立在那里。他见了我们,第一句话便是:"你们来干什么?"我们就把齐的着急和为难的情况简单地向他报告了一番。他听了以后,紧接着就说:"我不舒服,我不能出去!"这时,我们虽然已经看到他毫无病容的表情,但是,却不能不说出"请上将军勉强支持一会儿"的一番鬼话。就这样,尽管我们还在他的旁边呶呶不休、婉言劝解,他却依旧昂然地站在那里,显出"拒人于千里之外"的神色。我当时看到这般情景,觉得像这样僵持下去是不会有什么结果的,也许还是由于我年纪比较轻的缘故吧,就说出了带有分量的几句话,我说:"就是上将军今天不出去,今天的事情也还是要办。并且,今天的经过,北京方面也不会不知道,那么,岂不是徒然大伤极峰的感情!同时,代表们现在还没有投票,假如上将军真的不肯到会的话,怕的是因此而影响了这次投票的结果,那就更不好了!"我当时虽是说了这么一番话,可是,就在那个时候,我对于顾鳌、朱启钤

所布置的开会以后要照相片,相片上不准缺少一人的一些规定,还是不知道的。随后,宋秉智又接着我的话头说了几句更有分量的话。……

各省代表推戴袁世凯所召开"国民代表会议"的参观券

他当时用诚恳而又不带任何客气的语气和冯说:"你老人家跟了大总统这么多年了,样样的事情都帮了他了！到了现在的这次事情,你老人家就更可以不必认真了！"他边说着,边招呼站在外间屋里的冯的上差:"快拿大礼服来！"这时,他就不容分说,一方面主动地给冯解开他的长袍的纽扣,一方面就又帮着冯穿上他的大礼服,最后,还俯下身去,蹲在地上给冯系那刚刚换好的皮鞋的鞋带。大概还是宋秉智的话打动了冯的心吧,冯也就将计就计,趁势下台,听凭着宋在旁伺候,不发一言地把大礼服换好,跟着,就由我们四个人簇拥着来到了客厅。当时,齐正在那里抓耳挠腮,心急如火。可是,当他蓦地看到冯居然被我们说动,并且真得出现在他的面前的时候,真个是如获异宝一般,便立刻笑容满面地和冯说:"已经到了时候了！"随着,大家也就众星捧月般地随同冯,直向西花园走去。①

冯国璋到场后坐在台上,一言不发,宣读推戴书及禀告中央的电文时,冯国璋仍是默立不语。散会后,全体人员拍照留影,冯国璋跟着走完了过

---

① 文斐编:《我所知道的"北洋三杰"》,中国文史出版社 2004 年版,第 249—251 页。

场,连宴会都没有参加。虽然内心很不情愿,冯国璋还是与齐耀琳一起致电北京代行立法院,表示了对帝制运动的支持:

> 中华民国之主权本诸国民全体,故国体之如何改革,壹以民意为归。代表等受国民之委托,经监督之召集,投票决定国体,一致赞成君主立宪,自应速定大计,以安人心。溯自清廷逊位以来,我今总统力支危局,于今四载,丰功伟烈,无与比伦。代表等来自田间,父老昆季,咸愿我大总统永建皇图,立万世无疆之业,讴歌朝觐,全出至诚,实历史上无上之光荣,亦环球罕有之盛典。代表等谨以国民公意,恭戴今大总统袁世凯为中华帝国皇帝,承天建极,传之万世。并议定委托贵院为国民总代表,伏望贵院本全国之民意,合词吁请大总统早登帝位,以奠邦基,全国幸甚。[①]

立法院是“民三约法”规定的立法机关,因立法院没有成立,以参政院代行立法院职权,上文中所称的“代行立法院”实际上就是参政院。“民三约法”是怎么回事呢? 1912 年 2 月制定的《临时约法》被称为“民元约法”,袁世凯就任中华民国正式大总统后,于 1914 年 5 月 1 日公布其御用的《中华民国约法》,此即“民三约法”。“民三约法”取消了责任内阁制,代之以集权的乃至独裁的总统制,据此成立的参政院实际上是大总统的咨询机关。袁世凯帝制自为,以参政院为代表民意的机关,负责操办国民代表推戴一类的表面文章。

就在冯国璋消极应付袁世凯的时候,却发生了一件意料之外的事,使得他们之间的关系变得紧张起来。1915 年 11 月 10 日,袁世凯的忠实支持者、上海镇守使郑汝成被国民党人枪杀,冯国璋恐袁世凯疑及自身,尽力安排郑氏的后事。不料,一家日本报纸刊出消息,说这是冯国璋用十万元资助陈其美活动经费造成的。冯国璋感到事态严重,立即发表长篇通电辟谣,表明心迹:

---

① 《冯国璋致代行立法院电》,中国第二历史档案馆:《中华民国史档案资料汇编》第三辑·政治(二),江苏古籍出版社 1991 年版,第 1073 页。

国璋自光绪丙午年以一候选知县投效新建陆军,我大总统一见,谬加赏识,即奉派为全军督操营务处。由是追随历二十载,推心置腹,肝胆相见。……无一非出自我大总统之提携。……迄于今,……分虽僚属,谊犹家人,饮水思源,戴山知重。此以私情言之,国璋之对我大总统,受恩深重,而实为当世所共见者也。至于中国近岁以来,……扶危定倾之才,舍我大总统其谁与归。国璋非但默志于心,即平日与友人私谈,为部下告诫,亦莫不谓……当今之世,惟我大总统为中国一人。此以公谊言之,国璋之对于我大总统,为心悦诚服,而堪为举世所共信者也。[①]

无论冯国璋如何解释,袁世凯对他的怀疑是有增无减,并曾派人监视。监视的人具体有哪一个,恐不好完全认定,但张勋肯定得到了袁世凯的授意。一次,冯国璋与张勋一起喝酒,酒酣,冯国璋对张勋说:"老头子让我注意你的行动。"不想,张勋从怀中掏出一纸电文说:"老头子给我密电,让我监视你。"[②]这是袁世凯的一贯作风,让手下的人互相监视,但如果双方都交了底,他的这一招数不但毫无用处,而且会给被监视的双方造成极大的离心倾向。冯国璋既然感到一直遭受袁世凯的怀疑,他自然会与袁世凯越离越远。12月18日,袁世凯发表命令,调冯国璋任参谋总长,阳为升迁,实则迫冯离开江苏。冯国璋岂能上当,他托词"害病",拒不进京,可反对袁世凯称帝的态度更加坚定了。

四、亮明态度

就在袁世凯帝制自为紧锣密鼓进行之时,梁启超发表了题为《异哉所谓国体问题者》的雄文,阐述了反对变更共和政体的观点,对袁氏意欲复辟帝制的行径进行了猛烈抨击。梁启超在当时,人们常说他的文字像利刃一样可以杀人,他的文章确是荡气回肠,令人百读不厌。该文在1915年8月20

---

① 陶菊隐:《北洋军阀统治时期史话》第二册,三联书店1957年版,第118页。
② 吕伟俊、王德刚:《冯国璋和直系军阀》,河南人民出版社1993年版,第56页。

日出版的《大中华》杂志上发表后,自 8 月 31 日起,京津各报竞相转载,震动中外,传诵一时,为护国战争的发动做了积极的舆论准备。

袁世凯称帝后在天坛祭天

1915 年 12 月 12 日,袁世凯下令称帝,改国号为"中华帝国",以明年为"洪宪"元年。12 月 25 日,唐继尧、蔡锷等人通电全国,反对帝制,宣布云南独立。随后,成立护国军政府,大家决定仿照辛亥革命时的武昌军政府形式,推举一位都督,又推举一位总司令,那时候黎元洪是都督,黄兴是总司令。而云南护国军政府蔡、唐二公则互相推让,最后由于蔡锷的坚持,终于推举唐继尧为都督,蔡锷为护国军第一军总司令。以云南一地之力独抗北洋军,本来是很难取胜的,但不久贵州、广西、广东、浙江先后宣布独立,于是力量对比大为改观。到 1916 年 2 月底,袁世凯在西南地区的战事屡战屡败,尚未独立的北洋系各省消极抵制,均不肯派兵支援。

帝制初起,袁世凯封冯国璋一等公爵,以示倚重。护国战争开始,袁世凯又命冯国璋为"征滇军总司令",令其率军入川镇压护国军。冯国璋明确拒绝出任征滇军总司令,并以江苏防务吃紧,不敷布置为由,拒绝参谋次长田中玉来宁组织征滇后援军。后又致电袁世凯,因病请假,未获允准,冯国璋干脆请辞江苏将军职务。冯国璋以辞职相要挟终达目的,1916 年 3 月 2 日,中央复电:"冯宣武病未痊愈,辞职之意甚为坚决,现已准其续假静养,一俟病痊即当促其销假,决不致任高蹈。"①冯国璋也就假戏真做,3月9日致电中央销假视事,其时形势已经明朗化了。

就在冯国璋与袁世凯周旋的过程中,他还和反袁势力密切接触,试图造成一种中间势力。当时的反袁势力分成很多派别,主要的是国民党和西南实力派。冯国璋接触到的国民党人主要是陈其美和孙洪伊,陈其美后被张宗昌暗杀,已如前述。1915年11月中旬,他还通过清朝遗老郑孝胥与欧事研究会的主脑李根源密约,邀请李根源赴宁共商大计。欧事研究会以欧战之起为国事筹划为己任,实质上是反袁的秘密组织,被称为国民党温和派,意即不主张使用过于激烈的手段。只因临事发生变故,李根源未能成行②。

孙洪伊则很活跃,当时他在上海从事反袁活动,与冯国璋建立了密切的联系,并深深地影响了袁世凯去世后的中国政局。孙洪伊(1870—1936年),字伯兰,直隶天津(今天津市)人。曾入袁世凯幕。清宣统三年(1911年)任顺直咨议局议员。辛亥革命后与汤化龙等在上海组织民主党,旋参加进步党,为首领之一。1913年被选为众议院议员、宪法起草委员会候补委员。次年发表言论,反对袁世凯图谋帝制。1916年被段祺瑞压迫辞职后,在上海组织"宪法商

孙洪伊

榷会"。1917年参加护法运动,任军政府内务部部长,次年去职。1920年任广东政府顾问。直皖战争后,旧国会恢复,被称为"小孙系"首领。1936年3月28日在上海病逝。护国战争期间,孙洪伊多次写信给冯国璋,劝冯国璋负起重任,与西南实力派合作,造成中国政治的一种新气象。在1916年6月1日写给冯国璋的信中,孙洪伊报告说,淞沪护军副使卢永祥曾通过他与

---

① 公孙訇:《冯国璋年谱》,河北人民出版社1989年版,第48页。
② 李新总编:《中华民国史》第二卷(下),中华书局2011年版,第699页。

上海商会秘密接洽过上海独立事宜,与海军也有过联络,并说这些事项"曾与张溥泉、柏烈武、耿鹤生、何成浚诸君再四磋商,原非一无把握"①。张溥泉即张继,柏烈武即柏文蔚,皆为国民党内实力派人物,孙洪伊的信至少说明了冯国璋与国民党人的秘密来往是很密切的。

冯国璋与西南实力派的接触更早一些,主要是通过梁启超的穿针引线。梁启超(1873—1929 年),字卓如,号任公,又号饮冰室主人,广东新会人。青年时期和其师康有为一起,倡导变法维新,并称"康梁",是戊戌变法的领袖之一,事败后出逃,在海外推动君主立宪。辛亥革命后曾两度加入内阁,担任司法总长、财政总长,对袁世凯称帝、张勋复辟等严厉抨击,并加入实际军事、政治活动。后期倡导新文化运动,支持五四运动。

1915 年 12 月 18 日,梁启超从天津潜抵上海,冯国璋的代表马上就上门求见,告诉梁启超,冯国璋被袁世凯任命为参谋总长后,"自危甚至",极盼云南"速举"。据梁启超事后回忆,早在"滇师初起时",冯国璋就曾与他"密布腹心",表示"已有迫袁退位之决心"②。到 1916 年二三月间,冯国璋两次接见唐继尧派到南京的联络代表李宗黄。第一次,他向李宗黄表示:"至低限度,我这边的队伍是决不会开去跟护国军打仗的,这一点,你请唐将军尽管放心。"第二次,他答应云南方面三件事:一、立即复电唐继尧,表示赞同推翻帝制,恢复共和;二、由他负责维持长江中下游各部北军的绝对中立,尤将拒绝增援川、湘北军的命令;三、必要时,他将联络长江各督发表通电,请袁取消帝制,并宣布调停时局办法③。因而,曹汝霖才这样回忆道:"冯国璋虽未明示反袁,然与西南暗通声气,西南唯冯之马首是瞻。"④此话虽然有些过分,但冯国璋在其中所起的作用是不可小视的。

到 1916 年 3 月 15 日,广西宣布独立,冯国璋看到全国形势对袁世凯愈益不利,遂决定表明态度。3 月 21 日,他联络江西将军李纯、长江巡阅使张勋、山东将军靳云鹏、浙江将军朱瑞密电袁世凯,"要求撤消帝制,以平滇黔

---

①　《孙洪伊致冯国璋函》,吉迪整理:《大树堂来鸿集》,《近代史资料》总 50 号。

②　李希泌、曾业英、徐辉琪编:《护国运动资料选编》下册,中华书局 1984 年版,第 509 页。

③　李新总编:《中华民国史》第二卷(下),中华书局 2011 年版,第 699 页。

④　曹汝霖:《曹汝霖一生之回忆》,中国大百科全书出版社 2009 年版,第 163 页。

之气"①。这就是著名的"五将军密电"。起初,冯国璋觉得连他自己只有五位将军,声势不够壮大,乃用五人名义密电征求全国各省将军的同意,他认为这是大势所趋,已不是他个人的行动,对袁世凯也无所畏惧。不料他这则密报到了直隶巡按使兼将军朱家宝的手里,朱家宝立刻把这封密电送给袁世凯看,这才成了"五将军密电",否则声势可能会大得多。

"五将军密电"是袁世凯帝制运动的"讣告",袁世凯见北洋系的军人也要公开反对自己,只有取消帝制这一条路可走了。1916 年 3 月 22 日,袁世凯令徐世昌重任国务卿,并发表申令,撤销承认帝制案。令文如下:

> 政事堂奉申令:民国肇建,变故纷乘,薄德如予,躬膺艰巨,忧国之士,怵于祸至之无日,多主恢复帝制,以绝争端,而策久安。癸丑以来,言不绝耳。予屡加呵斥,至为严峻。自上年时异势殊,几不可遏,佥谓中国国体,非实行君主立宪,决不足以图存,傥有墨、葡之争,必为越、缅之续,遂有多数人主张帝制,言之成理,将吏士庶,同此悃忱,文电纷陈,迫切呼吁。
>
> 予以原有之地位,应有维持国体之责,一再宣言,人不之谅。嗣经代行立法院议定由国民代表大会解决国体,各省区国民代表一致赞成君主立宪,合词推戴。
>
> 中国主权本于国民全体,既经国民代表大会全体表决,予更无讨论之余地。然终以骤跻大位,背弃誓词,道德信义,无以自解,掬诚辞让,以表素怀。乃该院坚谓元首誓词,根于地位,当随民意为从违,责备弥严,已至无可诿避,始终筹备为词,借塞众望,并未实行。及滇、黔变故,明令决计从缓,凡劝进之文,均不许呈递。旋即提前召集立法院,以期早日开会,征求意见,以俟转圜。
>
> 予忧患余生,无心问世,遁迹洹上,理乱不知。辛亥事起,谬为众论所推,勉出维持,力支危局,但知救国,不知其他。中国数千年来史册所载,帝王子孙之祸,历历可征,予独何心,贪恋高位?乃国民代表既不谅其辞让之诚,而一部分之人心,又疑为权利思想,性情隔阂,酿为厉阶。

---

① 公孙訇:《冯国璋年谱》,河北人民出版社 1989 年版,第 49 页。

诚不足以感人，明不足以烛物，予实不德，于人何尤？苦我生灵，劳我将士，以致群情惶惑，商业凋零，抚衷内省，良用戁然，屈己从人，予何惜焉。代行立法院转陈推戴事件，予仍认为不合事宜，着将上年十二月十一日承认帝位之案，即行撤销，曲政事堂将各省区推戴书，一律发还参政院代行立法院，转发销毁。所有筹备事宜，立即停止，庶希古人罪己之诚，以洽上天好生之德，洗心涤虑，息事宁人。

盖在主张帝制者，本图巩固国基，然爱国非其道，转足以害国；其反对帝制者，亦为发抒政见，然断不至矫枉过正，危及国家，务各激发天良，捐除意见，同心协力，共济时艰，使我神州华裔，免同室操戈之祸，化乖戾为祥和。总之，万方有罪，在予一人！

今承认之案，业已撤销。如有扰乱地方，自贻口实，则祸福皆由自召，本大总统本有统治全国之责，亦不能坐视沦胥而不顾也。方今闾阎困苦，纲纪凌夷，吏治不修，真才未进，言念及此，中夜以忧。长此因循，将何以国？嗣后文武百官，务当痛除积习，黾尽图功，凡应兴应革诸大端，各尽职守，实力进行，毋托空言，毋存私见，予惟以综核名实，信赏必罚，为制治之大纲，我将吏军民当共体兹意！此令。[①]

这份申令把帝制的责任推得一干二净，甚至声称实行帝制是时代的要求、国民推戴的结果，反映出袁世凯掩盖其违犯共和政制法律规范的意图。这份申令还传达出袁世凯意欲保留大总统的企图，他要做的仅仅是取消帝制而已，当然不会得到各方面的同意，其中北洋系内部以冯国璋的反对声音最为强烈。

对于冯国璋在反对袁世凯帝制运动中的作用，梁启超原本抱有更高的期望，他甚至以为冯国璋会举兵讨袁。但是，冯国璋采取了观望的态度，直到最有利的局势出现，他才明确表态，要求袁世凯取消帝制。冯国璋与袁世凯有十多年的长官部属关系，交谊自然很深，让他一下子举起讨伐袁世凯的大旗，从感情上是说不过去的。在 1915 年 12 月 24 日，冯国璋使用将军署的电台为梁启超拍发私人电报去云南，已属难能可贵了。"由于这是由南京

---

① 《大中华》杂志，第 2 卷第 4 期。

发出的电报,致使云南方面蔡锷、唐继尧等相信冯已同意讨袁,因而立即宣布护国起义,其鼓舞作用可以想见。以后冯与任公的关系始终维持良好"①。冯国璋与梁启超的良好关系,也影响了袁世凯去世后的民国政局,此为后话。

其实,冯国璋明白受到袁世凯的欺骗之后,就已经对袁世凯帝制自为的举动很反感了。1916 年 3 月间,冯国璋在南京接见陈之骥、冯家祜(冯国璋的本家侄子)、胡鄂公(四川将军陈宧的代表)时,讲过一个关于袁世凯的故事:

> 袁世凯每天中午都有午睡的习惯,而睡醒后一定要先喝茶。喝茶的器具也是固定的,是他最心爱的一个玉质茶杯。一天中午,小厮估计袁世凯快要睡醒了,便用那只玉质茶杯盛满茶,然后端着茶走了进来。
>
> 当小厮端茶走进袁世凯卧室里的时候,看见躺在床上的袁大人不见了,而代替他躺在床上的是一只体形巨大的癞蛤蟆。小厮哪见过这等骇人之事? 吃惊之余,便把玉杯掉落在了地上,玉杯立时摔得粉碎。
>
> 这只玉杯可是袁大人的心爱之物啊,怎么能说碎就碎了呢? 小厮想这下自己可要倒大霉了。他不知道该怎么办,慌忙把地上的玉杯碎片扫净,便跑去找袁世凯的一位老家人请教。老家人见小厮吓得哭哭啼啼,动了恻隐之心,于是便教他该如何如何。
>
> 小厮依计行事。他换了一只茶杯奉茶,当他再次走进袁世凯卧室的时候,大癞蛤蟆不见了,袁世凯出现了。袁世凯见茶杯不是自己平日用

袁世凯镌刻的"中华帝国之玺"和"皇帝之宝"

---

① 张朋园:《梁启超与民国政治》,上海三联书店 2013 年版,第 80 页。

的那只玉杯,便问:"玉杯呢?"小厮战战兢兢地回答说:"求大人开恩,玉杯被小的打碎了。"袁世凯大怒,说:"打碎了,这还了得!"小厮眼泪都流出来了,细声说:"小的端茶进来时,看见床上睡的不是大人。"

袁世凯厉声问道:"那是什么?"小厮说:"是一条五爪金龙横躺在床上,因此小的吓了一跳,一不小心便把玉杯跌碎了。"

听完这话,袁世凯的面色突然好转,声调也缓和下来,说:"胡说,不许在外边讲。让我听见的话,我就打断你的狗腿。"

小厮只好连连称是。袁世凯在抽屉里拿出十块洋钱给小厮,说:"这个赏给你。"小厮接了赏钱,欢天喜地而去。[①]

说袁世凯是癞蛤蟆,也是当时的人们编排出来的。冯国璋讲这个癞蛤蟆变五爪金龙的故事,也有为袁世凯辩护的意思。袁世凯的祖辈都没有活过五十九岁的,到 1915 年袁世凯已经五十七岁了,他才听信了端茶小厮的鬼话,立意要过一把皇帝瘾,死后才可以将帝位传给子孙。不过,根据笔者的猜测,冯国璋讲这个故事并不是为袁世凯辩护,反而是对袁世凯的嘲笑,哪有癞蛤蟆能够成就帝业的!

对于冯国璋在反对袁世凯帝制自为过程中的作用,张一麐的概括基本上是正确的:"自西南护国军起,滇、黔之师已及湘、粤,而各省区统兵之官,或逐师自立,若湖南、浙江、四川、广东,旋仆旋起,不可爬梳。公仗义执言,屡有建白,斳规复统一,以巩固国家,而解人民倒悬之苦。"[②]谋求国家的统一,是政治家的理想。

五、南京会议

袁世凯宣布取消帝制,问题并没有得到彻底解决,国内局势依然很严重。冯国璋也并不以帝制取消为满足,当袁世凯示意他联合未独立各省将军发一通电,挽留袁世凯留任大总统时,他的态度就不太友好了。1916 年 4

---

① 陶菊隐:《北洋军阀统治时期史话》第二册,三联书店 1957 年版,第 100—101 页。
② 张一麐:《故代理大总统冯公事状》。

月 1 日，他致电徐世昌、段祺瑞、王士珍，谓："南军希望甚奢，仅仅取消帝制，实不足以服其心，就国璋观察，政府方面须于取消帝制而外，从速为根本解决……立即再进一步，以救危局。"①"根本解决"的意思，实际上就是要袁世凯退位。但这是内部人的实话，对外就要有所修正了。

4 月 17 日，冯国璋与张勋、齐耀琳联名提出了调停时局的八项办法：一、承认袁世凯仍居总统地位；二、慎选议员，重开国会；三、惩办奸人；四、各省军队须以全国军队按次编号，不分畛域，并实行征兵制度；五、遵守民元约法；六、各省将军、巡按使依旧供职；七、派往川湘之北军一律撤回；八、大赦党人②。袁世凯对这八条办法不是很满意，好在保留他的总统职位，也算是存了一份体面。但是，南方实力派却很不满意，尤其是对第一条，更表示不能接受。于是，4 月 26 日，冯国璋又致电黎元洪、徐世昌、段祺瑞，让他们劝告袁世凯退位。电文曰：

> 元首统驭民国，四年于兹，咸以保邦致治，望之一人。乃帝制发生，未及数月，一时舆论大变，实缘威信已坠，人心已涣，虽挟万钧之力，难为驷马之追。国璋对元首具有特别感情，特以耿直性成，未能随时俯仰，他人肆其谗构，不免浸润日深，遂致因间生疏，因疑生忌。倚若腹心，而密勿不尽与闻；责以事功，而举动复多牵掣。减其军费，削其实权，各省兵力四分，统系不一，沪上一隅复与中央直接。……近以政府电知川省协议和解条件，与国璋用意略同，方且担任调人，冀回劫运。惟报载陈将军所致中央一电，声明蔡锷提出条件后，滇黔对于第一条未能满意，而此间接到处转陈电，似将首段删节。值此事机危迫，犹不肯相见以诚，调人暗于内容，将从何处着手？……大总统本一代英杰，于举国大势，谅已洞烛靡遗。顷者段将军离奉入京，未见明令。倪将军调防湘省，湘又拒绝。……至财政之困窘，军心之懈怠，外交之困难，物议之沸腾，事实昭然，无可讳饰。……察时度理，毋宁敛屣尊荣，亟筹自全之策。……苟长此迁延，各省动摇，浸至交通断绝，国璋纵不忘旧谊，独

---

① 公孙訇：《冯国璋年谱》，河北人民出版社 1989 年版，第 50 页。

② 吕伟俊、王德刚：《冯国璋和直系军阀》，河南人民出版社 1993 年版，第 59 页。

以拥护中央相号召,亦恐应者无人,则大总统孤立寡援,来日殊不堪设想。……诸公谊属故人,近参机要,请以国璋电文上陈省览。[1]

为了进一步给袁世凯施加压力,同时也为了缓和南方实力派的反对,冯国璋将前述八项条件进行了修改,于5月1日通电各省。修改后的八项条件为:一、总统问题,民国中断,大总统地位消灭,副总统代行职权不能成立,不如根据清室交付全权原案,承认袁大总统对于民国应暂负维持责任,并恢复副总统名义。一面迅筹国会,锐进办法,一俟国会开幕,袁大总统即行辞职,依法产生大总统,实行责任内阁制。二、国会问题,必须严定资格,慎防流弊,凡以金钱运动及政党暴乱分子,一概不许厕入。三、宪法问题,暂以民元约法为标准。四、经济问题,中央收支明白公布。五、军队问题,原有各省军队调回原防。六、官吏问题,四省将军、巡按使,仍旧任职。七、祸首问题,应先削除杨度等国籍。八、党人问题,应由政府审查原案,判别是非,咨交国会讨论。俟得同意,然后宣布大赦[2]。

这八项条件与原先的相比,已经有了很大的不同,不但不再维持袁世凯的总统地位,而且连黎元洪的副总统地位也不打算承认,而要另起炉灶。冯国璋认定,北洋系内部他已为执牛耳者,西南实力派也要看他的脸色行事,因而想在袁世凯与反袁势力之外造成一个第三方势力,进而攫取中央政权。在这种情势下,冯国璋主导的南京会议粉墨登场了。有研究者认为,取消帝制后的袁世凯曾一度萌生了与南方军人决战到底的想法,并得到了某些北洋系将领的支持,而段祺瑞(此时已被袁世凯敦请出山负责与西南方面谋和)认为与他"和平解决之初意相背,面请辞职"。袁世凯虽未准其请,但"以段于合议无功,颇欲置段而倚冯,而南京会议即于此兆其机矣"[3]。这一分析大体上是不错的。为了使南京会议能够开得成功,冯国璋5月5日邀请倪嗣冲一同前往徐州,与张勋会商。6日,冯、张、倪由徐州通电未独立各省,要求各省派代表赴宁,召开南京会议,解决时局。电文如下:

---

①　陶菊隐:《北洋军阀统治时期史话》第二册,三联书店1957年版,第211页。

②　吕伟俊、王德刚:《冯国璋和直系军阀》,河南人民出版社1993年版,第60页。

③　董方奎:《梁启超与护国战争》,华中师范大学出版社2012年版,第195页。

　　国璋、嗣冲于本日到徐,与勋晤商,拍发各省通电一件,文曰:川边停战以来,今已近月,虽迭经提出和议,顾以各省意见未能融洽,迄无正当解决。当此时机,危亡呼吸,内氛已彩,外侮时来,中央已无解决之权,各省咸抱一隅之见。谣言传播,真相难知,而滇黔各省恣意要求,且有加无已。长此相持,祸伊胡底,国璋实深忧之。曾就管见所及,酌提和议八条,已于东日通电奉布,计达典签。惟前途之安危,殊非浅鲜,往返电商,诸多不便,爰于歌日亲诣徐州,商之于勋,道出蚌埠,邀嗣冲偕行,于本日清晨抵徐。彼此晤商,斟酌再四,以为目今时局日臻危逼,我辈既以调停自任,必先固结团体,然后可以共策进行。言出惟公,事求必济,否则因循以往,国事必无收拾之望。兹特通电奉商,拟请诸公明赐教益,并各派全权代表一人,于咸日以前齐集宁垣,开会协议,共图进止,庶免纷歧,而期实际。勋等筹商移晷,意见相同,为中央计,为国家计,谅亦舍此更无他策。诸公有何卓见,并所派代表衔名,统祈先行电示,藉便率循。临电延伫,无任盼祷。等语。奉闻,并希台察。①

　　冯国璋、张勋、倪嗣冲三人联合发起召集南京会议,然而他们三人却是三条心,冯国璋想利用这次会议造成他的第三方势力地位;张勋想做这个会议的盟主,以为他达到宣统复辟的有利条件;倪嗣冲则是忠于洪宪王朝。袁世凯更老奸巨滑,他知道冯国璋和张勋两人不是一条心,正好利用两人矛盾,以达到互相牵制和从中操纵的目的。他派张镇芳和阮忠枢二人在徐州游说张勋,又派蒋雁行列席南京会议,借以监视。

　　5月18日,南京会议开幕,参加者有十八个省区的代表共二十余人。山东代表丁世峰提出袁世凯必须退位的建议,湖南代表和山西代表附和丁世峰的建议,各省代表也没有反对②,看起来,袁世凯的退位问题在第一次会议中已占了极大的优势。不料当天晚上形势为之一变,倪嗣冲带了三营卫队赶来南京。倪嗣冲本来已派代表出席南京会议,他亲自率领卫队来开

---

① 《张勋等请各省派代表参加南京会议通电》,中国第二历史档案馆:《中华民国史档案资料汇编》第三辑·政治(二),江苏古籍出版社1991年版,第1123页。
② 公孙訇:《冯国璋年谱》,河北人民出版社1989年版,第55页。

会,显然是奉了袁世凯的密令来监视会议的。

5月19日,举行第二次会议。倪嗣冲首先发言,主张维持袁世凯的总统地位。丁世峄站起来反对倪嗣冲的意见,湖南代表陈裔时、湖北代表冯煦、江西代表何恩溥先后发言,附和丁世峄的意见。倪气汹汹地问丁世峄说:"你是不是靳将军的代表(这时靳尚未被撤职)? 靳将军是拥护中央的,你为什么私通南方?"陈裔时代替丁世峄解释说:"不是不拥护中央,而是君子爱人以德,也是为了袁大总统。"冯煦、何恩溥也随声附和说:"主张退位并不等于反对袁总统,而是为袁总统设想。"倪嗣冲听了脸也气红了,担任主席的冯国璋一看局面紧张,赶快把话拉开,把会议主题列入"能战始能言和"的问题上①。张勋的代表万绳栻头一天没有表示意见,这一天却完全支持倪嗣冲的意见,反对袁世凯退位,因此其他代表遂不敢对此问题发言,于是会议对于袁世凯退位问题便作不出结论。至于备战问题,倪嗣冲与万绳栻询问各省能出多少兵? 山东、江西和两湖代表都不作声,同样也作不出决定来。

5月20日的第三次会议,冯国璋首先声明:"关于退位问题,本会无权表决,应召集国会来讨论决定。"与会代表一致同意,可是又提不出召集国会的办法。5月21日、22日的两次会议经过了一再磋商,才决定了丁世峄的提案,且为冯国璋所赞同的办法,通电邀请西南独立五省代表参加南京会议,解决总统问题。然而,事实上,粤、贵、黔、滇四省皆不肯选派代表参与南京会议。

因争执不下,南京会议宣布停会。对于各省代表多主张袁总统应行退位,国务院连开临时秘密会议,议决挽救方法。29日袁世凯特颁告令,解释不退位之理由。30日冯国璋召集会议,宣布将会议解散,张勋表示赞成,而倪嗣冲早在23日已回蚌埠。南京会议实际上无果而终,虎头蛇尾。

在会场上议决不了的问题,却在战场上轻易地化解了。5月22日,四川将军陈宧发出通电,劝袁世凯退位,并宣布"与袁个人断绝关系",这是迫袁致死的最重要一份电报。5月22日,湖南宣布独立,湖南将军汤芗铭尽

---

① 丁中江:《北洋军阀史话》第二集,中国友谊出版公司1996年版,第226页。

管在独立通电中对袁还称为"我公",还说"感知遇之私",但还是对袁世凯捅上了重重的一刀。6月6日清晨,袁世凯命丧北京中南海。当时流传有"送命二陈汤"的说法,"二陈"是指陈宧和陈树藩(陈树藩以陕西护国军都督名义于5月18日发出独立通电),"汤"即是指汤芗铭。

　　南京会议虽然无果而终,但对冯国璋后来的政治地位颇有影响。西南实力派自知无力与北洋系对抗,只得借冯国璋之力来保持平衡。南京会议上,冯国璋力促袁世凯退位,坚定了西南实力派向他靠拢的信心。"冯后来做副总统、总统,与南方支持有一定的关系。南京会议期间,段祺瑞也试图借冯国璋力去袁,但又对冯国璋保持警惕。南京会议后,冯、段矛盾彰显,北洋集团渐趋裂变。"①说段祺瑞与冯国璋产生冲突,南京会议已埋祸根,似乎有些牵强,但说南京会议造成北洋系的分裂,还是很有道理的。

---

① 郭洁:《冯国璋与南京会议》,《兰台世界》2013年2月(下)。

第八章　进身高阶

袁世凯病死后，国内政局发生了很大变化，冯国璋被选为副总统，这是他进入中央政权的第一步。在副总统任上，冯国璋努力调停府院冲突，并对重大国策施加影响，一定程度上左右着中央政府的决策。

一、当选副总统

袁世凯病死后，由谁来继承大总统职位，便成了一个大问题。辛亥革命时，革命党人设计共和国的政治架构，以总统为国家元首，当然也要有副总统。根据《临时约法》的规定，中华民国大总统、副总统由参议院选举产生。1912年1月1日，孙中山就任临时大总统，1月3日又选举黎元洪为副总统，南京临时政府宣告成立。到3月15日袁世凯当选为第二任临时大总统，3月20日黎元洪再次当选为副总统。1913年10月4日，《大总统选举法》通过；10月6日，国会选举袁世凯为中华民国第一任正式大总统；次日，选举黎元洪为副总统。《大总统选举法》第五条规定，大总统因故去职或缺位时，由副总统继任，至原任大总统任满为止[①]。根据这一规定，应由黎元

---

① 钱实甫：《北洋政府时期的政治制度》上册，中华书局1984年版，第66页。

洪继任大总统,可实际情况要复杂得多。

护国战争甫起,南方独立各省就有敦请黎元洪代行总统职权的意见,如贵州刘显世发出通电,拟由桂、滇、黔三省联衔电达黎副总统及各省,宣布三事:"一、迫使袁氏退位,听从国民依照约法裁判;二、请黎副总统遵照约法,代行总统职权;三、根据约法及大总统选举法,选举正式大总统。"①这个电文虽将副总统一职属意黎元洪,但仍以代行名义履行大总统职权。唯独梁启超首倡依据《临时约法》即"民元约法"由黎元洪继任大总统,他认为,这样"一则可以息争,二则可以明护国军之兴,为拥护国体而起,非为争权夺利而起,袁氏无词可非难护国军,又无术可离间护国军,此最上策"②。

袁世凯病死后,退位问题不复存在,但南北双方又为总统继任问题发生争执。北洋系军人希望在徐世昌、冯国璋或段祺瑞三个人当中举一人为总统,而掌握北京政府实权的段祺瑞反复权衡利害关系,他裁定由黎元洪继任总统。消息一经传出,引起了北洋系军人的强烈不满。段祺瑞费了很多口舌,才将他们说服,然后通知了黎元洪。黎元洪正为时局不明而为难,听到段祺瑞推举他继任大总统的承诺,当即表示一切照办,实行责任内阁

黎元洪

制。1916 年 6 月 7 日,黎元洪正式以副总统资格继任中华民国大总统。但在前一天段祺瑞以国务院名义通电全国,却引起了轩然大波。电文如下:

---

① 张国淦:《袁世凯与黎元洪的斗争》,杜春和等:《北洋军阀史料选辑》上册,中国社会科学出版社 1981 年版,第 176 页。

② 丁文江、赵丰田:《梁启超年谱长编》,上海人民出版社 1983 年版,第 763—764 页。

袁大总统于本月六日巳正因病薨逝，业经遗令依约法第二十九条，宣告以副总统黎元洪代行中华民国大总统之职务，各省地方紧要，务望以国家为重，共维秩序，力保治安，是为至要。①

这通电报的"症结"在于"约法"一词指代不清楚，是指"民元约法"还是指"民三约法"呢？"民三约法"是袁世凯炮制出来的，实际上是对《临时约法》的篡改和否定，也遭到了西南各省和国民党人的激烈反对。段祺瑞没有明确指出，黎元洪继任总统究竟依据的是哪一个约法，使得西南方面十分不满。西南实力派曾提出恢复"民元约法"、召集国会、惩办帝制祸首三大要求，作为南北方和解的基本条件。

冯国璋也对这个问题发表了意见。6 月 15 日，他和江苏省长齐耀琳在致黎元洪、段祺瑞的电报中指出："国家根本大法，不可无一，不能有二。""现在舍《临时约法》外，别无根本之法；舍恢复《临时约法》外，即别无可以改造之道，此节已无待再计。"②6 月 20 日，又致电政府，要求"以命令恢复约法，挽回危局，中途倘有迟疑观望，不独无以慰国人之望，亦且适以增国家扰乱之虞"③。总体上来看，冯国璋是倾向于恢复"民元约法"和国会的，并且看到了南北方为此问题争执不下的严重后果。冯国璋之所以赞同恢复"民元约法"和国会，与他跟西南实力派的密切沟通分不开，同时也是其尊重宪法精神的体现。再后来，有些国民党人在北方因受段祺瑞压迫无路可走时，便跑到南京托庇于冯国璋。因此，许多国民党人把冯国璋视为反对段祺瑞的盟友④。

6 月 25 日，驻沪海军总司令李鼎新、第一舰队司令林葆怿、练习舰队司令曾兆麟发表联合宣言，因拥护"民元约法"而宣告独立，这给段祺瑞以极大的打击。当时中国海军共有三个舰队，第一舰队是海军的主力。这次海军公然独立，不仅严重地威胁北洋系势力下的沿海各省区，同时还可以帮助护国军运兵北上。段祺瑞这才表示要行"民元约法"。同时由于林长民、张国

---

① 《申报》，1916 年 6 月 8 日。
② 《冯华甫主张旧约法电》，《申报》1916 年 6 月 18 日。
③ 公孙訇：《冯国璋年谱》，河北人民出版社 1989 年版，第 59—60 页。
④ 李新总编：《中华民国史》第三卷，中华书局 2011 年版，第 31 页。

淦的奔走,乃于6月29日由黎元洪正式申令,仍遵行民国元年公布之《临时约法》。申令文曰:

> 共和国体,首尊民意。民意所寄,厥惟宪法。宪法之成,专恃国会。我中华民国国会自民国三年一月十日停止以后,时月两载,迄未召复,以至开国五年,宪法未定,大本不立,庶政无由进行。亟应召集国会,速定宪法,以协民志而固国本。宪法未定以前,仍遵行中华民国元年三月十一日公布之《临时约法》,至宪法成立为止。其二年十月五日宣布之大总统选举法,系宪法之一部,仍应有效。①

既然段祺瑞已宣布遵行《临时约法》,南方实力派也在7月14日宣布取消独立,至此因袁世凯帝制自为造成的分裂局面结束,南北实现了统一。6月29日,大总统黎元洪下令:兹依临时约法第五十三条,续行召集国会,定于本年八月一日,继续开会,此令②。为什么会有"续行召集国会"的问题呢?这是因为国会被袁世凯非法解散过。为了说清楚国会问题的来龙去脉,还是从头说起吧。

《临时约法》规定,在约法施行后限十个月内,由临时大总统召集国会,由国会制定中华民国宪法。1912年5月6日,北京临时参议院提出"国会组织及选举法大纲"列为第一议案。经全院委员会审议与大会多次讨论,7月9日一致通过了《国会组织法大纲》和《国会选举大纲》。接着,以此为基础,起草了《中华民国国会组织法》与《参议院议员选举法》、《众议院议员选举法》,经8月2日、3日三读会多数议决通过,10日正式颁布。

根据这些法律和1913年9月27日公布的《议院法》的规定,国会由参议院和众议院两院组成。参议院不取"地方代表主义",议员由各省议会产生,各省不论大小每省选10名,蒙古选27名,西藏选10名,青海选3名,中央学会选8名,华侨选6名(后五类皆由中央选举会圈定),总计274名③。参议院代表各省而非国民。

---

① 《大中华》杂志,第2卷第8期。
② 钱端升等:《民国政制史》上册,上海人民出版社2008年版,第125页。
③ 钱实甫:《北洋政府时期的政治制度》上册,中华书局1984年版,第13页。

众议院议员由各省国民选举，其名额各省取"人口比例主义"，每八十万人选议员一名（人口不满八百万，得选议员十名）；蒙古、西藏、青海同参议员额数，总计为 596 名[①]。众议员的当选资格为有中国国籍的男子，年满二十一岁，在选区内居住满两年以上，且具有下列资格之一——年纳直接税两元以上；有价值五百元以上的不动产，当蒙、藏、青得以动产计算；小学以上毕业；有与小学以上毕业的相当资格[②]。

参议员任期六年，两年改选三分之一；众议员任期三年，期满全体改选。两院各选正副议长一名，参议院两议长任期二年，众议院两议长任期三年。

两院皆设全院委员会、常任委员会、特种委员会，一切决议皆需两院一致通过始得成立。一般议案皆需三读而后表决，紧急状态下，政府、议长或十人以上议员联署可提议直接表决，经全院议员同意该提议后，可省略三读会，直接进入表决程序。两院每年例会四月，必要时得延长之。常任委员会则永不休会。从这些规定中可以看出，第一届国会两院权利相当，有两院制之名而有一院制之实。且常任委员会永不休会，"亦宪法史一创举，强化已有行政依附性不遗余力"[③]。

1913 年 4 月 8 日，第一届国会在北京召开。参议院选举张继、王正廷为正副议长，众议院选举汤化龙、陈国祥为正副议长。在第一届国会中，国民党共占有 392 个议席，在参议院的 274 个席位中占 123 席，在众议院的 596 个席位中占 269 席。国民党虽占优势，但未过半数。袁世凯在国会选举后，才知道民主政治的特性，是一切决定于选民，国民党大胜后，他忧心忡忡，悄悄告诉杨度说："我不怕国民党用暴力来夺取政权，我只怕他们以合法手段赢得政权！"[④]这就埋下了日后解散国会的伏笔。

1913 年 7 月 12 日，国会成立宪法起草委员会，但袁世凯已经等不及宪法的出台了。在袁世凯的胁迫下，国会议员于 10 月 6 日选举他为正式大总统。11 月 4 日，袁世凯借二次革命为名，下令解散国民党，并将国民党议员

①　钱实甫：《北洋政府时期的政治制度》上册，中华书局 1984 年版，第 13 页。
②　钱实甫：《北洋政府时期的政治制度》上册，第 14 页。
③　刘仲敬：《民国纪事本末（1911—1949）》，广西师范大学出版社 2013 年版，第 72 页。
④　丁中江：《北洋军阀史话》第一集，中国友谊出版公司 1996 年版，第 397 页。

众议院旧址(在今北京市西城区佟麟阁路)

资格剥夺,追缴证书、会章,被追缴者共 438 人。这样,国会就在法定人数不足的情形下无法开会。1914 年 1 月 10 日袁世凯下令解散国会。饱受摧残的国会议员们纷纷南下,聚集上海者不下 200 人,护国运动开始后,旅沪的国会议员也为之声援呼应。迨袁死后黎继总统,《临时约法》得以恢复,国会重行召开,原来南下的议员们遂纷纷回京。

1916 年 8 月 1 日,国会在北京举行第二次常会开幕典礼,参议院议员到会 138 人,众议院议员到会 318 人。参议院仍由王家襄、王正廷为正副议长,众议院仍由汤化龙、陈国祥为正副议长,临时公推王家襄为主席。大总统黎元洪及国务总理兼陆军总长段祺瑞、财政总长兼外交总长陈锦涛、交通总长兼内务总长许世英、教育总长范源濂、农商总长张国淦、海军总长程璧光同时莅会,黎元洪依照 1913 年公布的《大总统选举法》第四条,郑重宣誓,完成了法律手续。

上面花这么大的篇幅讲清楚国会的问题,是为了说明冯国璋当选副总统的合法性。本来,由谁来做副总统,是一个博弈的过程。冯国璋肯定想坐上这个位置,但副总统是需要经过国会选举的,因而他必须争取国会议员的支持。为此,冯国璋多方沟通,首先得到了国民党议员尤其是以孙洪伊为首的"韬园派"议员的大力支持。1916 年 10 月下旬,该派议员宋渊源提出补选副总统的议案,并在国会获得通过。其次,冯国璋也得到了进步党(梁启超即为该党领袖)议员的支持,当选应该不成问题。恰恰在此时,张勋发出推举徐世昌为副总统的通电,不想,他这一态度正好帮了冯国璋的大忙,那些本不想投冯国璋票的议员也转而支持冯国璋。

10月30日,参、众两院举行副总统联合选举会,出席议员741人。第一次投票冯国璋得413票,陆荣廷得176票,黄兴得33票,均不足《大总统选举法》规定的四分之三的多数。下午继续开第二次选举会,冯国璋在732张有效选票中得528票,陆荣廷得180票,依然没有人当选。第三次选举会在得票较多的冯国璋与陆荣廷两人中决选,结果,冯国璋以520票当选①。当日,大总统黎元洪发出通电,宣布冯国璋当选为副总统:

> 本日开总统选举会,为副总统投票。到会议员七百二十四人,南京冯督军以五百二十票之过半数,当选为中华民国副总统。特闻。黎元洪。②

当选副总统,为冯国璋通向权力最高峰打下了基础,但他并不想离开经营了三年多的根据地——江苏,因而致电黎元洪:"国璋坐镇江南,已历年所,近由国会依法选举为副总统,原应入京供职,无如江苏督军职务重要,一时难得适当人选,故由中央仍任其兼领江苏督军事。"③黎元洪允其所请,于是改江苏督军署为副总统府,另以织造府旧址建军署。11月8日,冯国璋在军署举行正式就副总统仪式。各公署官员皆亲往祝贺,外宾往贺者甚众,停泊下关的军舰放炮十九响以示祝贺。并在西花园演戏,以飨来宾,各机关学校均休假一日,以志庆贺④。冯国璋志满意得,孰料当选副总统时间不长却发生了一件意外之事。

1917年4月2日下午5时,副总统府发生了一场火灾,震动了南京城。冯国璋不由分说,立即下令全城戒严,严查火灾起因。调查结果是,副总统

---

① 吕伟俊、王德刚:《冯国璋和直系军阀》,河南人民出版社1993年版,第68页。

② 《黎元洪宣布冯国璋当选副总统通电》,中国第二历史档案馆:《中华民国史档案资料汇编》第三辑·政治(二),江苏古籍出版社1991年版,第1138页。

③ 公孙訇:《冯国璋年谱》,河北人民出版社1989年版,第67页。

④ 公孙訇:《冯国璋年谱》,第68页。

府西花园中冯国璋居室的西屋,因电线老化漏电起火。火势蔓延很快,府内人员一时难以扑灭,十多分钟就烧毁住宅及办公用房六十多间。调大批军警前往扑救,大火才没有危及其他古建筑。至晚八时,终于将火扑灭。冯国璋在检查被火烧毁的物品时,唯独对二十万元八厘公债券化为灰烬而懊恼不已。火灾后,冯国璋无处居住,只好携眷移往距副总统府不远的李相府暂住。5月5日,冯国璋即委派军需课长招工入副总统府,在失火场地重建新屋四十多间①。烦事这还没有完结,冯国璋紧接着又遭遇了一场官司。

二、状告《中原日报》

1917年3月27日,《中原日报》的"紧要新闻"栏内刊登了由程小苏撰写的《冯国璋之总统梦》一文,内容大致是对冯国璋妄图当总统进行抨击,此时距冯国璋就任副总统尚不满五个月。程小苏时任《中原日报》编辑主任。也许是出于对冯国璋的不满,也许是为了吸引读者注意,程小苏在撰写《冯国璋之总统梦》一文时掺入了很多个人情感用语如"狗为谥号其为人可知"、"如不罹国法即遭天诛"等。程小苏在文中还记录了冯国璋因翻车导致身受重伤一事:"冯氏乘车往拜收买烟土之专使,因马夫失御,致车撞翻,身受重伤。"这些文字后来都成为冯国璋起诉程小苏及《中原日报》的证据。

程小苏(1876—1953年),本名滨遗,安徽怀宁人。清光绪二十年(1894年)中秀才,清光绪二十二年(1896年)中南闱副榜。清光绪二十五年(1899年)官费留学日本,就读于明治大学,修数理。三年后毕业归国,在家乡从事教育工作。民国成立后,程小苏在北京创办了《中原日报》。不料,仅仅一年后,《中原日报》就因刊登了《冯国璋之总统梦》而被迫关闭,程小苏本人也以"妨害安全信用名誉及秘密罪"被判有期徒刑三个月,刑满释放后被逐出京城。

《冯国璋之总统梦》一文刊登的当天,冯国璋可能并未看到,也许是别的原因,他并未在第一时间提起控告。直到4月4日,冯国璋才致电北京政

府,要求逮捕《中原日报》经理、主编,并拟派代表北上对质①。4 月 6 日,北京政府检察厅回复说,不能单凭一纸电报就传讯《中原日报》经理。冯国璋遂致电在京的何副官长要求其在京起诉《中原日报》,并于 4 月 10 日花重金请张玉崑律师为其辩护。《中原日报》获悉消息后,赶紧派人上街遍发传单,一方面声称"愿与冯公涉讼"②,一方面称该报所载得自皖籍要人举告。程小苏等人也聘请了曾任《政法学报》编辑的蒯晋德律师为《中原日报》辩护。

　　4 月 11 日,此案进行了预审。负责审理此案的是京师地方审判厅简易庭,该庭经过查阅《江苏督军公署通电》等政府公报,发现在 3 月 31 日,冯国璋已就针对他因翻车导致身受重伤一事进行辟谣。而程小苏在 3 月 27 日出版的《中原日报》未经核实就刊登此事,属于"虚构事实,彰人恶事"。至于程小苏在报刊上称冯国璋"炮打南京,公然劫掳"一事,简易庭称"其内容已涉及官员职务,且复登诸报端,其为公然侮辱"。因为此案涉及时任副总统,《申报》也很重视,于 4 月 6 日、4 月 13 日对此案进行了跟踪报道。

　　冯国璋诉《中原日报》案最后于 1917 年 4 月 28 日宣判。京师地方审判厅简易庭最后认定,《中原日报》编辑主任程小苏、编辑王元震二人共犯了"指摘事实公然侮辱人"、"散布流言,损害他人信用"、"对于官员职务公然侮辱"等三个罪名,触犯了刑律第三百六十条、第三百五十九条和第一百五十五条,数罪并罚,"定其应执行刑期为三月"。《中原日报》发行人娄竹明由于对该期报纸的内容不知情被宣告无罪,躲过了一劫。

　　为了全面了解判决过程,冯国璋曾派其女婿陈之骥到北京庭审现场旁听。陈之骥于 5 月 3 日从北京返回南京,当面向冯国璋汇报了有关情况。冯国璋听后很是不满,但也未再利用其副总统职权对案件结果施加影响③。其实,冯国璋诉程小苏和《中原日报》一案的案情并不复杂,案件从起诉到宣判只用了不到一个月的时间,但这个案件还是很有历史价值和法律史价值的。

　　有研究者认为,"一方面,它让我们看到了在政局动荡不安的民国初年,

① 公孙訇:《冯国璋年谱》,河北人民出版社 1989 年版,第 83 页。
② 公孙訇:《冯国璋年谱》,第 83 页。
③ 董立功:《冯国璋的一桩官司》,《读书》2013 年第 6 期。

司法界即使是在面对涉及国家政要的案件时也还能基本做到司法独立。北京政府检察厅并没有因为冯国璋的一纸电报就传讯《中原日报》经理。另一方面，此案也从一个侧面反映出民国初年中国人的思想觉悟和民主意识已达相当程度。报界可以行使批评职能。当国家政要被批评后，不管是否出于自愿，也是先走法律程序，公正与否是另一回事。"①这是符合历史实际的，无论今天再怎么指责民国初年"军阀"的专横与野蛮，但是那一批政界上层人物还是比较尊重法律权威的。从这个个案中，我们还可以看到冯国璋不以副总统高位干预司法，始终保持在法律范围内进行诉讼的行事方式，这一点值得肯定。

安徽六邑中学教职工合影，前排中间的是程小苏

程小苏刑满释放后，回到家乡安庆，重拾他热爱的教育工作，直至1953年去世。他先后担任了安徽六邑中学校长、安徽省教育专款委员会委员等职务。

---

① 董立功：《冯国璋的一桩官司》，《读书》2013年第6期。

三、调停府院冲突

　　冯国璋在副总统任内,经历了民国史上一系列重大事件,而最先遇到的麻烦是府院之争。府院之争是指 1916 年至 1917 年总统府与国务院之间的权力斗争,是以黎元洪为首的总统府集团与以段祺瑞为首的国务院集团之间争权夺利的斗争。府院之争的第一回合是府院权限的划分,因冯国璋那时还未当选为副总统,与之关系不大。到府院之争的第二回合,也就是徐树铮与孙洪伊的激烈冲突,冯国璋就无法置身事外了,他不得不充当了和事老的角色。

　　国会恢复后,孙洪伊应邀北上,先任段祺瑞内阁的教育总长,不久转任内务总长。任内务总长期间,孙洪伊天天在总统府指挥一切,似乎成为了大总统黎元洪的智囊,引起了徐树铮的不满。徐树铮(1880—1925 年),字又铮,号铁栅,自号则林,萧县(今属安徽省)人。自幼聪颖过人,才气横溢。三岁识字,七岁能诗,十三岁中秀才,十七岁补廪生,有"神童"之称。清光绪二十七年(1901 年),徐树铮弃文就武,到济南上书山东巡抚袁世凯,陈述经武之道,未得赏识。后被段祺瑞发现,聘为记室。清光绪三十一年(1905 年),段祺瑞保送他到日本陆军士官学校步兵科就学。学成回国后,先后在江北提督府任参谋,辛亥年又任第一军总参谋等,从此开始了追随段祺瑞的人生历程。

　　徐树铮很有才气却也任性,可段祺瑞非常信任他,放手让他去做。但徐树铮有一个很大的缺点,就是跋扈,很难与人共事。孙洪伊触犯段祺瑞的利益,源自一次对外借款。段祺瑞内阁通过中国银行向美国花旗银行借款 500 万元,言明按九一交款,但未与银行团商量,系私下交

徐树铮

易。不料孙洪伊居然将这一消息透露给了报界,引起银行团的抗议,使得借款未能达成目的。此事后,段祺瑞对孙洪伊很不满。

不久,又发生了内务部裁员风波。孙洪伊依照民元《内务部组织法》,裁去参事两员、佥事九员、主事三十余员。这些职员多数与北洋系的高级官员有千丝万缕的联系,便联合起来向政治仲裁机关平政院提出诉讼。徐树铮则给他们撑腰。平政院缺席裁判撤销内务部的裁减令,孙洪伊以平政院是袁世凯时设立,袁死后虽未明令撤销,但以该院是一个非法机构,无权裁决为由拒绝执行。徐树铮在段祺瑞同意的情况下,未经国务会议讨论,拟就了平政院裁决执行的命令。按规定该命令是内务部的事,应由主管内务总长副署。徐树铮知道孙洪伊当然不会副署,便拿到总统府去盖印,黎元洪在此情况下拒绝盖印,双方展开了争执。

这次政潮的范围非常之广。国会议员王玉树等提出对政府的质问案,认为要罢免一个总长,应该由国会提出弹劾,而不能准许国务总理独断独行。孙洪伊本人则认为"国务员对总统应负联带责任,内阁可以总辞,不能单独免一个阁员的职"①。见此情景,段祺瑞便提出辞职以相要挟。为了打破僵局,1916 年 10 月 27 日,黎元洪请参谋总长王士珍与孙洪伊同到总统府来商量段祺瑞压迫孙洪伊辞职的问题。王士珍劝孙洪伊让步,以一个专使的名义出洋考察,不开去内务总长的职,由次长代理部务,以便和缓政潮。孙洪伊表示不愿出洋。在这种情况下,黎元洪采用身边策士的建议,决计启用在河南卫辉隐居的徐世昌出任国务总理,以取代段祺瑞。

刚当选为副总统的冯国璋却偏向于段祺瑞,11 月 12 日,他派专使拜谒段祺瑞,劝其以北洋团体为重,不要灰心,并陈述四点意见:一、内阁无论如何困难,宜始终维持;二、中央与各省隔膜之处,决与大总统竭诚纷解;三、阁员勿听其自由辞职,不得已可更动一部;四、亲贤远佞,免代人受过,有累盛名②。黎元洪身边的人背着他,偷偷打电报给冯国璋,假造"菊老已允出山"的消息,请冯国璋发电为之捧场。可是冯国璋的消息很灵通,早已知道徐世

---

① 陶菊隐:《北洋政府统治时期史话》第三册,三联书店 1957 年版,第 74 页。
② 吕伟俊、王德刚:《冯国璋和直系军阀》,河南人民出版社 1993 年版,第 70 页。

昌不敢取代段祺瑞。因此回电说，内阁仍以维持原状为宜。这样，黎元洪驱逐段祺瑞的计划多了一层阻力，徐世昌上台多了一层顾虑①。11月19日，徐世昌提出了一个折中的解决方案，建议孙洪伊、徐树铮两人同时免职，以张国淦继任院秘书长，府院矛盾暂时得到化解。

府院之间的冲突再起，是因为对德参战问题。1914年爆发的第一次世界大战(也称"欧战")是人类历史上第一次波及全球范围的战争，参战各国分成了同盟国与协约国两大军事集团。1917年2月3日，美国政府以反对德国无限制潜艇战为由，宣布对德绝交。至此，第一次世界大战的最后胜败之局变得明晰起来。2月4日，美国政府照会包括中国在内的各中立国政府，欢迎他们与美国采取一致行动。段祺瑞早年留学德国，对德国的军事力量是极为崇拜的，但此时他却准备与德国绝交并宣战。为此，段祺瑞还密电各省征求意见，结果主张继续保持中立的居多。黎元洪也密电全国名流征求意见，孙中山、唐绍仪、康有为、马君武等人都反对对德绝交。2月16日，段祺瑞提出加入协约国集团、彻底对德绝交的主张，黎元洪表示坚决反对，因对德宣战问题引发的府院冲突愈形激烈。于是，段祺瑞便操纵督军团胁迫反参战势力，以达到自己的目的。为缓和府院之间的冲突，黎元洪派人请冯国璋进京充当调停人。2月22日，冯国璋到京。25日，他在东四五条胡同徐世昌宅与徐世昌、段祺瑞、王士珍三人会谈后，知道黎元洪、段祺瑞的外交政策处于两个极端，从此就不再表明意见，只说他是为了"疏通府院意见与研究对德问题"而来的②。

3月4日，段祺瑞偕内阁成员到公府谒见黎元洪，请求他在前一天内阁会议上通过的对德绝交案上用印。但黎元洪认为，对德断交是宣战的先声，而宣战是要经过全国人民同意的，因此绝交案必须经过国会表决通过才能签发；同时，宣战媾和是大总统的特权，总统在这个问题上有发言权。因为谈话间"声音略重"，段祺瑞与黎元洪发生了争执。段祺瑞及其阁员范源濂，以责任内阁不需要总统负责为由，对总统大发脾气。僵持之下，段祺瑞等人

---

①　陶菊隐：《北洋政府统治时期史话》第三册，三联书店1957年版，第76页。

②　陶菊隐：《北洋政府统治时期史话》第三册，第96页。

悻悻离开公府。当天下午,段祺瑞负气出走天津,并打算辞去国务总理的职位[①]。

此时正在北京的冯国璋又做了什么呢?张一麐记述说:"段公以群议掣肘,立辞出都,公则亲至天津和解,与段公联袂回京,而后自之江苏本任。"[②]详细经过是这样的:3月5日这一天,直隶省长朱家宝向冯国璋告密,说段祺瑞已拟就了辞职出京的通电,请各省军民长官一评曲直。这是把总统和总理的政争摊开来给北洋军人评是非,也是向黎元洪威胁的一种手段。可是,段祺瑞的电报还未发出,各省军阀已有通电到北京,要求挽留段。5日晚间黎元洪再度邀冯国璋、徐世昌、王士珍入府讨论政局。冯国璋把朱家宝的告密电闪烁其辞地讲了出来。这一来,黎元洪的勇气就顿时消失,他请冯国璋亲自到天津先劝段祺瑞返京。黎无可奈何地说:"好吧!外交问题就让芝泉(段的号)主持,我完全没有意见,不过总以服从多数为宜。"冯国璋到天津找到了段祺瑞,对段说:"只要国会能通过对德绝交案,总统当会依法执行,决不会加以干涉。"[③]6日,冯、段一同回到北京。10日,段祺瑞出席众议院会议,提出对政府外交政策的信任案,获得通过。第二天参议院也表决通过。

冯国璋这次以副总统身份北上,不料赶上了黎元洪、段祺瑞剧烈政争的一幕,弄得非常扫兴,也很头痛。段祺瑞回京后,国会顺利投了信任票,他感到北京城实在是个是非窝,还是远避为宜。于是在11日

段祺瑞

①　伍朝枢:《伍朝枢日记》,《近代史资料》总69号。

②　张一麐:《故代理大总统冯公事状》。

③　丁中江:《北洋军阀史话》第二集,中国友谊出版公司1996年版,第351页。

离京南返。在府院之争中,冯国璋的态度是倾向于段祺瑞的,不过他的调停并没有起到完全化解矛盾的作用。

黎元洪的意思是对德问题只应做到绝交为止,反对采取进一步的宣战步骤,段祺瑞则坚持必须对德宣战。5月10日,众议院开全院委员会,审查对德宣战案,段祺瑞嗾使"公民请愿团"包围该院(靳云鹏、傅良佐指挥),迫于当日通过该案,殴打反对派议员,百端辱詈,众议院即改开大会,请段祺瑞等出席,"公民团"始散。"公民团"事件发生后,黎元洪派哈汉章到南京,想联合冯国璋作为倒段的同盟军。冯国璋表示王士珍组阁最为适宜,并发表铣电对"公民团"包围议会一举表示不满。16日,黎元洪召王士珍入府讨论组阁问题。但是王士珍没有勇气取段而代,坚决拒绝组阁,因此内阁问题仍然僵持不决。

5月19日,众议院议决缓议对德宣战案,须先改组内阁,各省督军则要求解散国会。20日,段祺瑞对各督军解散国会的呈文,决定不退亦不批,矛盾已不可调和。21日,黎元洪告诉督军团,请解散国会于法无据,惟有请段祺瑞辞职一途。同日,段祺瑞拜访王士珍,请其权代内阁总理。王士珍向他作揖打拱"敬谢不敏"[1]。5月23日,黎元洪决然下达了免去段祺瑞国务总理的命令。这一免职令的直接后果是造成了张勋复辟,间接地为冯国璋代理大总统创造了条件。

据恽宝惠回忆,当时的情形是这样的:

> 有一天,黎把我找到了居仁堂,向我简单地说明了当时政潮的经过情况,接着,还说明了他们督军团所指斥为四凶之一的公府秘书长丁世峄也已经撤换了,可是他们还是不肯罢休。因此要我到南京跑一趟,务必请副总统主持正义,出面调停一下。我听了以后,立刻感到这个任务很难完成,这是因为我对于冯的对人处世的态度是有着比较深刻的了解的,要想让他在这严重的关头提出自己的明确的看法,显然是有困难的。可是,大总统既然交给了这个任务,又不能不遵从,只得领了差旅费回到家里准备明日启程。大约已经是当晚十点钟了,忽然有个总统

---

① 陶菊隐:《北洋政府统治时期史话》第三册,三联书店1957年版,第129页。

府的"内尉"从颐年堂打来了电话,说是:"相国和王总长(相国是袁世凯时代对徐世昌的称呼,这时,还沿袭着没有改变。王总长指的是陆军总长王士珍)现在府里,请恽秘书就来一趟。"我便也不敢怠慢,赶忙地去了丰泽园里的颐年堂。果然,这两个人却早已等候在那里了。他们一见了我的面,便问我说:"你准备什么时候走?"我刚刚回答了他们的问话,接着,徐便单独地和我说:"你去跟副总统说,请他务必维持一下大局,我们这里给副总统有一封信,是为了请他出头劝告他们一下,你就给副总统带去吧!"说着,便把那封上款是"副总统勋鉴",下款是由他们两个人亲笔签名,写着"徐世昌、王士珍同拜上"的还没有封好的一封信交给了我。到这时,我才充分地意识到:这是黎怕我不用心,所以就搬出了我的世交长辈来当面分派我,同时,还借着这两个"北洋耆宿"来说服另一个"北洋耆宿"。但是,这样一封敷衍情面的官样文章,又会起什么作用呢![①]

四、由抵制对德宣战转为支持态度

在参加欧战的问题上,刚开始冯国璋实际上是持反对态度的。1917年2月10日,冯国璋致电大总统黎元洪,"主严守中立态度"[②]。2月14日,又派亲信胡嗣瑗入京,代表陈述时局主张,反对加入战团。汪精卫、王宠惠及日本驻南京领事高尾亨等先后试探冯国璋对于抗德绝交政策的态度,冯国璋均主张慎重从事。2月22日,冯国璋进京调解府院冲突,与段祺瑞多次交换意见后,转为赞成国务院的外交方略,并答应段祺瑞一起说服黎元洪。关于这一转变,张国淦回忆说:

> 二十三日,副总统冯国璋自南京来京,表面上商洽外交问题,实际上乃调节府院问题。当此案发生之初,冯屡来文反对。段言:"冯为人圆滑,本人不愿与之理论。"余劝其设法疏解以顾大局,段言:"此后由你

---

① 文斐编:《我所知道的"北洋三杰"》,中国文史出版社 2004 年版,第 280—281 页。

② 公孙訇:《冯国璋年谱》,河北人民出版社 1989 年版,第 78 页。

接洽办理。"乃先电冯谓："此案内容,由秘书长详细报告。"余于是就外交方面,详晰说明经过并其中曲折与其利害,有闻即告,有问即答,只根据事实,不作左右袒。于是冯亦渐渐谅解。一日,冯径电段,对参战极端赞成,并言已电沿江各省,不致有其他问题。此次来京,府方尚视冯为反对者,院方则认为赞成者,双方俱望其一言以为轻重。乃冯来京数日,亦不发表意见,与余谈时,颇为悲观,只言："外交问题,不过府院问题之武器而已,阁下何不到南京为我帮忙,留此无益大局也。"①

但是,到了4月8日,冯国璋却致电政府,反对加入协约国。对此,公孙訇先生的解释是："在京赞成绝交,系调停府院之争,非出本心。"②在冯国璋看来,外交问题"不过府院问题之武器而已"。有了这一层的考虑,故对于中德断交问题并不热心,在京期间并不轻易发表任何有关中德断交重要意见,态度颇为消极。冯国璋回南京后对中德绝交政策出现摇摆不定的态度,是因为已离开是非之地。同时,他拟定抗德绝交问题意见书稿,认为抗德绝交政策太过激进,"我国今日之地位,本无抗德绝交之理……乃遽以抗议绝交行之,则太过矣"③。

冯国璋反对参战,可能是顾忌段祺瑞的势力因此而坐大。陈志让分析,1917年中国参加欧战有两个实际上的考虑。第一,以参战为名向外国借款,也希望能提高关税,缓付庚子赔款,以此来解决中央政府的财政窘迫;第二,中央需要大量的款项是为了从政治、军事两方面巩固政府的地位,中心工作在训练参战军,有了参战军之后可以用来解决国内分裂割据的局面,达到武力统一④。陈志让先生的分析是,随着近些年国内相关研究的进展,对中国在第一次世界大战期间对德宣战的动因有了客观的评价,如"北洋军阀作为中国这个弱国的实际统治者,希望国家有尊严而后他们有政权,当然也企图借此大力扩充自己的势力,但主要的原因是在外交和客观后果上体现

---

① 张国淦:《北洋述闻》,上海书店出版社1998年版,第94页。
② 公孙訇:《冯国璋年谱》,河北人民出版社1989年版,第83—84页。
③ 《冯国璋拟抗德绝交问题意见书稿》,中国第二历史档案馆:《中华民国史档案资料汇编》第三辑·政治(二),江苏古籍出版社1991年版,第1180页。
④ 陈志让:《军绅政权:近代中国的军阀政治》,广西师范大学出版社2008年版,第111页。

了维护国家主权与利益的需要"①。作为国务总理的段祺瑞,在很大程度上是从国家利益出发考虑参战问题的,而冯国璋可能没有段祺瑞的视野宽广,更多的是从维护个人政治利益出发来看待参战问题。

冯国璋反对中国参战的第二个原因,可能也和他对国际形势的认识有关。协约各国前此为拉拢中国尽快参战,允诺种种优厚条件,但因各国分歧而未能兑现。故而,冯国璋认为协约国"欲我加入战团之后,乃提议也",对德绝交已纯属美国的利用,"故绝德之前车之鉴可为殷鉴,今后态度万不宜孟浪,以致一误而再误者也"②。冯国璋所持慎重态度,也与驻日情报员蒋士立4月14日密电中主张慎重对德宣战的分析有关。蒋氏函电中分析英德、俄德外交关系的变化,尤其日本对我国提出参战条件之苛刻否认,诸多不利的国际局势表明慎重对德外交的必要性③。

但是,冯国璋的保留态度在现实中并未与段祺瑞力主参战政策针锋相对,并在态度上发生了变化。段祺瑞致电各省督军召集军事会议以商讨对德宣战事宜时,冯国璋允诺派代表参加全国军事会议,遵守北京政府的计划。4月13日,冯国璋致电梁启超亦是如是表示:"所有中央计划,自当一致进行。"④冯国璋此举并非单纯因容忍段祺瑞而松动其反对参战态度,而是因俄德、美俄外交发生变化,"俄之革命不独不至联德,且在协约国中益加团结,此俄国之近情也","美德战局已成","此美国之近情也"⑤。看到世界大势的某些变化,冯国璋对德参战的态度也跟着发生了变化,这说明他并不是一个地地道道的守旧分子。

① 肖建东:《"一战"时期中国对德宣战的历史真相》,《武汉理工大学学报》(社会科学版)2008年第1期。

② 《冯国璋拟抗德绝交问题意见书稿》,中国第二历史档案馆:《中华民国史档案资料汇编》第三辑·政治(二),江苏古籍出版社1991年版,第1181页。

③ 彭贺超:《一战期间冯国璋对中德关系的态度转变探析》,《安庆师范学院学报》(社会科学版)2011年第7期。

④ 《冯国璋致梁启超等元电》,吉迪辑:《冯国璋往来函电》,《近代史资料》总40号。

⑤ 《冯国璋致各省真电》,吉迪辑:《冯国璋往来函电》,《近代史资料》总40号。

第九章　代理总统

黎元洪与段祺瑞为争夺北京政府的决策权而争执不休,终于引发了张勋复辟这一民国史上的闹剧。昙花一现的张勋复辟失败后,黎元洪不得不辞去大总统职务,冯国璋因此出任代理大总统,达到了个人事业的顶峰。

一、击破张勋复辟闹剧

1917 年 5 月 23 日,经过反复权衡,黎元洪终于发布了免除段祺瑞国务总理职务的命令。同一天,段祺瑞乘车前往天津,黎元洪派总统府顾问丁槐赠以程仪一万元,并派侍从武官长荫昌代表送行。段祺瑞临行前发表漾电说:"……查共和各国内阁制,非经在任内阁总理副署,不能发生命令效力。以上各件,未经祺瑞副署,将来地方及国家因此生何影响,祺瑞一概不能负责。"[①]这个电报显然是控诉总统以非法手段免去他的国务总理,不承认这个命令有效;电报末尾署名为"国务总理段祺瑞",显然仍以在职的国务总理自居。

李剑农分析黎元洪敢于免去段祺瑞的职务,是出于三种考虑:一是以为

---

① 章伯锋:《北洋军阀》第 3 卷,武汉出版社 1990 年版,第 108 页。

段派的督军,不敢公然作乱。二是直皖两系的名称此刻虽然尚未成立,但直系的军官已有与段派不合作的暗示。因而以为段派的督军纵然敢作乱,直系军人必能牵制之。三是王士珍为北洋派的老前辈,与段祺瑞资格相当,纵然直系军人敢作乱,王士珍必能指挥之①。黎元洪虽然踢开了段祺瑞这块绊脚石,却引来了张勋这个复辟狂,进而断送了自己的政治前程。

1917年5月28日,黎元洪发表任命李经羲为国务总理的命令,引发了国内政局的剧烈震荡。5月29日,蚌埠方面倪嗣冲首先宣布独立,随后河南、浙江、山东、山西、福建、陕西、奉天等省纷纷响应宣布独立。这次北洋系控制下的各省宣布独立,和以前南方各省宣布独立的性质完全不同:以前是南方各省反对北京政府,这次是北洋系军人反对北京政府;以前的北京政府是掌握在北洋军阀大头子的手里,而此时的北京政府只有一个赤手空拳的总统,坐困公府,毫无抵抗力量。由于北方各省宣布独立,新任阁揆的李经羲躲在天津租界不敢出来。黎元洪迫切希望李经羲到北京来就职,派公府秘书长夏寿康、军事顾问金永炎到天津专程迎接,又派直系军人、江西督军李纯前往劝驾。因李经羲组阁得到了张勋的支持,黎元洪以为只要他肯到北京来就职,就可以取得张勋的实力援助,制止独立各省的威胁。可是,这个久已想做国务总理的前清老官僚,当国务总理已经到手的时候,却又没有做国务总理的勇气,坚决不肯来京就职。

政府瘫痪,国会涣散,黎元洪无计可施,恰在此时,张勋公开表示拥护总统,担任调停时局。6月1日,黎元洪发布请张勋进京"调停国事"的总统命令,给复辟打开了大门。6月8日,张勋率领辫子军步、马、炮兵共10营约5000人及随员148人到达天津,且对黎元洪派到天津欢迎他的总统府秘书长夏寿康提出解散国会等"调停"条件,并限于三天之内实行,否则将不负调停责任。在张勋的压迫下,6月13日黎元洪发布了解散国会的命令。次日,张勋乘车进京,随后即在京城内外四处活动。他一方面亲自走访日本驻华使馆,希望其支持复辟;一方面又进谒溥仪,商量复辟事宜,还多方招兵买马。康有为也于6月28日秘密抵京,并于当晚与张勋等召开会议,制定了

---

① 李剑农:《中国近百年政治史》,商务印书馆2013年版,第467页。

进占北京城的"辫子军"

复辟计划。7月1日，张勋率领康有为、王士珍、江朝宗、张镇芳等进宫，将十二岁的溥仪捧为"大清帝国"的皇帝。

　　复辟事起，黎元洪于7月2日写了一道起用段祺瑞为国务总理的命令，责成段祺瑞举兵讨伐叛逆。他还意识到无法继续在北京行使总统职权，于是又拟出致冯国璋电稿，请冯国璋在南京代行总统职权。将这个电稿与任免国务总理的命令一起交府秘书覃寿衡带到天津，命令直接送交段祺瑞，电稿即在天津发出。电文曰：

　　　　此次政变猝生，致摇国体，元洪不德，统御无方，负疚国民，饮痛何极！都中情形，日趋险恶。元洪既不能执行职权，民国势将中断。我公同受国民重托，应请依照约法第四十二条暨大总统选举法第五条，暂在军府代行大总统职务。目前交通梗绝，印绶赍送深虞艰阻，现已任命段芝泉为国务总理，并令暂行摄护，设法转呈。此后一切救国大计，务请我公与芝泉协力进行。事机危迫，我公义无旁贷。①

　　接到黎元洪电报的冯国璋一刻也没有耽搁。7月3日，冯国璋在南京召集军事会议，他把握机会想领导恢复民国的主流，反对复辟，通电讨伐张

―――――――――

　　①　刘振岚、张树勇：《傀儡总统黎元洪》，河南人民出版社1990年版，第269页。

勋。电文如下：

> 国家以人民为主体，经一度之改革，人民即受一度之苦痛。国璋在前清时代，本非主张革命之人。迨辛亥事起，大势所趋，造成民国，孝定景皇后禅让于前，优待条例保障于后，共和国体，民已安之。《约法》诛叛民国者，虽大总统不能免于裁判；清室亦有倡议复辟请置重典之宣言。诚以民生不可复扰，国基不可再摇，处共和国体之下而言帝制，无论何人即为革命。国璋今日之不赞成复辟，亦犹前之不主张革命，所以保民国，亦所以安清室。皇天后土，共鉴此心。乃安徽督军张勋，奉命入京，调停时局，忽以兵士围护清宫，逼勒清帝擅行复辟，自称政务总长议政大臣，又捏造大总统与陆巡阅使及国璋劝进之伪奏，进退百僚，行同儿戏。夫禅让之诏，优待之条，著在史书，传为佳话。今乃一切破坏之，玩冲人于股掌，遗清室以至危，是谓不义。自民国成立，延及三年，方得各国之承认，变更国体，是何等事。今以各国承认之民国，变而为非国际团体之帝国，以一手掩尽天下耳目，中外疑怪，骇人听闻，是谓不智。近年国家多故，天灾流行，金融滞塞，商民愁苦，正赖安居乐业，迨可小麻。乃无故称兵，闾阎惶惑，分裂之端，已兆生民之祸无穷，是谓不仁。保全元首，拥护共和，各省均有宣言，即该督军亦电称不得别图拥戴。乃狐埋狐揎，反复无常，欺诈同胞，藐视国法，是谓不信。若任其横行，不加声讨，彼恃京师为营窟，扶幼帝以居奇，手握主权，口含天宪，名器由其假借，度支供其虚縻，化文明为野蛮，委法律于草莽，此而可忍，何以国为。是用誓扫妖氛，恭行天罚，刻日兴师问罪，殄此元凶。诸公忱国之忧，过于国璋，尚望慨贼同仇，各摅义愤。敢吐肝膏，伫盼玉音。①

乍一看冯国璋的这通电文颇有些不解，他所使用的"革命"一词的含义与今天的理解相差很远。"在前清时代本非主张革命之人"，这句话是把推翻满清王朝的行动称为革命，似与通常所说的辛亥革命的含义有些相通；后

---

① 公孙訇：《冯国璋年谱》，河北人民出版社 1989 年版，第 96—97 页。

面"处共和国体之下而言帝制无论何人即为革命"就不好理解了,其实他是把改变国体的任何行动都称为革命,似与现在所说的"反革命"含义相接近。通读这通电文,可以感觉到冯国璋与时俱进的某些品质,前清时代本是保皇派,但民国成立便顺应形势,为的是国民安定。及张勋复辟时,他已看到恢复帝制是逆潮流而动,故不得不举起反对复辟的大旗,着眼点还是商民安居乐业。

可惜南京距离北京太远,地理条件上又不及天津,冯国璋副总统行动起来颇乏便利条件,于是不得不打电报给段祺瑞,列举张勋八大罪状,要求和段祺瑞联名申讨。7 月 4 日,冯国璋与段祺瑞联名发表通电,一起声讨张勋:

> 国运多厄,张勋造逆,国璋、祺瑞先后分别通电,声罪致讨,想尘清听。逆勋之罪,罄竹难书。服官民国,已历六年,群力缔造之邦基,一人肆行破坏,罪一;置清室于危地,致优待条件中止效力,辜负先朝,罪二;清室太妃师傅,誓死不从,勋胁以威,目无故主,罪三;口拥幼冲,玩诸股掌,袖发中旨,权逾莽卓,罪四;与同舟坚约,拥护共和,口血未干,卖友自恣,罪五;捏造大总统及国璋等奏折,思以强暴污人,以一手掩天下耳目,罪六;辫兵横行京邑,骚扰闾阎,复广募胡匪游痞,授以枪械,布满四门,陷京师于糜烂,罪七;以列强承认之民国,一旦破碎,致友邦愤怒,惊疑群起,以谋干涉,罪八。凡此八罪,其最昭彰,自余稔恶,擢发难数。国璋忝膺重寄,国存与存;祺瑞虽在林泉,义难袖手。今已整率劲旅,南北策应,肃清畿甸,犁扫逆巢。凡我同袍,谅同义愤,伫盼云会,迅荡霾阴。国命重光,拜嘉何极。①

除了舆论上的准备工作,冯国璋在讨伐张勋的军事部署方面也做了相应的准备。他和段祺瑞达成协议,段祺瑞在天津组织北路讨逆军进攻北京,他自己在南京组织南路讨逆军进攻徐州,切断张勋的后路。7 月 3 日,段祺瑞在天津附近的马厂誓师,出兵讨伐张勋。冯国璋的行动要慢了一些,7 月

---

① 公孙訇:《冯国璋年谱》,河北人民出版社 1989 年版,第 97—98 页。

7 日第五混成旅才开进浦口,将张勋留守浦口的四营"辫子兵"缴械;7 月 8 日,南路讨逆北伐军才组成,即日起兵,而张勋已然失败,7 月 12 日张勋逃入荷兰使馆避难。

　　虽然军事行动上慢了一些,但冯国璋把握中央政权的步伐却不慢。7 月 6 日,他在南京通电宣布代理大总统职务,略言:"黎大总统因故不能执行职务,国璋依《大总统选举法》第五条第二项,谨行代理,兹于七月六日就职,特此布告,等因特达。"①但是,国民党人反对冯国璋代理总统,而是继续拥黎元洪复职;西南各省也表示了拥黎的态度,但不反对冯国璋代理总统。7 月 14 日,黎元洪发出否认复职的通电,总统问题才得到解决。

20 世纪 20 年代的北京街头

　　有人分析冯国璋反对张勋复辟的动机,是出于攫取最高权力,这样的猜测不是没有道理。张勋捧溥仪复位,大封疆臣,冯国璋为两江总督兼南洋大臣,地位可算尊崇。但冯国璋会对这等封疆大吏感兴趣么?黎元洪已请他代行大总统职权,大总统是一国的元首,岂是两江总督兼南洋大臣可比的!政治家都会追求自身政治利益的最大化,这一点毋庸置疑,也不关乎个人的政治品质。但是,从前面冯国璋的两通电文中,我们可以感受到他的家国情

---

　　① 《国务院关于冯国璋就任代理大总统通电》,中国第二历史档案馆编:《中华民国史档案资料汇编》第三辑·政治(二),江苏古籍出版社 1991 年版,第 1322 页。

怀,身居高位岂只能顾及自家利益而置天下苍生于不顾? 所以说不能仅从个人利益角度分析冯国璋反对张勋复辟的动机,而应做更深入的考察。

二、出任代理大总统

冯国璋虽然通电接受代理大总统,但对于是否北上就职,却犹豫了一段时间。粉碎张勋复辟逆潮后,北洋系的各路将领纷纷通电支持冯国璋就任代理大总统,段祺瑞虽不乐意,却也无法阻止,于是顺水推舟,发电报"热情邀请"冯国璋尽快北上就职。

冯国璋的家人却劝阻他不要北上,否则会丢掉江苏这块"根据地"。夫人周砥权衡利弊,认为冯国璋还是坐镇江宁为妙。她说:"北上就职犹如龙离沧海,虎离深山。如坐镇南京遥控北京,进可以攻,退可以守,将永远立于不败之地。"他的女婿陈之骥同意周夫人的看法,劝岳父千万不要去北京就职①。其实,冯国璋是否进京就职,本不需要讨论,因为有法律上的规定在那里搁着呢,北京才是中华民国的首都,大总统一定要在首都任职。讨论冯国璋进京就职的利弊问题,完全是出于对冯、段矛盾斗争的需要,根本无视法律的权威。冯国璋虽是军人出身,却并不是毫无法律意识的粗人,他当然知道大总统应该在哪里任职。只不过他要思考如何使自己的政治利益得到最大化的保证,因而才提出由李纯接任江苏督军的要求。待段祺瑞满足了他的要求,他便北上京都,做他的代理大总统。

1917 年 8 月 1 日,冯国璋抵达北京,受到首都各界的热烈欢迎。抵京当天,冯国璋就亲赴黎元洪私邸,劝其复职,黎元洪坚决不允。随后,他接连探访段祺瑞、徐世昌、王士珍,并派人入宫向溥仪问安。在得到北京各派势力的认可后,冯国璋才于 8 月 6 日通电全国,宣布就任代理大总统,电文如下:

> 国璋由宁北上,曾于艳日通电布闻,一号抵都,亦经电达。目击京畿秩序,渐复旧状,商民乐业,廛市无惊,感观之余,差堪欣慰。比即恭

---

① 张立真:《冯国璋真传》,辽宁古籍出版社 1997 年版,第 298 页;公孙訇:《冯国璋年谱》,河北人民出版社 1989 年版,第 103 页。

诣黎大总统寓邸,敦请复任,期卸代理仔肩,黎公谦退为怀,坚不见允,再四陈劝,意竟难回。国璋既摄职权,无可诿让。而本月六日,适为新任驻京比国公使呈递国书之期,各国公使,亦订于是日修觐见之礼,均已查照院部成案代行各仪。自愧菲躬,膺兹大任,虽暂时承乏,而兢惕弥深。所幸者得段总理以总其成,又有凡百职司以为之辅,从此府院一体,内外同心,意见果不涉纷歧,大局可渐臻统一。国璋但求利国,不计其他,耿耿此心,窃愿自誓,邦人君子,幸鉴斯言。①

由于是代理总统,冯国璋只是草草发了这份就职通电,既没有举行就职仪式,也没有发表就职演说。"其一切大总统应有之典礼,公概辞不受,曰:'余固代行职务者也'"②。自 1917 年 8 月正式代理总统职务到 1918 年 10 月卸任,冯国璋担任中华民国代理大总统前后不过一年零两个月,这期间他究竟做了什么? 我们先来简单地梳理一遍。

首先,完成了对德宣战的手续。段祺瑞将宣战案于 8 月 4 日提交国务会议通过,14 日以总统命令正式公布,令云:

> 我中华民国政府,前以德国施行潜水艇计划,违背国际公法,危害中立国人民生命财产,曾于本年二月九日向德政府提出抗议,并声明万一抗议无效,不得已将与德国断绝外交关系等语。不意抗议之后,其潜水艇计划曾不少变,中立国之船只,交战国之商船横被轰毁,日增其数,我国人民之被害,亦复甚众。我国政府不能不视抗议之无效,虽欲忍痛偷安,非惟无以对尚义知耻之国人,亦且无以谢当仁不让之与国。中外共愤,询谋佥同,遂于三月十四日,向德政府宣告断绝外交关系,并将经过情形宣示中外。我中华民国政府所希冀者和平,所尊重者公法,所保护者我本国人民之生命财产。初非有仇于德国,设令德政府有悔祸之心,怵于公愤,改其战略,实我政府之所祷企,不忍遽视为公敌者也。乃自绝交以后,历时五月,潜艇之攻击如故。非特德国而已,即与德国取同一政策之奥国,亦始终未改其度。既背公法,复伤害吾人民,我政府

① 公孙訇:《冯国璋年谱》,河北人民出版社 1989 年版,第 107—108 页。
② 张一麐:《故代理大总统冯公事状》。

责善之深心至是实已绝望。爰自中华民国六年八月十四日上午十时起，对德国、奥国宣告立于战争地位，所有以前我国与德奥两国订立之条约、合同、协约及其他国际条款、国际协议，属于中德、中奥间之关系者，悉依据国际公法及惯例一律废止。我中华民国政府仍遵守海牙和平会条约，及其他国际条约。关于战时文明行动之条款罔敢逾越，宣战主旨在乎阻遏战祸，促进和局。凡我国民宜喻此意，当此国变初平，疮痍未复，遭逢不幸，有此衅端。本大总统眷念民生，能无心恻，非当万无苟免之机，决不为是一息争存之举，公法之庄严不能自我失之，国际之地位不能自我绝之，世界友邦之平和幸福更不能自我而迟悟之。所愿举国人民，奋发淬厉，同履艰贞，为我中华民国保此悠久无疆之国命而光大之，以立于国际团体之中，共享其乐利也。布告遐迩，咸使闻知！①

中国选择在 8 月 14 日对德奥宣战，也是有深意的。十七年前（1900年）的 8 月 14 日，有德奥两国参加的、而后以德国伯爵瓦德西（Alfred Graf Von Waldersee）为总司令的八国联军打进北京城。那一年的 6 月 2 日，德国驻华公使克林德（Clemens Freiherr von Ketteler）前往总理各国事务衙门的途中，被清军士兵开枪打死，故《辛丑条约》中有要求清政府在克林德被击毙处修建克林德碑以作纪念的条款。大战结束后，克林德碑被改为"公理战胜"牌坊，移入现在的中山公园（当时叫中央公园）内。曹汝霖回忆说："迨第一次战胜德国，我国亦参战国之一，始将该牌坊移置中央公园，改题公理战胜四字，由段合肥亲自奠基，以为参战之纪念，使游园之人，一进园门，皆可望见，从此国耻碑，变为战胜碑矣！"②对德宣战是中国主动加入国际体系的第一步，也是收回近代丧失主权的第一步，可惜对这段历史的研究远远不够，限制了人们对民国前期历史的深入了解。

其次，履行法律规定的大总统职权。冯国璋代理大总统依据的是《临时约法》和《大总统选举法》，他也要履行这些法律所规定的职权。根据具体的

---

① 中国第二历史档案馆：《中华民国史档案资料汇编》第三辑·政治（二），江苏古籍出版社 1991 年版，第 1197—1198 页。

② 曹汝霖：《曹汝霖一生之回忆》，中国大百科全书出版社 2009 年版，第 44 页。

"一战"胜利后在伦敦举行了大阅兵，这是中国军事代表团

考察结果，冯国璋行使的总统权力事例主要包括：一、批准中外友好条约之权。1918年7月2日，他批准了《中瑞通好条约》，且对于该条约"本大总统亲加核阅，特予批准，并署名用玺，以昭信守"①。二、批准、公布实行重要经济、金融政策之权。1918年8月5日，批准实行关于人民、亲族、继承、财产的法律。8月10日，明令公布《金券条例》、《币制局条例》，总统令文说，"币制为国家要政，关系民生尤为密切"，并命令财政部统一发行金券，组织金券之贸易机关②。三、批准、发布实行官制、官等、官俸之权。如曾批准、公布《司法官官等条例》、《司法官官俸条例》、《海军总司令公署编制令》、《海军舰队司令初编制令》、《法院书记官官等条例》、《法院书记官官俸条例》等③。四、裁决变更地方官员名称、品秩及行政区划的权力。1918年2月23日，批准新疆省呼图壁县县佐改升县缺。该县东界昌吉，西界绥来，南接焉耆，北接阿尔泰，东西80公里，南北将近500公里，户口8000多人，粮额2000余石。自1904年设县佐以来，人口增繁，地方多故，屡经民间请求设治，现由该省省长杨增新呈北京政府总统，并分咨内务、财政两部，请改升三等县缺。经两部核议后，曾呈总统拟请照准。本日获得总统批准。3月25日，

---

① 《政府公报》，第877号。
② 《政府公报》，第915号。
③ 董洪亮：《民国前期总统制度研究(1912—1928)》，大象出版社2012年版，第92页。

批准山西省增设方山县;6 月 26 日,批准奉天省通辽镇改为通辽县;8 月 21 日,批准黑龙江省添设林甸县①。

再次,力图实现国家的统一。1917 年 9 月 10 日,护法军政府在广州宣告成立,孙中山被举为大元帅。自此,南北两个政权对立的局面开始出现,一直到 1928 年 12 月 28 日东北宣布易帜,国民政府统一中国为止。这是中国近代史上堪称悲哀的一段时期,因为南北政府的对立影响了中国在世界上的合法地位,为外敌的入侵提供了可乘之机。

护法军政府成立后,段祺瑞要下命令通缉孙中山和非常国会(1917 年 8 月 25 日南下广州的部分国会议员集会,因不足法定人数,故称非常国会,护法军政府就是由这个非常国会选举产生的)议长吴景濂,冯国璋不肯发表命令,因此由北京检察厅以"背叛民国"罪提起公诉,由司法机关行文全国,通缉孙中山。段祺瑞很不满意,至 9 月 29 日冯国璋终于被迫下了通缉令。令文如次:

> 孙文、吴景濂等通电全国,僭称非常国会,设立军政府,举孙文为大元帅,于本月十日受职,并立各部总长、总参谋、都督、司令诸名目,擅发伪令,煽动军队。复据奉天督军张作霖呈报,查获孙文派人招集党徒,联络马贼,预备起事各证据。其为谋覆政府,紊乱国宪,逆迹实已昭著,非按法惩治,不足以伸国纪。孙文、吴景濂着各军民长官一体严缉,拿交法庭,依法讯办,并褫夺勋位勋章,其余执行重要伪职暨非常国会列席诸人,应即查明,一并拿办。②

同时,护法军政府也下令通缉段祺瑞、梁启超、汤化龙、倪嗣冲四人以资报复。这样,南北政权均认为自己是合法的,而以对方为非法。对于这个问题,刘仲敬先生的分析颇为精辟:"南北两府虽非立宪政府,自身仍不可谓全无合法性,北京临时政府行政分支有部分历史合法性,提前大选尚有重启立宪程序之实,未可视同佞主霸政或革命政权。广州临时政府立法分支有部分合法性,所争之民元约法出于举国认同,非一党之见,亦可视为立宪之残

---

① 董洪亮:《民国前期总统制度研究(1912—1928)》,大象出版社 2012 年版,第 93 页。
② 吴廷燮:《段祺瑞年谱》,中华书局 2007 年版,第 60—61 页。

余,而非霸政。"①"北京临时政府行政分支"是指大总统与内阁,而所谓的"部分历史合法性"是指冯国璋代理大总统是根据《临时约法》的规定,但内阁的组成未经国会同意,不具备合法性,不过却是由已解职的前大总统黎元洪明令组成的,更是特殊条件下的产物,且国务总理也是经由代理大总统正式任命的。"广州临时政府立法分支"是指非常国会,因那些国会议员也是根据《临时约法》选出的,而"部分合法性"的含义就是齐集于广州的国会议员只是一部分,不构成召开国会的合法人数。

有学者指出:"1917 年 7 月 17 日段祺瑞重任国务总理的时候,北京政府有寺内内阁的支持,有西原借款的援助,有赋予合法有道的权威。北京不是一个无权、无勇、无钱的空架子。但是北京没有国会,没有总统(冯国璋是代理总统),没有副总统,而且冯国璋没有竞选为正式总统的意思。北京政府的法律地位很成问题。而南方又有一个广州的护法政府,威胁着北京合法有道的权威地位。"②为了改变这种政治上的尴尬局面,实现国家的统一,冯国璋与段祺瑞发生了原则上的分歧,进而形成了新一轮的府院之争,即"和平统一"与"武力统一"重大国策的抉择问题。

三、陷入府院之争

冯国璋和段祺瑞的私人感情本来是不错的。据冯家迈回忆,在山东的那段日子里,他们的关系非常融洽。"这期间我们家有一个家塾,由我三伯父琥璋担任塾师。在家塾就读的学生,除了我大哥、二哥、三哥以外,还有吴光新、段宏业③和段的三兄弟等一共六个人。当时,段祺瑞对待我的哥哥们的学业,是和对待他的子弟们同样重视的。并且,我的哥哥们也还由于学习得不好,受过他的申斥甚至责打。当我父亲有病时,医生所开的药方,有时就需要经过段的同意以后,才能煎给我父亲吃。"④

---

① 刘仲敬:《民国纪事本末(1911—1949)》,广西师范大学出版社 2013 年版,第 128 页。
② 陈志让:《军绅政权:近代中国的军阀时期》,广西师范大学出版社 2008 年版,第 44 页。
③ 吴光新是段祺瑞的妻弟,段宏业是段祺瑞的长子。
④ 文斐编:《我所知道的"北洋三杰"》,中国文史出版社 2004 年版,第 211—212 页。

冯国璋代理总统刚到北京的第一天,就坚决挽留王士珍继续担任参谋总长,并向段祺瑞和王士珍热情地表示:"我们三个人合力办事,不要分什么总统、总理和总长。"①他说此话时,或许是动了真感情,毕竟是他们三个人从北洋武备学堂时代一起走出来的,并且此时已成为北洋系实际上的领袖。在最初的冯、段合作阶段,还是收获了一些政治上的成果的,最突出的一项就是对德宣战,已如前述。冯国璋对段祺瑞的支持显而易见,其他人也对他们二人的合作表示出了极大的期望。

冯国璋曾表示尊重责任内阁制,对于段祺瑞用人行政和决策的决定都不干涉,段祺瑞对冯国璋在态度上也比对黎元洪时好得多。可是他们是两个实力派,冯国璋颇有心机,段祺瑞则刚愎自用,冯国璋当然不愿意做一个和黎元洪一样的受气总统,段祺瑞则决不肯放弃半点权力,因此两人的争执一样尖锐化。事实上,"从冯、段合作组成北洋派为核心的北京政府的第一天起,他们就展开了尔虞我诈、斤斤计较的权力斗争,促使北洋派的分化由萌芽发展到成熟,并将中国内战导向内容更复杂和规模更大的新阶段"②。

对于冯、段之间的冲突,身处其中的颜惠庆观察得很仔细:"冯大总统和段总理同属北洋系,似乎可以同舟共济,造福国家,人们对此期望殷切,但是二人政治观点殊异,由朋友变为对手,时生龃龉,情势渐坏。对于如何统一南北,冯大总统赞同和平调解,而段总理主张武力征服。"③也就是说,段祺瑞与冯国璋产生冲突的主要原因在于政治观点的南辕北辙,尽管都要完成南北统一,可段祺瑞坚持"武力统一",冯国璋则主张"和平统一",尖锐的矛盾已成型。

冯、段争执的第一遭是军权,这也是历来总统、总理间的争执焦点。冯国璋就任代理大总统不久,就想恢复袁世凯时代的"大元帅陆海军统率办事处",段祺瑞坚决不同意。段祺瑞在国务院设立了"参陆办公处",以取代袁世凯时代的"统率办事处"。1917 年 10 月 28 日,冯国璋在总统府内设立军政讨论会,与会者为段祺瑞、王士珍、段芝贵、刘冠雄及参谋、陆军、海军三部

①　陶菊隐:《北洋军阀统治时期史话》第四册,三联书店 1957 年版,第 8 页。
②　陶菊隐:《北洋军阀统治时期史话》第四册,第 8—9 页。
③　颜惠庆:《颜惠庆自传——一位民国元老的历史记忆》,商务印书馆 2003 年版,第 142 页。

的次长。第二天,又决定成立军政讨论委员会,以王士珍为委员长①。军政讨论委员会的设立,表明冯、段矛盾开始激化。11 月 19 日,冯国璋下令解除段祺瑞的陆军总长兼职,派王士珍继任。后又派王士珍兼任"统帅办公处"处长,使之成为总统的最高军事幕僚。"统帅办公处"是冯国璋仿照袁世凯以前为加强军权的做法而采取的措施,是将国务院的参陆办公处迁入总统府,借以削弱陆军部和参谋本部的职权。除王士珍兼任处长外,冯国璋派荫昌、段芝贵为副处长,师景云、陈之骥为参议。

11 月 22 日,也就是在"统帅办公处"成立的当天,冯国璋批准段祺瑞辞去国务总理职,派汪大燮暂代国务总理。段祺瑞的辞职,表明冯、段矛盾达到了极点。12 月 25 日,冯国璋邀请王士珍、段祺瑞到公府举行三人会谈,希望取得一致意见,以避免北洋派冯、段两派各走极端的危机。其时,王士珍已经署理国务总理,但他在会谈中两面敷衍,言词不着边际,段祺瑞则公开表示除下讨伐令外别无办法②。虽然已不是国务总理,段祺瑞在对待国内问题上的态度依然如故,这是他的一贯性格和作风。但是,段祺瑞并没有淡出政治舞台,1917 年 12 月 18 日,冯国璋特任段祺瑞督办参战事务,成立督办参战事务处。

督办参战事务处是一个很特殊的机构,因为:一、所有参战事务均交督办办理,不必呈送府院,这就等于在总统府和国务院之外又增加了一个平级的机构;二、聘各部部长为参赞,各部次长为参议③,阁员就成了督办的属员,事务处简直成了政府的"太上"机构。如此一来,段祺瑞虽然不再担任国务总理,实际权力却比总理还要大。

与此同时,段祺瑞的智囊徐树铮又在积极游说各地督军继续支持"武力统一"政策,于是乃有 1917 年 12 月 3 日天津会议的召开。天津会议以曹锟和张怀芝为首,山西、奉天、黑龙江、福建、安徽、浙江、陕西七省和察哈尔、热河、绥远三个特别区的代表,以及上海卢永祥、徐州张敬尧都有代表参会。天津会议的主题是对西南作战,并决定了各省出兵数目和军费筹集问题,规

① 公孙訇:《冯国璋年谱》,河北人民出版社 1989 年版,第 117 页。

② 陶菊隐:《北洋军阀统治时期史话》第四册,三联书店 1957 年版,第 61 页。

③ 钱实甫:《北洋政府时期的政治制度》上册,中华书局 1984 年版,第 203 页。

定直隶、山东、安徽各出兵一万,奉天出兵二万,山西、陕西各出兵五千①。这不啻又是一次新的督军团会议,给冯国璋造成的压力很大,他不得不改变"和平统一"的立场,下令对西南进行讨伐。12 月 16 日,派曹锟、张怀芝为第一、第二两路司令,出兵讨伐南方。

此令下达,等于政府完全支持段祺瑞的"武力统一"政策,也宣告了冯国璋"和平统一"政策的破产。冯国璋感觉到了空前的压力,于是他又做出了一个惊人的决定。1 月 25 日,冯国璋颁发一道"南巡"通电:谓"近年以来,军事屡兴,灾患叠告,士卒暴露于外,商民流离失业,本大总统悤焉心伤,不敢宁处,兹于本月二十六日,亲往各处检阅军队,以振士气。车行所至,视民疾苦。数日以内,即可还京。"②他召见陆军总长段芝贵、步军统领李长泰、京师警察总监吴炳湘等,面谕要他们协助总理王士珍维持一切。

1 月 26 日下午八时半,冯国璋的专车出京,但他"南巡"的目的很快就被段祺瑞猜透。段祺瑞估计到,冯国璋的目的一定是南京,到了南京,冯国璋会表示他脱出北京主战派的虎口,说不定还会宣布总统蒙难,临时以南京为行辕,甚至下令讨伐,这讨伐令将不是对南方而是对北方!

段祺瑞既然有这样的怀疑,乃密令安徽督军倪嗣冲予以阻止。冯国璋抵达蚌埠后,倪嗣冲上车请示冯国璋的行止,态度虽然恭顺,可是车站内外全是他的军队。冯国璋告诉倪嗣冲说:准备到南京召开一次军事会议以讨论对南作战问题。倪嗣冲说既然开军事会议,何必远赴南京,请总统就在蚌埠召开,自己愿备办一切,务使总统满意。同时自作主张,当冯国璋的面命令秘书用冯的名义发电给江苏督军李纯,请他到蚌埠来参加军事会议③。在倪嗣冲的阻拦下,冯国璋只好于 1 月 28 日返回北京,从此成为段祺瑞的高级政治俘虏。

在冯段斗法的紧张时刻,又突然发生了 1918 年 2 月 25 日奉军秦皇岛截械之事。陆军部向日本买的一批军械将在秦皇岛上岸,是冯国璋秘密订购的,准备拨给听从于自己的军队。徐树铮知道这事以后,就想到秦皇岛去

---

① 胡晓:《段祺瑞年谱》,安徽大学出版社 2007 年版,第 142 页。
② 公孙訇:《冯国璋年谱》,河北人民出版社 1989 年版,第 132 页。
③ 丁中江:《北洋军阀史话》第二集,中国友谊出版公司 1996 年版,第 539 页。

截夺。这时徐树铮自知,力量不足,便想勾结张作霖,于是派曾毓隽到奉天（今辽宁沈阳）找张作霖,要张作霖去截这批军械,到手后就给张作霖,同时张作霖派军队进关反对王士珍,拥护段祺瑞。张作霖真是求之不得,哪有不赞成的？军械截到后,奉军即进关,设司令部于天津军粮城,徐树铮并被举为入关奉军副总司令。奉军进关增强了段祺瑞的力量,王士珍内阁最终垮台,3月23日段祺瑞第三次组阁。这其中还有一个内幕,是日本人西原龟三讲出来的。1918年3月20日,西原龟三到段祺瑞府邸拜晤,这是他第五次使华,据称是应曹汝霖、陆宗舆的邀请而来的。西原龟三说会面交谈的情况：

> 我首先说明当今世界形势不能容许中国目前这种混沌状态继续下去；进而劝其尽早出任总理。段氏言称："这个道理我很清楚,我本人也不惜为国家而牺牲自己。但说起来很惭愧,冯总统的所作所为,朝不顾夕,实无法与其共事,在不得已的情况下,只好辞职。近来冯又为其周围形势所迫,要求本人出任总理,但决非出于诚意,本人如贸然出山,必为世人所讥笑。故尊意碍难依从,殊深遗憾。"对此,我即当机进言,略谓："说到冯总统的诚意问题,如果根本没有诚意,纵使等待千年,又复何益？据本人看来,当前中国的现状,不容许吾人斤斤于此类问题。只要能灵活运用权力、兵力和财力,天下事何不可为？阁下既已握有兵力,只需掌握权力；倘若财力不足,本人可设法资助。如欲为日中友好奠基,舍今日又待何时？切勿失此千载一遇之良机,毅然拟定计划,出任总理。"段氏闻言后,似乎意有所动。①

这段文字被许多人看作段祺瑞投靠日本人的依据,但我们更要看到其中透露出的段祺瑞与冯国璋之间的矛盾。段祺瑞说冯国璋没有诚意,就意味着对冯国璋的恶感很重了。冯段斗法导致中央政府的危机,这是最大的不幸,是国家的不幸。3月29日,段祺瑞内阁组成,阁员如下：陆徵祥为外交总长,钱能训为内务总长,段芝贵为陆军总长,刘冠雄为海军总长,傅增湘

---

① 王芸生:《六十年来中国与日本》第七卷,三联书店2005年版,第218—219页。

为教育总长,朱深为司法总长,田文烈为农商总长,曹汝霖为交通总长兼署财政总长,吴鼎昌为财政次长。这是一个完全由段系军人、政客和忠于段氏的新交通系组成的内阁,但这次内阁也未经国会通过,很难说具有合法性。原属于总统府的参陆办公处迁回国务院办公,在与段祺瑞的争斗中,冯国璋明显处于下风。

段祺瑞第三次组阁后,又强力推行"武力统一"政策。为了给北洋系的前方将领鼓劲,1918 年 4 月 24 日,段祺瑞南巡到达汉口,主持召开军事会议,参加者有曹锟、张怀芝、王占元、赵倜四个督军,还有江苏、江西、湖南、安徽、山西、陕西、奉天等省督军派出的代表。段祺瑞在会议上说明团结北洋派的重要性和贯彻对南作战方针的决定,然后提出第四期作战计划,发交有关各省按照计划执行。但是,这次会议并没有取得段祺瑞所期望的效果,因为会后不久北洋系内部又发生了分化,主和的空气一时弥漫开来。

陆建章

4 月 23 日,吴佩孚率军占领了湖南衡阳后,即不再前进。5 月 29 日,曹锟在冯国璋的劝告下以养病为名,离开汉口,返回天津。次日,张怀芝亦步其后尘返回山东①。6 月 15 日,吴佩孚与南方军队成立了停战协定,从此湘南无战事。而就在这时,北方又发生了一件大事,更破坏了北洋系军人的团结。6 月 14 日,徐树铮忽然在天津枪毙了陆建章,理由是"勾结土匪、煽惑军队、扰害地方"②。陆建章(1862—1918 年),字朗斋,安徽蒙城人,北洋武备学堂毕业。随袁世凯训练新建陆军,后升练兵处军学司副使、北洋陆军第四镇第七协统领、山东曹州镇总兵、广东高州镇总兵、广东北

---

① 吕伟俊、王德刚:《冯国璋和直系军阀》,河南人民出版社 1993 年版,第 99 页。
② 胡晓:《段祺瑞年谱》,安徽大学出版社 2007 年版,第 153 页。

海镇总兵、广东高州镇第七协统领。1912 年任总统府警卫军参谋官、右路备补军统领,后改警卫军统领兼北京军政执法处处长。在任期间,大肆屠杀革命党人、进步人士及广大群众,被称为"陆屠伯"。一个自封为副司令的退职军官,"先斩后奏"杀了一个现任将军,这在当时是一件骇人听闻的凶杀案。

陆建章被杀也和冯国璋有一定的关系。陆建章是主和派的幕后活动者,当时督军团又在天津开会,这个会议有不利于主战派的一种趋势,因此冯国璋暗中授意陆建章的长子陆承武把他的父亲叫到天津来,其目的是要利用陆建章说服曹锟重新回到主和阵营来,与李纯合作,把督军团会议转变为有利于冯而不利于段的一种局面①。徐树铮枪杀陆建章是颇为棘手的一个事件,如何处理自会引起各方面的关注,冯国璋的态度又如何呢? 曾毓隽回忆说:

> 徐树铮枪毙陆建章后,他的副官长李某从天津打来长途电话,向我报告这个消息。我向段报告。段听到这个消息后,惊讶万状,瞪目半晌,才说出话来:"又铮闯的祸太大了! 现在这样吧! 你先到总统面前,探听他的口气如何。你就作为我还不知道。"我便到了总统府,冯见我来,不等我开口,就先问我:"你是为了又铮的事情来的吗?"我说:"是。我来请示总统,这事怎么办?"冯说:"又铮在芝泉左右,一向是为所欲为,今天这事未免太荒唐了。所好是责任内阁,你回去告诉芝泉,他怎么办,我就怎么用印好了。"②

这件事的善后倒很简单,中央政府发布了一个命令,指责陆建章"勾结土匪,煽惑军队"③,段祺瑞又给了陆建章的家属五千元,以示补偿,就这样草草收场,没有追究行凶者的责任,实为民国史上的一大丑闻。徐树铮后来还是付出了代价,1925 年 12 月 30 日凌晨,冯玉祥指使人在廊坊车站把他

---

① 丁中江:《北洋军阀史话》第三集,中国友谊出版公司 1996 年版,第 46 页。
② 曾毓隽:《忆语随笔》,杜春和等:《北洋军阀史料选辑》上册,中国社会科学出版社 1981 年版,第 275—276 页。
③ 陶菊隐:《北洋军阀统治时期史话》第四册,三联书店 1957 年版,第 134 页。

枪杀了,为陆建章报了仇。冯玉祥是陆建章的外甥。

冯家迈在分析冯、段失和的原因时,曾将段祺瑞的意见为徐树铮所左右列为最重要的一点①,其他人也指责徐树铮在段祺瑞身边起了很坏的作用,但段祺瑞十分倚重徐树铮。另外,冯国璋与段祺瑞二人在私人感情上的联络减少,也是造成二人失和的一个重要原因。还是冯家迈的回忆:

> 有一次,我父亲打电话给段,请他到府里来谈谈。段接了电话就说:"一定是四哥想打麻将了!"就高高兴兴地带了现钞 200 元到了总统府。但是,我父亲在和他谈完了公事后,并没有谈到打牌的话,段便也不再提起,怏怏地转回家了。看来,段是想借助于这样私人间的联系、交往,以便在脱略形迹的谈话中,很自然地解决府院间的某些悬而未决的问题,从而冲淡彼此感情上的不愉快。但是,我父亲却忽略了这一点。②

冯家迈的判断是有道理的,政治人物间的恩恩怨怨并不总是由于政治信仰的差异或重大政策走向上的分歧,个人之间的感情因素也很关键。以往,我们习惯于从阶级立场方面考察政治人物的恩怨情仇,多少是犯了简单化的错误,一定要注意个人感情方面的亲疏远近。恽宝惠也有过类似的回忆:

> 段是喜欢打麻将牌的。冯这时是不喜欢打了,可是冯也就不肯迎合段的癖好再打上那么几圈,这就使得怀疑他的四哥是在处处摆总统的架子。甚至于有一次,段坐着汽车来到了总统府,恰巧府内有一处的木桥坏了,使得他的汽车无法通过。他就认为,这是冯故意摆好了阵势,不准备和他见面,他就命令车夫调转了车头,愤然地转回去了。就这样,他们两人之间的意见越闹越深……③

冯国璋代理大总统的任期即将终结,等国会选出新的总统,他们之间的

---

① 文斐编:《我所知道的"北洋三杰"》,中国文史出版社 2004 年版,第 214 页。
② 文斐编:《我所知道的"北洋三杰"》,第 214 页。
③ 文斐编:《我所知道的"北洋三杰"》,第 280 页。

冲突也就走到了终点。

四、卸任回籍

张勋复辟,解散了国会。粉碎张勋复辟逆潮后,国会问题也成为一大政治难题。段祺瑞本人当然不喜欢国会,但既为民主共和国,就不能没有国会。梁启超建议在旧国会已被解散,新国会还未成立时,召集临时参议院代行国会立法权,这是仿效民国成立时在首都南京召集临时参议院作为过渡性的立法机关。今天讨平复辟,情况相同于民国成立时,已解散的旧国会当然不该再召集,只好由临时参议院修改《国会组织法》与《参众两院议员选举法》,然后根据这些新法召集新国会。段祺瑞既然憎恨旧国会,所以只要不召集旧国会,对于任何其他形式的立法机关都没有意见。如果召集临时参议院,其参议员的产生是由地方当局指派,而不是由人民选举,这样便可产生清一色的参议员。

1917 年 11 月 10 日,临时参议院在北京成立,由各省推选议员五名组成,段系政客王揖唐任议长,那彦图任副议长。该院一经成立,即着手修改国会组织法和议员选举法。1918 年 2 月 17 日,代理大总统冯国璋公布了修正的《国会组织法》和《参议员选举法》、《众议员选举法》,次日下令内务部筹备国会选举事宜。为了便于筹备工作的进行,王揖唐、曾毓隽等段系骨干分子觉得组织一个团体更为方便,于是他们就以经常聚会的地点——宣武门内安福胡同梁式堂住宅为通信地址,即名为"安福俱乐部"。

安福俱乐部于 1918 年 3 月 7 日成立,领袖人物为王揖唐、王印川、光云锦、刘恩格、田应璜、克希克图等,而徐树铮则为幕后主使。严格说来,安福俱乐部并不是一个政党,它没有具体的宗旨和党纲,只是以追求段系利益为中心的政治团体。这个团体的成员多是为了追逐私利而汇聚其中,以依附段祺瑞而谋政治上之发展,从某种程度上说是段系驱使的一群乌合之众。

新国会的选举在 1918 年五六月间进行,适值南北战争,粤、桂、滇、黔、川五省均反对,而湘、鄂、陕三省也因战乱之故,选举不能正常,实际得以选举的仅十四省。选举是根据修正的《国会组织法》和《参议员选举法》、《众议员选举法》进行的，同以前的法律相比，有两处重大不同：一是两院议员名额减少，总共只有 574 名，参议员 168 人，众议员 406 人；二是"提高了取得选举权的资格，更适合于达官、巨富这些特殊人物当选。"①提高取得选举权的资格，还有一个更大的好处，就是便于操纵。选举结果自然是安福系大获全胜，获 330 席次，旧交通系获 120 席次，研究系只获 20 余席次。时人之所以将这届国会称为新国会，是相对于第一届国会而言的，那届国会被称为旧国会。由于新国会是由安福系一手包办的，并占有绝对多数议席，因而又被称为安福国会。

徐世昌

9 月 4 日，安福国会组织两院选举委员会，到会议员 436 人，徐世昌以 425 票当选为总统，冯国璋被名正言顺地赶下了台。张一麐记述说："今大总统徐公以十月十日就职，公依法卸任，如释重负。先是新国会开幕之日，公莅两院行礼，归则集文武属僚于怀仁堂，自为演说，愿避贤路，以候徐公，其言深切。盖民国以来先后两大总统一堂授受，此为纪元，蜚语四腾，有如市虎，流言止于智者，公早有以防于先几也。"②

张一麐的话有直有曲，说冯国璋"依法卸任"不错，说他"如释重负"则不大符合历史事实。冯国璋本也有继续竞争大总统的决心，甚至为此做出了某些安排。1918 年 5 月，由王克敏献策，冯国璋通过前禁卫军团长索崇仁向清室借公债券 300 万元抵押于东方汇理银行，得现款 120 万元，先拨给进步党人为其运动选票③。可惜的是，这笔款子数目太小了，不足以收买安福议员。冯国璋因久任封疆，对中央政权的运作可能不如段祺瑞熟悉，更加上他

---

① 钱实甫：《北洋政府时期的政治制度》上册，中华书局 1984 年版，第 36—37 页。
② 张一麐：《故代理大总统冯公事状》。
③ 公孙訇：《冯国璋年谱》，河北人民出版社 1989 年版，第 145 页。

把精力多放在与段祺瑞争夺决策权方面，对国会选举下手较晚，又没有可资依靠的政党实力，竞选总统失败已是意料之中的。

钱实甫认为，选举徐世昌为大总统，是安福国会给民国涂上的污点之一①。这个观点是从安福国会的非合法性角度给出的。当时西南各省和吴佩孚都不承认徐世昌的总统地位，认为他是非法选出的，而认冯国璋为合法的总统。但是，这些争吵并没有阻挡住徐世昌的上台和其他国家对他的支持。10月7日，冯国璋发出通电，陈述代理总统一年来的时局现象，希望和平解决国事。电文如下：

> 国璋代理期满，按法定任期，即日交代，为个人计，法理尚属无亏；为国家计，寸心不能无愧。兹将代理一年中经过情形及时局现象，通告国人，以期最后和平之解决。查兵祸之如何酝酿，实起于国璋摄职之前，而兵事之不能结束，则在国璋退职以后，其中曲折情形，虽有不得已之苦衷，要皆国璋无德无能之所致。兵连祸结，于斯已极，地方则数省糜烂，军队则遍野伤亡。糜烂者国家之元气，伤亡者国家之劲旅，而且军纪不振，土匪横行，商民何辜，遭此荼毒，人非木石，宁不痛心。以此言之，国璋固不能无罪于苍生，而南北诸大要人，皆以意见相持，亦难逃世之公论。吾辈争持意见，国民实受其殃，现在全国人民厌乱，将士灰心，财政根本空虚，军实家储罄尽。长此因循不决，亦不过彼此相持，纷扰日甚，譬诸兄弟诉讼，倾家荡产，结果毫无。即参战以后，吾国人工物产之足以协助友邦者，亦因内乱而无暇及此。欧战终局，我国之地位如何？双方如不及早回头，推诚让步，恐以后争无可争，微特言战而无战可言，护法亦无法可护。国璋仔肩虽卸，神明不安，法律之职权已解，国民之义务存在。各省区文武长官，前敌诸将领，及各界诸大君子，如以国璋之言为不谬，群起建议，挽救危亡，趁此全国人心希望统一之时，前敌军队观望停顿之候，应天顺人，一倡百和，国璋不死，誓必始终如一，维持公道。且明知所言无益，意外堪虞，但个人事小，国家事大，国璋只知有国，不计身家，不患我谋之不臧，但患吾诚之不至，亦明知继任者虽

① 钱实甫：《北洋政府时期的政治制度》上册，中华书局1984年版，第33页。

极贤智,撑柱为难,不得不通告全国人民,各本天良,以图善后,国家幸甚!人民幸甚!再此电表心迹,绝非有意争论短长,临去之躬,决无势力,一心为国,不知其他。倘天心人意,尚可挽回,大局不久底定,国璋一生愿望,早已过量,绝无希望出山之意,天日在上,诸祈公鉴。①

洋洋洒洒近千言,道尽了代理总统一年来的艰辛困苦,也表达出了对国家和人民的希望。

1918 年 10 月 10 日上午,在总统府举行了新旧总统交替仪式,冯国璋正式将权力移交给徐世昌,这也是民国史上唯一一次总统交接仪式。关于这次大总统交接仪式,当时在总统府供职的陶树德这样回忆:

1918 年 10 月 10 日,徐世昌就职仪式合影

1918 年,安福国会选举徐世昌为总统,冯国璋事先于帽儿(胡同)购置私宅,眷属即迁出总统府,徐就职之日正式与冯办理交接,并事先商定仪式。地点在居仁堂,指定礼官赞礼。冯恭候徐,徐到,冯捧印信出,徐向印信行三鞠躬礼,然后接印信,徐接到手,冯向印信亦行三鞠躬

---

① 公孙训:《冯国璋年谱》,河北人民出版社 1989 年版,第 160—161 页。

礼。冯并简单致辞,首先表示在他任内供职无状、无补国艰……谓过去总统无交接仪式,有,自我二人始,一国元首来去交接礼不可废等语。在举行仪式当中,总统府全体人员文官着燕尾服、武官着军礼服。举行仪式毕,全排列在徐世昌身后,随徐送冯出紫气东来门(旧介繁祉门),冯乘汽车回私宅,徐回居仁堂稍事休息亦回东四五条私宅,由秘书长吴笈荪办理府内交接,庶务司、收支处均派杨葆益接收。①

同日,段祺瑞辞去国务总理职务,兑现了与冯国璋同时下野的诺言,也结束了他们一年来的权力之争。卸任后的冯国璋,很快就回原籍河间居住,离开了是非不断的首都北京。

---

① 陶树德:《我在北京总统府12年的见闻》,《文史资料选辑》第149辑。

第十章　病逝京邸

1919年12月28日晚11时,冯国璋因伤寒不治在北京帽儿胡同宅邸逝世,享年61岁。民国政府为他举行了隆重的国葬典礼,还为之营建国葬墓,备极哀荣。

一、共解农桑怡晚景

自1918年10月10日完成总统交接仪式后,冯国璋就算正式退休了。卸任后的冯国璋做些什么事情呢? 在10月6日,他就对外界表示下野后的几点宗旨:一、移居私宅后即与在野要人联络以谋和议办法,而示不干政治;二、如有效力当须亲往长江各省一行,俾定南北妥协方针;三、如双方争执不休,即移归河间原籍,永远不问纷扰时局①。卸任后不久冯国璋就回到了河间老家,那是10月29日,冯国璋先乘坐火车到保定,受到曹锟等人的热情招待;然后乘坐汽车,经高阳回到河间。

在距离诗经村半里的地方,冯国璋就下车步行,家眷、卫队、随行人员也跟随主人步行进村。在村头,他和前来迎候的乡亲们拱手致意,表达他眷恋

---

① 公孙訇:《冯国璋年谱》,河北人民出版社1989年版,第160页。

桑梓的一片深情。冯国璋是很在意造福桑梓的,他常常对子女说:"维桑与梓,必恭敬止"①。回归故里,冯国璋本想为乡亲们做些事情,但这次回家仅仅24天,他就又离开了。重新回到首都的冯国璋,还是继续致力于实现南北和议,但最后仍是无果而终。他于1919年4月3日离京回河间祭扫祖坟,这次倒为家乡父老做了一些事情。张一麐记述说:

> 今年春归河间故里,桑麻场圃略足自娱,与族中诸父老子弟喁喁话旧,布衣草笠,从耕夫牧竖彳亍于陇畔,见者不知其为贵人,人亦往往忘之。说者谓公之平民主义,根于天性。子弟等私幸谓公毕生艰苦,借此颐养,可延天年。公则曰:"世变亟,苟无治本之道,使失所之民得安其业,何地可为乐土,吾辈其忍独宁乎?"②

张一麐说冯国璋做耕夫打扮,行走于田陇之上,系一介平民。可冯国璋毕竟与普通的平头百姓不一样,据亲眼见过冯国璋的西诗经村老人张汉辰回忆说:"冯国璋解甲归田时,我才十二三,我记得他每次出来都是穿便衣,有两个挎盒子枪的跟随,有时还跟着姨太太、使女一大群。"③几十年前的印象也许不太准确,但冯国璋肯定不会是普通村民的作派。

1919年春,冯国璋在他的府第内创办了一所学堂,取名"冯氏私立养正小学堂",他自任名誉校长。学堂创办伊始,主要招收东、西诗经村的儿童少年。由于入学条件不甚严格又不分贫富贵贱,学生还不负担学杂费,所以学堂的招生范围后来逐渐扩大到周围各个村庄,在校生人数每年保持在二百人左右。

学生入学时,首先听校长讲解学堂堂规,然后再去拜谒老师。在校期间,学生主要学习国文,由低级到高级、由简单到复杂逐步深入,其次还要兼习武术、跑操等课程。学堂共有四名教师(姓名不详),他们由冯管家统一安排食宿,平时住在学堂,每年由冯家支付给每人五十到六十块大洋不等。

---

① 田胜武、田艳华:《冯国璋全传》,中州古籍出版社1993年版,第167页。
② 张一麐:《故代理大总统冯公事状》。
③ 田胜武、田艳华:《冯国璋全传》,中州古籍出版社1993年版,第168页。

为保证学堂的存在和发展,冯家还定期拨给学堂一定数量的办学经费。学堂先后有四任校长,其中第一任校长系冯之孙子冯海岱,副校长为冯振铎、裘山廷,亦其亲属。

"养正学堂"从创办之日起,历经 18 年,直至 1937 年"七七"事变后,第二十九军的队伍开到河间并进驻西诗经村时,学堂才告停办。由于连年战乱,这所学堂后来也一直没有恢复①。"养正学堂"是冯国璋留给家乡人的一个印记,至今还有人津津乐道。冯国璋对于教育事业是非常支持的,除去前面已叙述过的在南京支持周夫人兴办女子教育的事例,还有一篇他在北京中国大学的演讲词,也清楚地透露出他对教育事业的关心。这篇演讲词是 1917 年作的,摘录部分文字于下:

> 今我国为民国,非专制时代可比,然既为民国,即应以民为主体,故希望国家发达,先必希望人民发达。然欲人民发达,必先由教育入手。盖国民有专门学问,方能负国家责任。刻下诸生在校求学,学成之后,仍应以从事教育事业为对国负责之根据。诸生以所学转授后生,后生又转授后生,则将来全国人人皆学生,其势如合我国为一大学校。然后我民国乃能得最后之希望。但求学与做事,情形又各不同。诸生毕业后或进行社会事业,或担任国家事,此一定是人人同此心理。迄时当以国家为前提,不可稍存私念。若人人各存私念,则国家即甚危险。

> ……盖学校所授者为纲为目,须处处留心,为将来运用之准备。即孔子云,闻一知十是也。希望诸生在学校时求一定知识,毕业后持一定主义。迨自己主义与多数心理相合,做事乃有把握。又诸生须各以自己学问为生活,不可专趋政界一途。毕业后或尽国家义务,或尽社会之义务。能齐趋政界,本校有若干人,他校更不知有若干人;京师学校有若干人,各省学校又不知有若干人,均向此一途为生活,则危险甚矣。人各有能,人各有业,彼泰西各国人民,均系各有职业,如为工为商及教育、公益等事业,均是利国福民事业也。苟人人以学问为生活之能力,

---

① 高九成:《冯国璋史料七则》,《渤海学刊》1986 年第三四期合刊。

非徒能解自己之生活问题,且能解全国之生活问题。来日方长,希望甚大,诸生勉之。①

"养正学堂"以外,冯国璋又组织人编写《河间县县志续编》。历时一年多,写出了初稿,冯国璋逝世后不了了之。据说共誊写了三份,一份由编修者取走,住在天津、北京的冯国璋后人各取走一份;还有人誊写了六份,分存在三个地方,但都未能查找到②。冯国璋致力于为家乡父老服务的努力值得肯定,只是天不假年,他没有更多的时间为家乡服务了。

二、病逝京邸

冯国璋本来在河间老家过得好好的,没想到北京又发生变故,不得不于9月23日再次回到北京。这次的变故是他的嫡系部队,由原禁卫军改编而成的第十五、十六两师官兵拟划归陆军部管辖的问题。1918年10月12日,大总统徐世昌允准冯国璋继续节制第十五、十六师,但现在突然发生变故,他怎的会不着急。张一麐说:

> 十月复从河间莅津,以旧部十五、十六两师官兵积欠月饷,再至京谋所以安之者,居两月将返津矣。十二月十日忽感寒疾,医治不愈,二十八日夜逾十时,汗出面赤,神气上越,则呼曰:"速为我正衣冠!"易簀而逝。病中谕诸子曰:"家事吾无所念,惟吾长兄子尚幼,汝曹其善视之。"弥留前二日呼亲朋口授遗命,即今所传上大总统遗书及通电,反复叮咛于和平统一之业者是也。③

当年清帝退位,冯国璋曾对禁卫军官兵许下过诺言,一定不会抛弃这支部队,后来也一直是归他节制的。经过冯国璋的疏通,1919年10月14日,

---

① 《冯副总统中国大学演讲词》,《教育周报》第157期。
② 田胜武、田艳华:《冯国璋全传》,中州古籍出版社1993年版,第168页。
③ 张一麐:《故代理大总统冯公事状》。

徐世昌发下手谕："第十五、十六师仍归河间节制。"①并恢复专为这两师官兵筹措军饷的粮饷局，派亲信张调辰主办，此一风波才告平息。事件平息，冯国璋欲回转河间，不幸染上了病，并因之丧命，悲夫！当时的报纸有过比较简练的报道：

北京帽儿胡同 11 号冯国璋旧居

　　其病起于十二月十二日，颇似伤寒，历服中外名医汤药，均不见效，至二十八日午后十一时冯氏突命侍者取祭服至其长子家，遂问取祭服何用，答以自有用处。又命人请张一麐氏来，告已弥留恐不起，请为代拟遗稿，口授意旨，并告其女婿陈之骥等及其家属云：余今死矣，南北相持不能统一，徒苦吾民，无法调解。但望今后双方让步，早息内战，亟谋统一，余虽死亦可瞑目地下等语。随服祭服毕，痰忽上涌，遂即与世长辞，时正十一时三刻也。闻冯氏临终时，其所部重要人物如师景云、张宗昌、恽宝惠、熊炳琦等均已赶至。翌二十九日上午十时段祺瑞督办亲临其丧，哭之甚哀。而徐总统对于冯氏之死尤异常哀悼，特赠赙金万元，并于三十一日晨十时偕同全体阁员亲往祭奠。闻师景云、陆锦等以

① 公孙訇：《冯国璋年谱》，河北人民出版社 1989 年版，第 166 页。

冯氏有功民国,为手创共和之一人,国家宜对之为一种崇德之表示,特诏总统请予国葬。此议当经阁员通过并咨请国会同意云。①

从这篇报道中,我们得到的信息是比较丰富的。首先,冯国璋是因伤寒病而导致死亡的,但伤寒病由何引起却没有交代。12 月 12 日,冯国璋接见了一位美国客人,在大厅坐得时间长了些受了凉,送走客人后沐浴时又受冷②。这是发病的原因。其次,冯国璋病重期间,意识是很清醒的,安排好了后事。他在接见前来探视的老部下王廷桢时说:"我的病开头很轻,怪自己没有介意,今日才知道我已是个老弱残兵,经不起病魔的人。"③再次,冯国璋的亲朋故旧对他的离世极为痛心,所以才有师景云、陆锦等人为之请求国葬,最后获得批准。

因为病重期间仍有清醒的意识,冯国璋才留下了几分遗言。其一是给徐世昌的,文曰:

国璋病在垂危,自分羸躯已无生理。平时志业,百未一就,今有不能已于言者。南北未一,民生凋敝。国内自相离析,恐即为外患侵凌之机。我大总统本以和平统一为职志,国璋累读明令,尤为感泣。现在时局尤为危迫,尚愿我大总统益持毅力,务底于成。国璋生前虽多负疚,死后亦当瞑目。惟钧座哀怜之。④

弥留之际,仍以国事为重,将自己"和平统一"的理想寄托在徐世昌身上。又有遗电一则通告全国,文曰:

天津黎前总统,保定曹经略使,奉天张巡阅使,蚌埠倪巡阅使,武鸣陆上将军,各省督军、省长,承德、张家口、归化各都统,广州军政府,各护军使,各司令,各师旅长公鉴:国璋伏处经年,对于时局虽未尝有所建白,然私衷耿耿。念及国事不敢恝然,讵意一病垂危,自分已将不起。

---

① 《前代理总统冯国璋氏逝世》,《时事旬刊》第 2 卷第 35 期,1920 年。

② 公孙訇:《冯国璋年谱》,河北人民出版社 1989 年版,第 166 页;张立真:《冯国璋真传》,辽宁古籍出版社 1997 年版,第 335 页。

③ 公孙訇:《冯国璋年谱》,第 166—167 页。

④ 《前代理总统冯国璋氏逝世》,《时事旬刊》第 2 卷第 35 期,1920 年。

蹉跎就木，饮恨何穷。现在南北相持，迄未解决。内忧不靖，外侮益深。徐大总统素以和平统一为怀，诸君子同抱济世安民之略，必能力回劫运，手挽陆沉。此后尚祈内外同心，化除畛域。国璋生前志愿纵无所成，域中仍是一家，泉下必当瞑目。伏枕赠言，诸维亮察。[①]

这份电报是发给国内各实力派的，当然也包括了西南的陆荣廷以及广州的护法军政府，极力推崇"和平统一"，尤以"内忧不靖，外侮益深"的忧患意识感人至深。

按理说，冯国璋的年纪不算大，只是受凉偶染风寒，何以就丢掉了性命呢？张一麐对此有所分析："公自治军、督学皆披星而起，无间寒暑，日昃未食，往往十日而九。体素强健，经坠马后筋骨间时作酸痛。汉阳之战或经旬不眠，神观内损，由是劳倦不如少壮。"[②]这些都是远因，尚不足以致人殒命。查后来公布出来的冯国璋医案，似有庸医误判的嫌疑。

冯国璋沐浴后稍感不适，即请陈建亭医生诊治，陈医生开出了数剂中药方，服用三天不见效果。第四天，延德国医生狄博尔来诊，"云系伤风转成肺炎，体温已逾三十八度。虽不甚热，然老年患此宜防用对证疗法，一星期可愈也"[③]。服药五天五夜，病情不见好转，复请中医诊视，先后有萧龙友、曹元森、左霁云（张勋介绍）、杜子良等，均未见起效，终于不治而亡。因而，后来有人分析："兹观全案，则择医之不慎投药之未当，似尤甚于前所未闻者。"[④]对于这个历史细节，还是需要多做一些深入探讨，看一看冯国璋是否因庸医误判而病逝。

三、备极哀荣

冯国璋逝世的消息传出后，吊唁的人络绎不绝。徐世昌拟亲往吊唁，并决定照袁世凯例治丧，派徐邦杰、袁乃宽办理丧务。段祺瑞很快赶到冯宅吊

① 《前代理总统冯国璋氏逝世》，《时事旬刊》第 2 卷第 35 期，1920 年。
② 张一麐：《故代理大总统冯公事状》。
③ 张树筠：《冯前大总统病床医案》，《绍兴医药学报》1920 年第 3 期。
④ 张树筠：《冯前大总统病床医案》，《绍兴医药学报》1920 年第 3 期。

唁,王士珍也从老家正定赶到京城。冯家迈回忆段祺瑞前来吊唁的情形是这样的:

> 这时,我父亲还没有入殓,他来了以后,依然保持着他那向来毫无表情的面容,径直地走到我父亲的遗体跟前,把盖在我父亲身上的"盖帘"掀了起来,看了看我父亲的遗容,把"盖帘"放下,便回身走去了。后来就送来了一幅亲拟的挽联,挽词是:"正拟同舟共济,何其分道扬镳。"①

冯国璋的灵堂(故宫太和门)

冯家迈的回忆似带感情色彩,段祺瑞的举动倒也没有什么不妥,看一看老友的遗容,是表示关系亲密。但冯家迈对段祺瑞的那幅挽联却是记得不够准确,应该是这样的:

> 兵学砥砺最相知,每忆拔剑狂歌,曾与誓澄清揽辔;
> 国事纠纷犹未已,方冀同舟共济,何遽伤分道扬镳。

段祺瑞的这幅挽联,既把他们之间的历史关系点明,又表达了深深的哀思。随着冯国璋的逝去,他们之间的恩恩怨怨也灰飞烟灭。王士珍送了两副挽联,对冯国璋的追思情感要浓厚得多:

> 同袍泽卅载,同几砚一堂,况兼里社旧交,患难周旋终愧负;

---

① 文斐编:《我所知道的"北洋三杰"》,中国文史出版社 2004 年版,第 215 页。

以大勇治军，以相忍为国，更读弥留遗令，和平期望极悲哀。

又一：

追维半生事业，允足千秋，寰宇早归仁，绵愆犹廑忧国念；

屈指卅载心交，先弱一个，衰残虚后死，艰屯未济负公多。

1919 年 12 月 29 日，也就是冯国璋逝世后的第二天，徐世昌令国务院为其拟议饰终典礼。令文曰：

前代理大总统冯国璋，久掌戎韬，勋隆望重。辛亥之役，赞助共和。疆寄迭庸，义安大局。迨以副总统代理大总统职务，适值南北纠纷之际，苦辛规画，昕夕贤劳。退任以来，仍资匡赞。方冀修龄克享，同睹平成，天不憖遗，悲深薄海。弥留之顷，犹以时局危迫促进统一为言，爱国之忱，溢于词表。本大总统眷怀畴昔，怆悼尤殷。所有饰终典礼，著由国务院从优拟议，用符崇德报功之至意。此令。①

12 月 30 日，国务院同内务部讨论治丧礼节，结果拟参酌中外：一面酌仿美国前总统罗斯福的治丧礼节，一面比照前总统袁世凯的治丧条例，加以变通，分别办理，决定丧礼要义如下：一、今晚入殓；二、大总统亲往致祭；三、明令布告全国；四、各官署、军营、学校自 29 日起下半旗致哀三日；五、陆海军致相当敬礼，由两部酌定；六、在京官员分班往祭；七、通知外交团，以私礼往吊；八、出殡日官署分送，并下半旗②。

各地军政要员或亲自前往冯国璋私宅致祭，或派代表致祭，送的挽联也是褒扬连连，兹选录较有代表性的几副列出来。徐世昌送的挽联很短，但给予的评价很高：

久从袍泽同甘苦；

互有精诚盼太平。

作为政治上的盟友，梁启超的挽联对冯国璋称颂有加：

---

① 《政府公报》，第 1398 号。

② 公孙訇：《冯国璋年谱》，河北人民出版社 1989 年版，第 167 页。

> 摄位定民心，忆昔年风雨飘摇，再使四方向和会；
>
> 退贤资物望，正贱子海天驰仰，惊看大曜闳遥芒。

丁锦送的挽联很特别，将袁世凯、黎元洪、段祺瑞、王士珍的名字嵌入其中：

> 大业继项城，黄陂元老云亡，天胡此醉；
>
> 才名并合肥，正定哲人长往，吾能不悲。①

当时担任孔教会会长的陈焕章亦送挽联一副，评价亦是极高：

> 偕王段以练新军，姓氏显北洋，允称三杰；
>
> 继袁黎而登主座，事功震东亚，足仰千秋。

曾资助冯国璋去保定莲池书院读书的族叔冯甘棠送来挽联，为这位早逝的侄子感叹不已：

> 为邦家备极忧劳，方期林下酒尊，共解农桑怡晚景；
>
> 自少小即同甘苦，惊听空中甲马，独挥涕泪话遗踪。

1920年1月12日，段祺瑞再次来到冯宅致祭，祭文如下：

> 呜呼！凤落麟伤，钟鸣漏促。逝者长已，人望奚属。兆讶琼瑰，哀托刍束。惟公岳岳，杰出之英。献王故域，贤俊挺生。茂才异等，黉序经横。气奋投笔，志慕请缨。奇胲肆术，翘关列科。旄头威肃，盾鼻曾磨。尘清罕毕，队武银枪。勾陈太乙，甘泉长杨。桓桓骏骏，我武维扬。时维元二，军兴江汉。受钺行军，锋车式奂。霸上棘门，霆击星灿。拔轴刺蜚，如飞如翰。天堑之雄，投鞭可断。庸褒车服，业赞云雷。八命作牧，六条察材。朔南飓历，星汉昭回。油幢画角，烟阁云台。久纡玉节，旋握黄琮。秉时得位，柴望禋宗。金瓯破碎，黻帐雍容。迄居东第，政谢玑璇。谓宜颐养，龄享彭笺。胡天不吊，宾馆忽捐。河魁宵落，聚窟无灵。寒风萧瑟，大树飘零。侨终蹇谢，肆辍春停。穹宫幽邃，千古

---

① 项城即是袁世凯，黄陂即黎元洪，合肥指的是段祺瑞，正定则代指王士珍，均系以各自的原籍为代称。

长扃。呜呼哀哉，伏维尚飨！①

1 月 24 日，大总统徐世昌亲赴冯宅致祭，全体阁员陪祭。徐世昌的祭文如下：

> 天挺英豪，凤世真灵。宏毅致远，岳峙渊渟。学书学剑，幼已峥嵘。结发而出，一鸣皆惊。遭时多难，忧愤填膺。军门杖策，慷慨请缨。厥维洹上，治军都京。倾心一见，勖以干城。我方借箸，出自承明。公宣武义，冠绝群英。结契自此，廿载倏更。玄黄龙战，劫运环生。公备厥武，如雷如霆。既澄江汉，载奠金陵。白宫进揭，宵旰劳形。苦厌并革，久拯蚩氓。瘁精竭智，殚力成平。惟我受代，公曰归耕。心忧天下，终食虑萦。身非金石，竟摧遐龄。似闻绵慑，犹问澄清。知公此志，炳若日星。溯公盛绩，可播韶英。公归何所，紫府黄庭。袍泽勋望，犹公荐登。部曲智略，犹公陶成。而公不作，一哭同声。朔风凛冽，大树飘零。崦嵫日落，沧海云暝。公兮有知，来格来歆。尚飨。②

国葬期已过，冯国璋的灵柩遂于 1920 年 2 月 2 日起运回原籍。起灵那天，北京万民空巷，人山人海，仪仗军乐长约二里，旌幡蔽日，经地安门，入安定门，过中华门，出正阳门，沿途黄土铺街，各机关高搭祭棚，步军统领王怀庆亲率骑、步、海军、保安、游击各一连护仪，然后从西站上专列驶往保定，再由曹锟的马队随杠送至诗经村。当时，冯国璋国葬墓的地宫部分尚未完工，只好把他的灵柩暂放发妻吴夫人祠堂，直到 3 月 20 日方大殡入土。

出殡那天，各路军政官员齐聚，白棚逶迤三里，经班细乐军乐烟炮响声动地，人们眼见着引魂幡之后的冯国璋灵柩送进大墓地宫，且滚动宫内石球闭死宫门，其实哪里知道，灵柩里面是空的，并无真尸。原来，早在出殡的头天夜里，冯家的至亲便伙同从北京雇来的杠夫，悄无声息地把冯国璋抬到东诗经村外的黄龙湾，偷偷地埋了，只隆一极普通的黄土坟头。

黄龙湾不只是名字好，景色也很秀丽。传说毛苌有一次游于古洋河畔，

---

① 《河间冯公荣哀录》，1920 年 2 月冯国璋治丧处印。

② 《河间冯公荣哀录》，1920 年 2 月冯国璋治丧处印。

看到古洋河西侧有一块河荒地,长着一片稀疏的树林,远望树林好像长在一个大浅盒中,如果从树林看四周,又像立于土丘之上。毛苌不由赞道:"实乃风水宝地! 这是一条古沙龙盘踞之地,沙龙总有腾飞的一天。"后人就称这个地方为黄龙湾①。冯国璋觉得这个地方风水好,就将祖坟迁至此,并决定以此为自己的墓葬之所在。

我们再回过头来,看一看冯国璋的"国葬墓"是怎么一个构造②。"国葬墓"占地 138.6 亩③,建筑规模宏伟、壮观,方位坐北朝南,周围有一条矩形护城河。靠近护城河南面有一座约五米高的汉白玉石碑,碑正面右首上书"中华民国副总统代理大总统冯公国璋之墓",正中大字为"河间冯公之神道"(徐世昌题)。碑两侧有两排南北走向的十六棵粗大杨树,犹如站立于神道碑两侧的八对卫士,还有三行东西走向的较小的杨树分排在碑的两边。碑北面不远即为护城河及其玉石桥。穿过此桥,正中是一条以方砖铺设的神道通往墓基。桥北面东西两侧是一对象征帝王之家的高大华表。沿神道往北,是一座三门四柱石牌坊。石牌坊极为精美,底部由汉白玉石筑起,上面为琉璃瓦覆盖。石牌坊北面的神道两旁有由南向北、东西对称的两排石像群,即石马、石羊等石兽和四对文东武西的石人。再向北,则是一座木质结构青砖绿瓦的高大亭子,亭内有"功德碑"一座,碑正面中间上书"冯公国璋之墓"六个大字。碑亭北面则是红墙绿瓦、砌有垛口的圆形宫城。宫城南端建有与北京故宫"西华门"相似的宫门,门前分列石狮一对。进宫门后,迎面台基上设有高大的五供台,台面上有一个香炉、两个香瓶、两个烛台。五供台两旁各设有一座炮台,其炮筒为铁质,炮口向南,喻有保卫此墓之意。稍北还有一对较矮的华表。最后面则是分两步、斜高四米的三合土墓基(墓基台面约 1600 平方米),支托着一座高三丈的墓丘。墓丘分三层,下面两层以汉白玉石砌筑包饰,最上层为土丘。墓丘中层周围有六十个汉白玉石狮,个个背墓朝外,呈怒吼状,显得十分威严。紧靠墓丘,周围有一圆形青砖花

① 田胜武、田艳华:《冯国璋全传》,中州古籍出版社 1993 年版,第 3 页。

② 以下关于冯国璋"国葬墓"的文字除单独注明外,均据罗润祥、高九成:《冯国璋陵墓考》,《渤海学刊》1986 年第一二期合刊。

③ 田胜武、田艳华:《冯国璋全传》,第 187 页。

1937年拍摄的冯国璋"国葬墓"牌坊、碑亭及内景

墙环绕。

墓基南侧接近地面的石阶下,有两扇石门通往墓穴。墓穴用进口的耐火材料砖砌成(砖上印有英文),内放木棺一口,棺内只有一件冯国璋的绫布画像。木棺由一块平石盘托,石下即为用混凝土抹其内壁的深井,为长久保存棺椁而挖。木棺前摆着两盏汉白玉石灯,灯里有油少许,该灯被称为"万年灯",象征冯国璋的"圣灵"在它的照耀下进入"天堂"。为防后人盗墓,木棺放置后又在石门内侧安置了一个石球,关闭石门时,石球随石门滚动,最

后转到预先凿挖的石坑内,这样,石门即不能被轻易打开。

位于西南隅的护城河里面,有一座三合院式,以西房为正、明三暗五的享殿。享殿中间大厅有一幅冯国璋的刺绣像,像的两侧有两位夫人像相伴。享殿前设有约一丈长的石供桌一个,每逢祭奠日,殿前香烟缭绕。西房靠北一小间为护坟人栖身之所。

在宫城内外,尤其是神道两旁,都有苍松翠柏点缀,陵园内林荫间还设有若干石桌石凳,以供祭祀和朝拜者休息之用。从远处看整座陵墓,松柏参天,红墙绿瓦与坊表翁仲交相掩映,呈现出一派庄严肃穆气象。

当冯国璋的葬礼完成以后,治丧处特意刊印《河间冯公荣哀录》一部,共四卷,其中祭文一卷,诔词、哀词、挽词一卷,挽联两卷,均为当时的军政要人所做。这部《河间冯公荣哀录》与中央政府给予冯国璋的国葬礼遇一道,见证了民国前期一位大总统的死后哀荣。

第十一章　妻妾子女

冯国璋生活的年代仍是中国传统家庭观念占主导地位的时代，突出表现就是一个家的男主人拥有多名妻妾。冯国璋一生共有三房正室、四位如夫人，这七房妻妾为他生养了五男四女，形成了一个典型的中国大家庭。

一、七房妻妾

冯国璋原本只有二房正室，就是原配夫人吴凤和继配夫人周砥，后继配夫人先冯国璋去世，大姨太彭氏被扶为继室，就变成了三房正室。

第一章已经交代过，冯国璋的原配吴夫人是他在河间毛公书院读书时迎娶的。吴夫人共生有三子一女，长子冯家遂、次子冯家迪、三子冯家遇、长女冯家逊为其所出。清宣统二年（1910年）六月，吴夫人在保定病逝，其时冯国璋正担任陆军部军咨处正使。吴夫人与冯国璋共同度过了多年的患难生活，她去世的时候，"将军第"还没有开工兴建。为感念原配夫人持家有方，冯国璋在冯氏家祠内特设吴氏祠堂，供儿孙祭祀用。

继室周砥本是袁世凯的家庭教师，是冯国璋在江苏都督任上迎娶的，此节已在第六章交代过。原配吴夫人去世的时候，冯国璋曾对她有过不再续

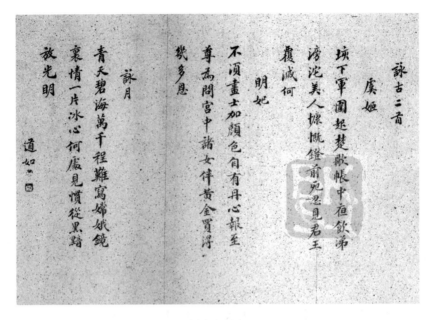

周夫人墨宝

娶的诺言，那为什么后来又反悔了呢？据冯家迈分析，有这样几个原因：一是吴夫人故去后改由大姨太太彭氏管家，但她当时只有二十六七岁，比吴夫人所生的那几个儿子年龄还小；二是冯国璋已为地方大员，内眷们的应酬往来也需要一位正室夫人①。这样，冯国璋就接受了袁世凯的好意，娶周砥为继室。周砥早年曾患严重的肺结核，与冯国璋结婚后不久旧病复发，1917年9月10日病逝。她与冯国璋共同生活不到四年，没有生育子女。周砥去世时，冯国璋已经出任代理大总统，因而她的葬仪十分隆重。从"将军第"至墓地的路上，挤满了送葬的人群，纸人、纸马、纸车、纸灯等充斥道路，且有乐队作前导，当地留下了一句口头语："太太死了满街白，老爷死了无人埋。"②这是说周夫人葬礼的规模比冯国璋的要大，也从一个侧面说明了周夫人生逢其时，死亦其时。

　　继室彭氏（大姨太），名金梅，河间县城以北十里铺人，人称金姑娘，

---

① 文斐编：《我所知道的"北洋三杰"》，中国文史出版社 2004 年版，第 221 页。
② 高九成：《冯国璋史料七则》，《渤海学刊》1986 年第三四期合刊。

很小就来到冯家①。成年以后出落得十分动人，便被冯国璋收房，成为他的第一位如夫人。周夫人病逝后，冯国璋的长女冯家逊向父亲提议，将彭氏扶为正室，冯国璋欣然同意②。彭夫人生有一子二女，四子冯家迈、二女冯家适、三女冯家速③为其所出。冯容（冯家迈长女）曾与彭夫人一起生活过，她回忆彭夫人扶正的过程与前面所述有很大的不同：

> 祖父曾为祖母写过一些字和对联，我们只见过一件横幅："好义勇为。"没有上款，只有下面一个印章和年、月、日。父亲对我们说，他还知道一副对联，是祖父为祖母三十岁生日写的，上联是"一生授理家庭多顺寿"，下联是"两次代权终贵无闲言"。祖父的意思是说，两位正室及继室相继去世后，这个家都是我们的祖母在料理，家里人多事杂，对祖母竟然没有闲言而有好评。但是，这副对联和其他的文字，我们都没有见过。原因是其上款抬头都写的是彭氏妾，祖母不愿挂出来。
>
> 我们的祖母是与祖父一起生活、陪伴祖父时间最长的一位夫人。祖母自幼家贫，很小就来到我们家，陪伴嫡祖母并一直未停止过劳动。祖母一直担当料理家务的重任，家里最多时上上下下有一百多人，祖母都打理得很好。祖母因此而深受祖父信任，祖父不但把自家的事交给祖母打理，还把与祖父关系最好的在老家生活的大祖父的女儿，从老家接来交给祖母抚养，这就是一直在我们家生活的十姑（大排行），十姑亦称祖母为"妈"，和我们的亲姑姑二姑、三姑（大排行为八、九）一同生活。祖父的许多身后事也交给我们的祖母代管。
>
> 祖母一生没有停止过劳动，即使当时府中佣人众多时，还经常为祖父下厨烧菜。在我们的记忆中，我们三个年长的姐妹，在上中学以前，所穿的布鞋大多是祖母亲手做的。1955 年，病逝前的十几分钟，祖母才刚刚亲手蒸上一锅馒头，馒头未熟，人已仙逝。祖母生活简朴，我们

---

① 关于彭夫人的身世，系根据冯容 2015 年 4 月 24 日发给本书作者的稿件更正。

② 潘荣、孙新、魏又行：《冯国璋家族》，金城出版社 2000 年版，第 201 页。

③ "适"在这里读音为"kuò"，有的传记作品将冯家适、冯家速写作冯家祯、冯家贤，其实"祯"、"贤"是她们的小名，此处根据冯容 2015 年 1 月 17 日发给本书作者的电子邮件更正。

自幼生活在他老人家身旁,由于她的言传身教,使我们后来的生活方式深受他老人家的影响,受益匪浅。

彭夫人

祖母生前未能扶正。她老人家仙逝后,灵柩停在客厅内,大姑来祭,她跪在灵前大哭。父亲、母亲领着我们跪在灵前守孝。大姑一边哭一边说:"扶了正吧。"父亲一边磕头一边说:"谢谢大姐!"大姑和祖母自幼相处,感情深厚。祖母去世时,大姑是冯家最年长之人,也是说话算数之人。也正是因为如此,祖母的棺材里能够放上祖父的一张大照片,墓碑上能冠上显考和显妣的称谓。①

冯容说彭夫人是在去世后才被扶正的,这与以前其他传记资料上的说法都不一样,作为亲历者,她的说法可信度还是比较高的。因而,我们采信冯容的说法。

彭氏扶正,冯国璋就还有四位如夫人。二姨太韩氏,据说是保定知府送给冯国璋的一个歌妓,无子女。三姨太王氏②,据说是清末陆军大臣铁良家

---

① 冯容口述、彭秀良整理:《我的祖父冯国璋》,《文史精华》2015年1月(上)。
② 有的传记作品说三姨太姓何,此处根据冯容2015年1月17日发给本书作者的电子邮件更正。

的使女,冯国璋任贵胄学堂总办时,铁良以此女相赠,她生有四女冯家迭[①]。四姨太程氏,似是冯国璋在直隶都督或江苏都督任上所收,生有一子一女,子即五子冯家遇,女早夭。五姨太胡氏,身世不详,无子女[②]。

二、子女情况

清宣统二年(1910年),冯国璋为《冯氏家谱》重修作了序言,并定下冯氏家庭以"国家海禁开,东方大事起"十字为排辈次序。冯国璋作为起首的"国"字辈;他的五个儿子为"家"字辈,分别取名为家遂、家迪、家遇、家迈、家遇;孙辈从"海"字辈,有海岱、海嵘、海喦、海岗、海岛等;曾孙辈本该从"禁"字,但因"禁"字难以成名,故有些曾孙辈就不再使用"禁"字排辈了,而下面的"开"字又已开始用了。限于本书写作的主旨,我们只将冯国璋的后人介绍到孙辈,往下就不再涉及了。

先来看长子冯家遂。冯家遂,字伯崇,生于清光绪四年(1878年)。他的幼年和青少年时代都是在贫寒中度过的,直到十多岁他父亲从北洋武备学堂肄业,才进入私塾读书。后考入北洋大学,毕业后报捐县丞(捐省江苏),但冯国璋却不让他做官,而是命其"躬耕于乡",在河间和保定等地管理家产。1912年底,冯家遂以直隶河间乡绅的身份,当选为第一届国会议员。冯国璋逝世后,他负责管理冯家在各地的产业。北伐战争前夕,因驻防河间的一名晋军团长勒索冯家,适家遂在原籍,被软禁数日。受到惊吓的家遂回到北京后不久,就去世了,时间大约是在1927—1928年间。冯家遂有二位夫人,生有五男三女。正室裘氏生海岱、海喦、海告、海铭(女)、海萍(女)、海链(女),侧室乔氏[③]生海鑑、海铃两个女孩和海密、海岛两个男孩。

再来看次子冯家迪。冯家迪,字仲吉,生于清光绪七年(1881年)。他

---

① 有的传记作品写作冯家蝶,"蝶"亦是她的小名,此处根据冯容2015年1月17日发给本书作者的电子邮件更正。

② 潘荣、孙新、魏又行:《冯国璋家族》,金城出版社2000年版,第201—202页。

③ 有的传记作品说冯家遂的如夫人姓朱,此处根据冯容2015年1月17日发给本书作者的电子邮件更正。

出生时冯国璋尚未发迹,童年和少年时代亦是在贫寒中度过的。后随其兄一起攻读四书五经。因他自幼多病,故参加岁试取为邑庠生后,未曾参加科举考试或进入新式大学学习。清宣统元年(1909 年),奉旨赏给三品荫生。民国建立后不久,冯家迪即因病去世①。他的夫人姓甚名谁无从查考,生有一子三女,子名海嵊,又名曙山;三个女儿分别是海嶙、五鸾、海岚。

下面来看三子冯家遇。冯家遇,字叔安,生于清光绪十四年(1888 年)。他出生时家境已有好转,所受的苦远不如他的两个哥哥多。清光绪二十九年(1903 年),进入北洋速成武备学堂,与孙传芳、杨文恺等为同班同学,其时他父亲正任该学堂总办。此后他被选送练兵处,考取留学生,派赴德国柏林工学院学习,归国后任直隶兵工厂帮办②。入民国后,冯家遇投身实业,创办了天津大陆银行,投入最多且办得最好的是天津东方油漆厂。当时天津市场上流行的是日本鸡牌漆,冯家遇采用德国配方,聘用德国技师研发,很快就搞出了猫牌瓷漆。猫牌瓷漆的各项性能远超日本鸡牌漆,很快就压过了鸡牌漆,于是天津市面上就流传开了“猫吃鸡”的笑语③。1953 年,冯家遇因胃穿孔医治无效,病逝于天津恩光医院。他共有三房妻室,正室邱氏,生有三子五女,三子分别是海畬、海巍、海崑,五女分别是海曦、海昭、海昀、冯维、冯绶;侧室李氏,生有三子二女,三子分别是海嶷、海岗、海羕,女儿海音、冯绅;另一侧室王氏,无子女。

下面再来看看冯家迈。冯家迈,字季远,生于清宣统二年(1910 年)。他的青少年时代是比较幸福的,家境宽裕,但读书却不见成绩,抗日战争爆发后才找了个机会赴法国留学,专攻农业,两年后因“二战”爆发而匆匆回国。此后就无意公职,在家课女读书,并进入银行业和实业界,创办了几家企业。1956 年北京市实行全行业公私合营后,担任北京玻璃仪表厂副厂长;1963 年,被选为北京市东城区人大代表。“文革”中,冯家迈一家惨遭迫害,他与妻子方凤青被迫害致死④。

---

① 潘荣、孙新、魏又行:《冯国璋家族》,金城出版社 2000 年版,第 207 页。
② 公孙訇:《冯国璋的后代们》,《河间文史资料》第 4 辑。
③ 潘荣、孙新、魏又行:《冯国璋家族》,第 212 页。
④ 潘荣、孙新、魏又行:《冯国璋家族》,第 213—214 页。

冯家迈共有三房妻妾。正室方凤青，生次女冯友、三女冯宾；侧室邹伴芝，生长女冯容；另一侧室方仁庆，系方凤青胞妹，生育四男二女，长子海山、次子海岳、三子海峒、四子海岭、四女海寰、五女冯玖皆为她所出。

冯家迈与方凤青

最后来看冯家週。冯家週，字復一，1919 年 1 月出生。他未满周岁，父亲就去世了，由其生母程四姨太抚养成人。1939 年，考入辅仁大学经济系，1944 年毕业。次年，任中国工业保险公司天津分公司副经理；1946 年又任聚义银行分行襄理。在此期间，与卢绍芬女士相识，并很快结为连理。1953 年，他进入天津市第四十二中学任教，一直到退休。1982 年底，因肺癌医治无效去世，他的夫人今仍在世。冯家週生有二子二女，二子分别是海崇、海岂，二女分别是智慧、智洁。

冯国璋四个女儿的情况，了解得不够详细。长女冯家逊，生于清光绪九年（1883 年）。小的时候跟着两个哥哥随母亲过了十多年苦日子，冯国璋发达以后不肯轻易把女儿嫁出去，直到 26 岁才出嫁。他的丈夫是留日归国的陈之骥，系同盟会会员，入民国后任陆军第八师师长，"赣宁之役"后离开军界。1949 年以后，夫妇二人将天津住宅及花园捐给天津铁路局充作铁路职工托儿所。后陈之骥受聘为中央文史馆馆员，举家迁往北京。1966 年 9 月，冯家逊被造反派迫害致死。次女冯家适出生于清光绪三十一年（1905 年），20 世纪 40 年代末期逝世。三女冯家速生于清光绪三十四年（1908 年），1924 年与孙宝琦次子孙雷生结婚，后因感情不和离异，太平洋战争爆发后因病去世。四女冯家迭，已如前述，早夭。下面是冯国璋妻妾及后人的关系示意图：

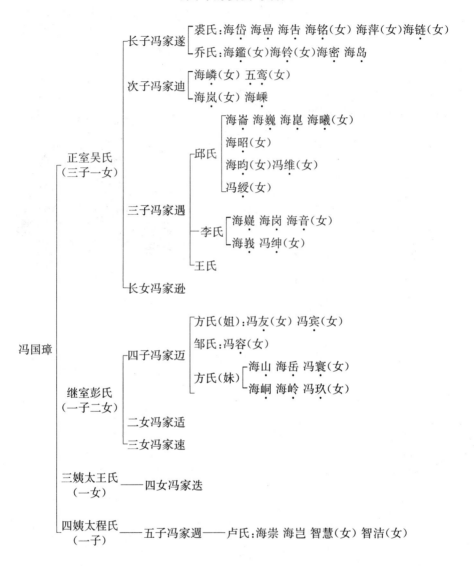

冯国璋的妻妾与后人

三、孙辈后人

　　冯国璋的孙辈人数比较多，不同传记作品中的说法也不一致。本书作者根据潘荣、孙新、魏又行著《冯国璋家族》（金城出版社 2000 年版）和公孙旬《冯国璋的后代们》(《河间文史资料》第 4 辑)所载进行整理,并经冯容等冯氏后人审核,共列出 43 人,其中冯国璋的孙子 18 人,孙女 25 人。由于资料匮乏,加之当事人也不是对各家的情况十分熟悉,很多信息无法找到,只能付之阙如了。下面把这 43 人的基本情况制成表格,以收一目了然之效:

表 1　冯国璋的孙子

排序	姓名	父亲	母亲	生卒年月	文化程度	从事职业	备注
1	冯海岱	冯家遂	裘氏	1905—			
2	冯海嵊	冯家迪					家迪正室生
3	冯海喦	冯家遂	裘氏		大学	商业	移居台湾
4	冯海告	冯家遂	裘氏	1910—1994	大学	工程师	
5	冯海岛	冯家遂	乔氏				
6	冯海嵩	冯家遇	邱氏	1916—	大学	科技工作者	
7	冯海巍	冯家遇	邱氏	1919—1997	大学	职员	
8	冯海岗	冯家遇	李氏	1920—1993	大学	干部	
9	冯海巇	冯家遇	李氏	1923—	大学	教师	
10	冯海密	冯家遂	乔氏			商业	1949 年移居台湾
11	冯海崑	冯家遇	邱氏	1930—1991	大学	工程师	
12	冯海峩	冯家遇	李氏	1932—1992	大专		
13	冯海山	冯家迈	方氏(妹)	1943—	高中	画家	移居澳大利亚
14	冯海岳	冯家迈	方氏(妹)	1944—	高中	装裱师	移居香港
15	冯海峒	冯家迈	方氏(妹)	1946—	大学	教师	移居香港
16	冯海岭	冯家迈	方氏(妹)		高中		"文革"中致死
17	冯海崇	冯家遇	卢氏	1950—1974			
18	冯海岜	冯家遇	卢氏	1954—	大专	工人	

冯海山和冯玖在彭夫人墓（北京福田公墓）前合影

表2　冯国璋的孙女

排序	姓名	父亲	母亲	生卒年月	文化程度	从事职业	备注
1	不详	冯家遂	裴氏				
2	不详	冯家遂	裴氏				
3	冯海嶙	冯家迪					家迪正室生
4	冯海岚	冯家迪					家迪正室生
5	冯五鸾	冯家迪					移居美国
6	冯海铭	冯家遂	裴氏				
7	冯海萍	冯家遂	裴氏				
8	冯海曦	冯家遇	邱氏	1915—	大学	设计师	
9	冯海音	冯家遇	李氏	1917—1990	大学	干部	
10	冯海昭	冯家遇	邱氏	1917—1997	高中	教师	
11	冯海鑑	冯家遂	乔氏				

（续）

排序	姓名	父亲	母亲	生卒年月	文化程度	从事职业	备注
12	冯海链	冯家遂	裘氏				
13	冯海昀	冯家遇	邱氏	1919—	大学	教师	
14	冯海铃	冯家遂	乔氏				
15	不详						早夭
16	冯维	冯家遇	邱氏	1926—	大学	干部	
17	冯绅	冯家遇	李氏	1927—	中专	医生	
18	冯绥	冯家遇	邱氏	1933—	大学	干部	
19	冯容	冯家迈	邹氏	1933—	大学	干部	
20	冯友	冯家迈	方氏（姐）	1933—	大学	教师、医生	
21	冯宾	冯家迈	方氏（姐）	1934—	大学	工程师	移居澳大利亚
22	冯寰	冯家迈	方氏（妹）	1945—	高中	会计	
23	冯智慧	冯家遇	卢氏	1947—	初中	工人	
24	冯智洁	冯家遇	卢氏	1949—	大专	教师	
25	冯玖	冯家迈	方氏（妹）	1951—	大学	医生	移居香港

从上面的表格中可以看出，冯国璋的孙辈大都学有所成，而且大多也走出了亮丽的人生轨迹。探究个中原因，似乎与冯国璋的家教或家风有着密切的关系。冯家迈回忆说："我父亲对于子女的管教，是很严厉的，特别是儿子们更甚。如果我们做错了什么事，轻则申斥，重则责打。"[①]小孩子们哪能一点错事都不做呢，可做错了事要挨打，自然做错事的概率就小多了。冯家迈回忆冯家遇的一件往事也说明冯国璋的家教是很严的，那时冯家遇还在"模范团"当排长：

有一天，段芝贵通过模范团的团副陈光远把他找了去说："大总统传见你。"接着，便把他带到总统府去了。到了总统府，段芝贵把他安置

---

① 文斐编：《我所知道的"北洋三杰"》，中国文史出版社 2004 年版，第 217 页。

了一下，便匆匆地走去。过了很久，段才回来向他说："大总统今天很忙，不见你啦。现在有个事要你跑一趟。关于帝制的事，你去和老人家说一下。这个事，他同意，也得这么做，不同意，也得这么做。这个事要是成功了，老侄，你可就阔了！"但是，我三哥是知道我父亲的性格、脾气的。怕的是说得不好，不但要被申斥，甚至还要挨打。可是袁的命令，又不敢不遵，所以就迟迟疑疑地说出："只要有人保住我不挨打，我就敢去。"①

明知道自己的父亲反对袁世凯称帝，却被命令去当袁的说客，冯家遇不敢去，理由是怕挨打。说这话时，冯家遇已是快三十岁的人了，还怕挨父亲的打，可见冯国璋教子有多严厉。在冯国璋的言传身教下，他的儿女也对孩子们的教育颇为用心。以冯家迈为例，他从法国留学归来，就把主要精力放在教女儿读书方面。当时，他还只有三个女儿，即长女冯容、次女冯友和三女冯宾。他不仅亲自给女儿们讲读《论语》《孟子》，且对学习不认真者进行处罚②。在他的严格管教下，他的这三个女儿在 20 世纪 50 年代都

冯 容

考进了国内名牌大学，冯容退休前曾任天津市规划局副局长，并当选为第八届全国人民代表大会代表；冯友曾任山西医学院副院长，后又被增补为全国政协委员；冯宾曾任石家庄飞机制造厂民用产品设计所所长。这种良好的家风继续在冯氏后人中流传，到冯国璋第四世孙，更是人才辈出，其中冯海岗的小儿子、相声演员冯巩最为知名。

① 文斐编：《我所知道的"北洋三杰"》，中国文史出版社 2004 年版，第 210 页。
② 潘荣、孙新、魏又行：《冯国璋家族》，金城出版社 2000 年版，第 213 页。

第十二章　家庭财产

根据我们从 1949 年以后的中学课本上习得的历史观,那些曾经的当权者即所谓地主阶级或资产阶级的代理人,都会聚敛起巨大的个人或家庭财产。这种情况肯定是历史上的"常态",也是民国时期官僚、政客或军人几乎共有的,冯国璋也不能例外,但这里面的实际情形还需要仔细考究。

一、究竟有多少财产

冯国璋究竟有多少财产,各种资料和传记作品的说法基本上是一致的。据当时的报纸报道,冯国璋的财产总额约有 2300 万之巨[①]。据说,这是 1920 年王士珍为冯国璋清理遗产,于 1 月 3 日公布的数字,学者们也认同这一数字[②]。但是,有冯氏后人对这一数字颇为怀疑,像他的六孙冯海嵩曾多次说过:"爷爷去世前对财产有交代:一生积累约百万,已成年的儿子每人 20 万,未成年的儿子和成人的长孙每人 10 万,女儿不继承财产,余钱分充

① 《专电》,《申报》1920 年 1 月 5 日。
② 张立真:《冯国璋真传》,辽宁古籍出版社 1997 年版,第 337 页;潘荣、孙新、魏又行:《冯国璋家族》,金城出版社 2000 年版,第 174 页;田胜武、田艳华:《冯国璋全传》,中州古籍出版社 1993 年版,第 179 页。

嫁妆。"①为了弄清楚冯国璋究竟有多少财产,我们先从梳理冯国璋的资产开始。我们将冯国璋的资产分作两部分,一是各种投资,一是地产和房产,因现款的数目不易找到可靠的资料,故从略。

首先,我们先来考察一下冯国璋各种投资的情况。根据郑志廷、张秋山的统计,冯国璋的各种投资是很多的,细目如下②:

冯国璋各种投资简表

成立年代	公司名称	所在地	经营性质	资本额 (千元)	投资额 (千元)
1904	京师华商电灯公司	北京	商办	6000	
1908	华昌火柴厂	天津	商办	105	
1909	北洋火柴厂	天津	商办	42	
1912	北洋淑兴渔业公司	天津	商办	1000	1000
1912	中国银行	北京	官商	12280	
1912	华安合群保寿公司	上海	商办	1000	
1912	开源实业公司	上海	商办	10000	10000
1913	民富渔业公司	天津	商办	1000	1000
1914	永华火柴厂	直隶泊镇	商办	80	40
1914	华充银行	北京	商办	50	50
1915	裕元纺织公司	天津	商办	5600	
1916	吉林松江林业	吉林	官商	1250	
1918	正丰煤矿公司	直隶井陉	商办	178.2	
1918	华成盐垦公司	江苏阜宁	商办	1200	1200
1918	东兴实业公司	吉林长春	商办	500	500
1918	中华汇业银行	北京	中日	500万日元	10万日元
1919	龙烟铁矿公司	直隶宣化	官商	5000	50
1919	兴业公司	直隶临榆	商办	270	

---

① 潘荣、孙新、魏又行:《冯国璋家族》,金城出版社 2000 年版,第 175 页。
② 郑志廷、张秋山:《直系军阀史略》,人民出版社 2007 年版,第 128—136 页。本书作者并根据魏明《论北洋军阀官僚的私人资本主义经济活动》(《近代史研究》1985 年第 2 期)一文中提供的有关数据进行了核对和补充。

1919	大陆银行	天津	商办	380	200
1919	中华懋业银行	北京	中美	500万元	30万元
1920	怡立矿务公司	直隶磁县	商办	3000	
1920	恒源纺织公司	天津	商办	4000	
1920	裕大纺织公司	天津	商办	1340	
1921	保定电灯公司	直隶保定	商办	200	
1925	沧县光耀电汽	直隶沧县	商办	70	

上表中显示,冯国璋投资的各种企业加起来共有 24 家,其中绝大多数均在他去世以前开张营业,也就是创造了一定的利润。这些企业中有他个人独资开办的,换句话说,这里面的一些企业纯粹是他个人的私产,产生的收益可想而知。另外,冯国璋还投资开办了一些旧式商业、银号、当铺,开列于下(单位:银元)①:

1.天津:华胜银号(1912 年开办,2 万)、同益兴银号(1916 年开办)、体利油漆厂、华信诚洋货店、华丰粮店。

2.北京:华充银号(1914 年开办,5 万)。

3.保定:济世质库(1918 年开办,6 万)、通合公司(1918 年开办)。

4.沧州:华甫石油公司、华利银号。

5.河间:隆字号、华裕银号、华镒当、华昌当、贵恒当。

6.南京:华丰裕酒厂、华通银号(1913 年开办,40 万)。

这些旧式商业、银号、当铺投资额不会太大,但是从数量上看,也是不菲的。如果从赢利的角度考量,旧式银号和当铺是利润很大的行业,据此估计冯国璋从中获得的收益也应该是很可观的。

其次,冯国璋还置办了很多地产和房产,数目也是颇大的。地产方面,计有:河间县土地 1000 余亩,与张謇合办盐垦公司 75 万亩,阜城、兴济土地 2000 多亩。房产主要分布在天津、北京等地,在原籍河间也有宅邸,这里先来看一看天津和北京的房产②:

1.天津的房产:共有 3 处,房屋 620 间(楼房 160 间,平房 460 间),建筑

---

① 郑志廷、张秋山:《直系军阀史略》,人民出版社 2007 年版,第 137—138 页。

② 郑志廷、张秋山:《直系军阀史略》,第 141 页。

面积 12 万平方米,占地 22.355 亩。

(1)旧奥租界(今河北区民主道 58 号),计有楼房 110 间、平房 55 间,建筑面积 4661 平方米,占地 6.376 亩,此处为寓所。

天津冯国璋旧居,坐北朝南,原建筑东至大昌兴胡同,西抵海河东路,
北起大昌兴胡同 8 号,南临民主道大街

(2)在今河北区四马路宇纬路,计有楼房 24 间、平房 47 间,建筑面积 1435 平方米,占地 4 亩多,此处也为寓所。

(3)在今河北区四马路中段西北侧,为三条并行东起四马路的胡同。1922 年,冯家遇在此建房,计有楼房 26 间、平房 35 间,建筑面积 5854 平方米,以其原籍河间县诗经村名之,为出租房屋。

2.北京的房产:

(1)帽儿胡同,有房 500 余间,冯国璋用 7 万两白银购得。

(2)煤渣胡同,有房 30 余间。

(3)元勋大人胡同及西堂子胡同①,有房 40 余间。

---

① 根据冯容 2015 年 4 月 24 日发给本书作者的稿件,西堂子胡同住宅并非冯国璋置办。约在 1950 年前后,冯家迈购得北京东城大院有胡同 3 号,与子女同住。后因修建北京百货大楼,该处住宅被拆除,北京市政府以西堂子胡同 16 号作为赔付。

　　这么多的投资和地产、房产，只值百万元，似乎是不大对榫。潘荣教授给出的解释颇合情理，他认为"第一种说法较为接近，即 2300 万左右；第二种说法'积累约百万'，若指现款或浮财，方比较合乎有关资料，因粗略统计冯氏当时所有不动产便已超过'百万'数倍"①。依照潘荣教授的说法，冯氏子孙分到的款物加在一起应该有几百万，这个数字可能比较符合实际情形。恽宝惠在回忆冯国璋逝世后分析家产的事时，也提到了一个数字："在冯的长子家遂的请求下，组织了一个以王士珍为首的分配家产的委员会，我也是其中的成员之一。根据当时的统计，他的遗产，除了他生前所赠与各房（包括各个姨太太和各个子女）的财物，所有动产和不动产，约计总值共合 300 万元左右。"②

　　恽宝惠是冯国璋比较信任的人，跟随冯国璋也有年头了，分析家产时他又在场，应该是知道实情的。他说冯国璋的遗产总值在 300 万元左右，应该是不虚的，可那么多的投资怎会最后就落得这么一点呢？冯家迈的回忆给我们的判断提供了佐证：

　　　　我父亲说他的财产，连值钱的带不值钱的，大约有 200 多万。将来长子分一大股；中间的按中股分，小的儿子，按小股分。就是侄子、女儿，也都有安排。

　　　　我父亲死后的财产总额，据统计包括动产和不动产在内，一共是26455151 元。这其中，计包括了祭扫费 294000 元（其中除了现金10470 元以外，计有公债 119260 元，股票、储蓄票 164270 元），现金569050 元，商业投资 499300 元（其中，计包括华充、济时质库、济时分库、通合公磨房、华丰裕酒厂、河间隆字号、华裕银号、华镒、华昌当、贵恒当等），股票 433700 元（其中，计包括北京电灯、华安保险、上海印书馆、临榆兴业煤矿、井陉煤矿、东兴实业、中国银行、大陆银行、北洋火柴、华昌火柴等），房地产 849465 元（其中，计包括房产：北京帽儿胡同400 余间，西河沿一所，煤渣胡同一所，天津河东楼房 7 所，平房一所及

①　潘荣、孙新、魏又行：《冯国璋家族》，金城出版社 2000 年版，第 175 页。
②　文斐编：《我所知道的"北洋三杰"》，中国文史出版社 2004 年版，第 293—294 页。

土地、庄园等）。

我们分家的办法，完全是依照着我父亲的遗言办理的。分家的情况大致是这样的：我大哥得20股；二哥、三哥各得15股；我和五弟各得10股；大姐得2股，由于我父亲生前曾把天津宙纬路的地皮30亩，并建筑了住宅一所给她，所以她比别的姐妹少得了一股（这些住宅我父亲还在那里住过几天）。二姐、三姐、四妹各得3股。所有上面所谈到的现金、商业、股票和房产，都是按照这样的比例来分的。例如，我本人计分得现金6.5万元，商业投资67100元（计包括华股17100元，南京华通2万元，济时质库3万元），股票49000元（计包括永华火柴9000元，华新纺纱厂2万元，龙烟铁矿1万元，大陆银行1万元），房地产10万元。

在这里，有一点需要说明的是，在我父亲死后的财产总额内，曾列有商业投资499300元，股票433700元。但是，例如商业中的华充、济时分库、通合公磨房、华胜、南京华通等等，股票中的临榆兴业煤矿、东兴实业、松江森林、裕通制盐、天津兴业煤矿等等，或是生意早已亏累不堪，在我父亲死后，这些商业跟着就先后倒闭了（例如，其中的华胜倒闭时，共赔了70多万）；或是虽然投了资，拿到了股票，但是这些个企业，在我父亲生前，实际上早已一文不值了。以我本人为例，我所分得的华胜17100元，南京华通2万元，龙烟1万元，就都是一些有名无实的东西。因此，我个人实际所分得的，连同现金、商业、股票、房地产等等，一共大约有10余万元。如果以我个人的例子来推算我父亲的财产全部，当然也就到不了上面所列的那个总额数了。①

投资实业是会有风险的，冯国璋也不能例外，他早期投资的一些产业可能会缩水。冯国璋突然去世，又使得一些产业被迫歇业，如华充银号、华通银行均告"自行清理"②。再加上他的管家张调辰乘机侵吞了一部分财产，冯国璋死后分给子孙的财产就不会是一两千万的大数目了，恽宝惠所说

---

① 文斐编：《我所知道的"北洋三杰"》，中国文史出版社2004年版，第218—219页。

② 潘荣、孙新、魏又行：《冯国璋家族》，金城出版社2000年版，第177页。

300万元左右应该被认定是可信的。据说,冯国璋自己也对财产的数目大致有个估计,那是他去世前对长子冯家遂所做的交待:"我们的财产,除去在南京烧了570万元,张调辰这小子侵吞了300万元,王克敏这小子骗去了40万元,此外都与账上相符,并不短少,你要好好保管。"[1]张调辰是他的大管家,经手三分肥,分润他的一部分财产,并不稀奇。王克敏骗钱,可能就是冯国璋竞争大总统时,托王克敏活动国会议员的款项,因冯国璋未能如愿以偿,才出此怨言。南京副总统府的一场大火,烧掉的财产为数570万,可不是个小数目。

二、细数各处的宅邸

在冯国璋的总资产中,房产是很大的一部分,这也是给子孙后代留下的恒产。对于北京的房产,我们没有更详细的资料可资利用,故不多加叙述。

前面交代过,冯国璋在天津的房产共有三处,其中奥租界的那一处是最早置办的。天津奥租界的主要街道是大马路(今建国道),是一条繁华的大街,很多政要居住于此。大马路实际上是天津的第一条沥青路,由于这条大马路是奥租界、意租界的核心街区,奥匈帝国领事馆、意大利驻天津领事馆都位于此路沿线,所以铺设沥青路时这条"大马路"理所当然就成了首选。这条路原来只是一条位于盐坨边缘的无名土路。在租界时期开始分别由俄租界、意租界和奥租界三

老天津大马路铺沥青的情形

---

①　刘冰天:《关于徐树铮和安福俱乐部》,《文史资料选辑》第26辑。

方陆续开辟。奥租界划定后不久,比利时的世昌电车电灯公司还修建了从天津老城东门通往老龙头火车站的电车线路,这电车通过大马路,所以沿线逐渐形成华人零售商业集中的格局。1914 年意大利首任驻津领事费洛梯到任以后,利用海河清淤的废土垫平了大马路周边的沼泽和洼地,之后他又对租界进行了认真详细的勘测和规划并展开了全面的建设,与美国美孚公司合作,将大马路建成了天津第一条柏油路①。

1913 年冯国璋任直隶都督时,租界工部局工程师布吕纳将其建造的三所楼房,以还欠款的方式转让给冯家,这是北洋系军人最早在奥租界置办的产业。其后,吉林督军鲍贵卿、湖北督军王占元、国务总理王士珍、龚心湛、大总统曹锟都在此置有房产②。因为这组楼房设计非同一般,冯国璋认为这位奥国工程师在房屋设计方面技术高超,又委托他在此楼的前方设计建造一座新楼,就是现在民主道 50 号的那座楼房③。

今河北区四马路宇纬路的那处房产是冯国璋当代理大总统期间修建的。此楼造型别致,整体性强,前面是一层,后面是二层,一层顶上是平台,为屋顶花园,有百余平方米。院墙四周是平房,楼后正中有三间带走廊的平房,形成了庭院花园统一的格局④。冯国璋死后,这两处寓所除由其遗属住用一部分外,其余大部分出租。

冯国璋在原籍的宅邸位于河间市西诗经村东头,为四合院式建筑,建有屋舍 400 余间,分东西两个院落。其中东院叫"将军第",又名"总统府",南北长 210 米,东西宽 108 米;西院叫"马号",南北长 187 米,东西宽 84 米⑤。

冯国璋营建老家的宅院,最早是在清光绪三十一年(1905 年)。刚开始,他的管家冯大牛本想设计一所像样的宅院,要求磨砖对缝调灰灌浆。冯国璋不以为然,他说:"还是一切从简吧。用泥垒就行,将来后辈子孙落魄,还可以扒砖卖。"这年春天,在老宅基地上建起了斗砖平顶的两套院,共建屋

① 杜琨、刘小煜:《老天津第一条沥青"大马路"》,《今晚报》2014 年 6 月 26 日。
② 胡素文:《天津奥租界的设立与收回》,《天津文史资料选辑》第 25 辑。
③ 李正中主编:《近代中国天津名人故居》,天津人民出版社 2002 年版,第 36—37 页。
④ 李正中主编:《近代中国天津名人故居》,第 37 页。
⑤ 有关冯国璋故居的资料引自田胜武、田艳华:《冯国璋全传》,中州古籍出版社 1993 年版,第 181—185 页。

舍 50 余间,占地约 40 亩。这只是为了解决当时全家无房住的权宜之计,而不是修建府邸。

冯国璋正式建造住宅是在江苏都督任上。1913 年 2 月 21 日开始筹备,1915 年冬十二月底竣工,就是我们常说的"将军第"和"马号"。"将军第"四周高墙环绕,共分为三进院,南院为一进院,中院为二进院,北院为三进院(也叫后院)。南院一进院有东西两个大门楼,西大门偏南,是为正门,门口有两米高的石坐狮一对;东大门偏北,一般不开。进入正门,左右各有长廊一个,通向"将军第"门楼。南房是一溜 27 间瓦房,东西两侧有瓦房 30 余间,北房正面居中是明廊阁式箭楼,门上悬有"将军第"三个大金字横匾,门前两侧有雕花汉白玉拴马桩、上马石和两只醒狮。这个四合院,主要是卫队和账房先生居住。

进了"将军第"的正门后,即是二进院。中间是甬路,两侧各有一小四合院,二进院和三进院相连,甬路当中有一木牌坊,穿过牌坊,是东西相连的长廊中门,门左侧有"将军第二门"竖牌一个,门里就是三进院。走进三进院门里八米处是一个大会客厅,四面都是明廊画柱,镶有大玻璃窗,也称玻璃厅,和北大殿相对。二进院的西院,是厨房和下属人员居住,东院则是冯国璋的子女及亲朋居住;三进院是冯国璋及其妻室儿女居住。整个"将军第"共建房 200 余间,耗银 50 万两。

"马号"的北半截是较小的三进套院:一进院除西边有一排房屋外,其他地方都是空的地基,院中偏北有一眼水井,以为进出车辆和遛马、饮马方便。二进院东部是车棚和对槽马棚,西部是车把式和长工的住室。三进院的格局与二进院相同,区别是二进院养一般骡马,存放一般车辆和农具;三进院养好马,存放轿车和汽车。"马号"的南半截分成东西两套院,都是二进的四合院,是冯国璋大哥冯佩璋及其子冯家栋的住所。整个"马号"共建房 180 余间,耗银 10 万两。

除"将军第"和"马号"外,冯国璋还在西诗经村中部建了一座冯氏家祠。这座家祠坐北朝南,分为内外两套院。走进南大门就是祠堂外院,大门左右各有一排南房,东西各有配房,屋前都有走廊,院当中有大六角亭一座。内外院之间有横廊相隔,横廊当中有连接内外院的明柱拱形门。内院正北部有大殿一座,大殿前脸和走廊都是石雕木刻,栩栩如生,左右建有配殿。冯氏家祠共占地 5 亩,耗银 6 万两。

三、考查一下财产的来源

　　冯国璋的财产是如何积累起来的呢?通过文献资料的梳理,我们归纳出这么几个途径:首先,是担任公职的薪俸。冯国璋在担任禁卫军军统和直隶、江苏都督时,年薪 10 万两白银[①];出任副总统后,年俸 12 万元,交际费年支 24 万元;代理大总统职务,年俸 36 万元,交际费年支 54 万元,另年支公费 150 万元[②]。根据这个标准,就可以计算出冯国璋担任公职的薪俸有多少了。需要说明一点的是,冯国璋在当选为副总统后,就不再领取督军薪俸了[③]。

　　其次,是统领禁卫军时的军饷余额。禁卫军的军饷比普通军队高得多。普通军队每师年饷为 130 万元,而禁卫军则有 200 万元。禁卫军共一师又一旅(当时编制每师两个旅),年饷共 300 万元。入民国后,禁卫军仍由冯国璋指挥,待遇不变。冯国璋出任代理大总统后,禁卫军改编为陆军第十五、十六两个师,军饷仍很优厚,而且由于扩编了一旅,每年军饷达到 360 万元[④]。从晚清时代的军队留下一个陋习,即带兵军官大多吃"空饷",因而多数传记作者据此认定冯国璋亦染此陋习。但从目前掌握的确切材料来看,冯国璋不可能从禁卫军的军饷中拿到多少余额,一是因为禁卫军官兵的薪水比其他军队要高出很多;二是禁卫军为其嫡系部队,他自不会为多得军饷余额而伤了官兵的心。

　　冯国璋去世后,还发生了一件棘手的事情,是由王士珍出面摆平的。"冯国璋死后的第二天,第十五师又有'不稳'消息,到 1920 年 1 月 4 日风声更为紧急,前门外廊房头条、大栅栏、前门大街一带商店纷纷闭市,以防变兵

---

① 潘荣、孙新、魏又行:《冯国璋家族》,金城出版社 2000 年版,第 181 页。
② 钱实甫:《北洋政府时期的政治制度》下册,中华书局 1984 年版,第 353 页。
③ 公孙訇:《冯国璋年谱》,河北人民出版社 1989 年版,第 69 页。
④ 潘荣、孙新、魏又行:《冯国璋家族》,金城出版社 2000 年版,第 179 页。

前来'借饷'。北京政府得报后,急忙下令关闭永定门,将城内与南苑的电话线割断,并令第九师严密监视第十五师。后经王士珍出面调停,由财政部拨发军饷六十万,晚间八时风潮才告平息"①。第十五师要求增加饷银,从一个侧面证明原先该师官兵报酬的丰厚。

再次,是经营商业、投资实业与金融业产生的巨额利润。那个年代,金融业的投资回报率是非常高的,主要是通过代理政府发行公债库券,赚取高额利润。例如,1917年开业的金城银行,当年利润率就达到28.82%,1918年为36.85%,1919年为32.35%。冯国璋还利用手中的权力为自己投资的企业谋取高额利润,如华通银号是以吸收自己势力范围内的"银钱收支及军队粮糈为业务"②,实际上是冯国璋家的银库;再如,任直隶都督时与直隶粮饷局坐办邓琦合资开办运米公司,借禁卫军名义贩运米粮,沿途关卡一律免税③;又如,在南京的时候,凡是军队上所需用的东西,像军米、服装、皮革等等,都由他自己所经营的商业来充分供应,是不需要外求的④。

复次,是经营地产、房产带来的收入。冯国璋拥有的庄田大多佃与农民耕种,与农民对半分收成;他所拥有的大批房屋也对外出租,获取资金收入;更有甚者,在直隶都督任上,借清东陵放荒为借口,伙同直隶内务司长刘若曾、实业司长史履晋廉价购地1万余顷,后又让给议员宁世恩3000顷,获利颇厚⑤。

最后,就是私人间的馈赠收入。例如,袁世凯在担任大总统后花钱收买他人为自己服务,冯国璋就属于收买对象之一,而且是每次都在10万元以上⑥;再如,崇文门监督每年要孝敬总统眷属"添妆费"10万两⑦。这些收入尽管不稳定,但也占有一定比重,不可忽视。

---

① 陶菊隐:《北洋军阀统治时期史话》第五册,三联书店1958年版,第102页。
② 尚绶珊:《北京炉房、钱铺及银号琐谈》,《文史资料选辑》第44辑。
③ 潘荣、孙新、魏又行:《冯国璋家族》,金城出版社2000年版,第181、179页。
④ 文斐编:《我所知道的"北洋三杰"》,中国文史出版社2004年版,第301页。
⑤ 潘荣、孙新、魏又行:《冯国璋家族》,金城出版社2000年版,第180页。
⑥ 唐在礼:《辛亥以后的袁世凯》,杜春和等:《北洋军阀史料选辑》上册,中国社会科学出版社1981年版,第105—106页。
⑦ 潘荣、孙新、魏又行:《冯国璋家族》,金城出版社2000年版,第180页。

清东陵全貌

冯国璋生前知道外界说他爱财,张一麐记述说:"世言公善自封殖,公尝语曰:'项城雄主,吾学萧何田宅自肥之计,多为商业,以塞忌者之口耳。'"①这句话的意思是说袁世凯太强势,我冯国璋只好学一学萧何,借经商来逃避嫉妒者的造谣。这样的说法自然难以服众,袁世凯哪有这么单纯。但冯国璋经营商业确实有其他方面的考虑,冯家迈做过分析:"第一,准备让自己的儿子们转向工商界上来发展;第二,当然也是为了赢利;第三,为的是安置自己的乡亲故旧,例如,北京的华通银号、天津的华胜银号、南京的华丰裕酒厂、河间的隆泰和银号等,它们的经理都是由我们的亲戚、同乡来担任的。"②冯国璋发达之后,有些亲戚朋友前来投奔,他不便拒绝又不能给这些人安排职务,因此靠自办一些商业来安置这些人,算是公私两分吧。

段祺瑞曾说过冯国璋"有钱癖"③,虽然不是空穴来风,但也不全是事实,冯国璋并不是什么钱都拿。前面提到过,冯国璋当选为副总统后,就不

---

① 张一麐:《故代理大总统冯公事状》。
② 文斐编:《我所知道的"北洋三杰"》,中国文史出版社 2004 年版,第 220 页。
③ 曾毓隽:《忆语随笔》,杜春和等:《北洋军阀史料选辑》上册,中国社会科学出版社 1981 年版,第 277 页。

再领取督军的薪俸了。还有其他的例子作证，如周夫人去世后，拒绝接受政府拨发的丧葬费数万元①。

冯国璋也不是一味的吝啬，对于自己的亲随也多有馈赠。恽宝惠说过，冯国璋曾给过手下亲信师景云 8000 大洋，让他拿去侍奉老母；恽宝惠父亲生病时，他也收到过 15000 元的中交票（约折合 8000 大洋）。恽宝惠因而感叹，像冯国璋这样把钱看得很重的人，能够拿出这样一个款数来给他和师景云，算是"独叨异数"了②。另外，冯国璋还有过捐款行为，如 1917 年 8 月 7 日在俸金项下拨 1 万元救济南京水灾受灾者③；还捐助北京中央公园经费 1000 元④。

这些零星的捐助可能还有，只是由于资料所限，我们还没有发现。但有一件大事不能不提，这就是冯国璋拒绝为他建园铸像活动。1916 年 11 月，南京总商会联络上海总商会发起为冯国璋建园铸像活动，以示对他主政江苏各项政绩的表彰。12 月，为阻止此事的进行，冯国璋特谕江宁镇守使王廷桢说："督苏以来，凡所行者皆分内事，铸像盛举万不敢当，应从速致谢禁止。"王廷桢见其辞意决绝，当即函谕商绅"请其遵谕罢论"。1917 年 1 月 4 日，冯国璋又面谕上海警察厅长："铸像一事，不必举行，以恤时艰。"⑤到 5 月 20 日，冯国璋捐款 20 万元，将原本为他建造的"华园"改建为贫民工厂⑥。冯国璋的这一举动，虽有为自己捞取政治资本的意图，但也不失为慈善事业的一个典范。

①　公孙訇：《冯国璋年谱》，河北人民出版社 1989 年版，第 112 页。
②　文斐编：《我所知道的"北洋三杰"》，第 300 页。
③　公孙訇：《冯国璋年谱》，第 108 页。
④　中国第二历史档案馆：《北洋政府档案》第 175 册，中国档案出版社 2010 年版，第 193 页。
⑤　公孙訇：《冯国璋年谱》，第 74 页。
⑥　公孙訇：《冯国璋年谱》，第 86 页。

第十三章 身后荣辱

冯国璋是"北洋三杰"中最早去世的一位,相比于段祺瑞、王士珍,他所遭遇的政治冲击也是最多、最复杂的。1949 年以后,随着政治形势的变化,冯国璋也和昔日民国政坛上的其他当权者一样,都被归为"另类",而其府邸与墓园的际遇则更显示出世事的无常。

一、政治评价

在中国近代史上有一个军阀时代,这已经成为国内外学术界的共识。冯国璋所处的年代正是北洋军阀时期,齐锡生教授在他的史学名著《中国的军阀政治(1916—1928)》里做了详尽的描述与分析。北洋军阀的源头是袁世凯的"小站练兵",北洋新军的训练是北洋集团的历史起点,北洋集团演变为北洋军阀有一个历史过程。袁世凯帝制自为失败后,他的政治生命结束了,不久个体生命也结束了。没有了袁世凯的北洋集团开始了向北洋军阀的急剧转变,同时也开启了军阀政治的大幕。1916—1917 年间,北洋军阀考虑的首要问题是作为一个团体继续其在国家政治上的统治。作为袁世凯衣钵继承人之一的冯国璋担负起团结北洋集团的重任,他凭借副总统和代理大总统的政治权威,力图以"和平统一"的方式实现国家的统一和北洋势力的全面胜利。

但是,北洋军阀集团的另一个有力人物段祺瑞却强力推行武力统一政策,试图打败西南军阀,进而完成国家的统一。可段祺瑞的高压政策引起了团体内部的反感乃至分裂,最终导致了军阀政治的形成。对此,齐锡生教授有过精彩的分析:"北洋成员把北洋系统看成是一个家庭。一个中国家庭的家长,既是严厉的,也是宽厚的,他不应该是凶狠的或喜欢报复的。更重要的,中国家庭重视融洽而讨厌公开分裂。对于段祺瑞,作为北洋的领导人应该做到这些。当事实证明段祺瑞坚持他的高压统治方式时,别人就开始为保护自己而联合起来。因此,本来想恢复北洋的团结,结果却将其分裂成毫无希望的碎片而结束。"①冯国璋去世后,北洋军阀分裂成皖、直、奉三系,彼此之间的战争接连不断,造成了国内政治形势的一片混乱,也影响到了中国的国际地位。

1926 年 6 月开启的国民革命运动,以强大的宣传攻势使"打倒列强除军阀"的口号深入民间,此时所指的军阀纯然是北洋军阀。1928 年 7 月 7 日,完成北伐、踌躇满志的蒋介石致信他曾经的老师段祺瑞,表达了师生情分与双方政治立场的区别:"先生几度秉国大政,备极煊赫,中正始终追随先总理,奔走革命,致力于扑灭奉先生为领袖之北洋军阀,历经艰苦,而未尝偶一修音问者,公也。今燕云收复,北伐即告完成,中正身临旧都,未遑宁处,上书敬候起居,私也。公私之间,截然有鸿沟在。"又说:"先生所拥护者乃共和虚名,所培成者尽军阀余孽,此必非先生始愿所及。"②

蒋介石对段祺瑞的评价完全可以移植到冯国璋身上,在蒋介石等一派所谓后起的革命者看来,冯国璋所培成者亦"尽军阀余孽",因而冯国璋死后的第一轮遭劫即在国民革命完成之时。1929 年 2 月 6 日,天津市社会局局长鲁荡平呈奏天津市政府,请准将冯国璋天津四马路"诗经村"房屋拨给妇女救济院充作院址,原文如下:

---

①　【美】齐锡生著,杨云若、萧延中译:《中国的军阀政治(1916—1928)》,中国人民大学出版社 2010 年版,第 30 页。

②　沈云龙:《北伐统一五十周年纪念》,《民国史事人物论丛》,(台北)传记文学出版社 1981 年版,第 436—437 页。

　　据妇女救济院呈,称职院前承蒙钧局批准创设,并呈请开办经费在案,院址暂借天纬路西窑洼妇女协会附设妇女职业学校校舍一部应用。惟该校校舍十分狭窄,而近日入院妇女为数甚多,势难容纳,且职业学校不久正式成立,校舍自难再由职院占用。兹查河北四马路"诗经村"有冯国璋逆产一所,房屋宽广,地址幽僻,颇堪适用,恳请拨给以利进行等情。覆查所呈各节,尚属实情,所请拨给四马路"诗经村"冯国璋房屋为院址以利进行一节可否照准,职局未敢擅主,理合据情呈请钧府鉴核训示。①

　　这是在国民革命军占领平津两市仅仅半年多以后,冯国璋的房屋就已经被定为"逆产"了,世事变化何其之速! 打倒北洋军阀,曾经是国共两党的共同目标,尽管后来国共两党分道扬镳,北洋军阀中头面人物所起的历史作用仍然被大大低估了。在国共两党的革命史书写中,都比较忽视冯国璋的历史作用,如果说给冯国璋留了一席之地的话,也是反面形象占绝对地位。

　　在1949年以后的很长一段时期内,冯国璋似乎淡出了国人的视野。冯国璋及北洋直系作为"反动人物和集团",人们缺乏深入细致的研究,成果相对较少,除了20世纪50年代出版的陶菊隐《北洋军阀统治时期史话》和来新夏《北洋军阀史略》涉及冯国璋和直系军阀的一些内容外,评介及研究文章几乎是一片空白。

　　改革开放以后,随着政治形势的变化,民国史研究逐渐解冻,对冯国璋及直系军阀的研究也呈现出一个新气象。首先,河北省河间市的一些文史工作者开始搜集、整理有关冯国璋的文献资料,并进行了田野调查和口述史采访工作,保留了数量不菲的一手资料。其次,有多种传记和著作问世,主要包括《冯国璋年谱》(公孙訇著,河北人民出版社1989年版)、《冯国璋和直系军阀》(吕伟俊、王德刚著,河南人民出版社1993年版)、《冯国璋全传》(田胜武、田艳华著,中州古籍出版社1993年版)、《教头总统冯国璋》(潘荣著,吉林文史出版社1995年版)、《冯国璋真传》(张立真著,辽宁古籍出版社

---

① 《呈市府转据妇女救济院请拨给冯国璋逆产充作院址请予核示由》,《天津特别市社会局政务汇刊》,1929年第2期。

1997 年版)、《权力的十字架——冯国璋传》(季宇著,百花文艺出版社 1997 年版)、《冯国璋家族》(潘荣、孙新、魏又行著,金城出版社 2000 年版)。

《冯国璋年谱》书影

与此同时,对冯国璋的评价也有了很大的变化,从原先的全面否定逐渐转向客观的评价。如公孙訇先生认为:"在清末民初新旧思想斗争激流的波及下,在资产阶级民主思想浪潮的推动下,他的思想也在逐渐地由维护帝制转变为拥护共和,其表现则为促使清帝退位、反对袁世凯称帝和平靖张勋复辟叛乱,其言行对中国近代史产生了积极的影响。"①尽管公孙訇先生的后续研究没有跟进,但这样的评价已属空谷足音,难能可贵了。再如,张立真教授认为冯国璋是北洋军阀中比较稳健的一位中坚人物,"对他的一生,既要深刻揭露其对抗革命、攘权夺利的军阀面目,也要适当肯定其推进军事现代化、压邪扶正的积极一面,不隐恶,不抑善,实事求是地给予公正评价"②。正因为有了这样近乎客观的评价,冯国璋的真实面目才逐渐呈现在国人面前,但关于冯国璋的研究还很肤浅,尤其是未能深入揭示其个性特征,这也应该是今后努力的方向。

---

① 公孙訇:《论冯国璋反对帝制维护共和的历史贡献》,《河北学刊》1989 年第 2 期。
② 张立真:《冯国璋真传》,辽宁古籍出版社 1997 年版,第 351 页。

二、府邸变迁

冯国璋的几处府邸,在他去世后发生了意想不到的变迁,尤以河间原籍的故居变化最大,被破坏得非常厉害。冯国璋故居受到破坏,最初是在抗日战争时期,混乱的局面使得相对平静的农村地区也失去了原有的秩序。"将军第"曾被一部分群众"拾掇"过几次东西,当时的敌后抗日武装也在里面住过,夜间常用北大殿的"木寿人"顶门,但房舍还没有破坏①。到1947年土地改革期间,把冯府的衣物、农具等分给了贫困的人;土改结束后,白求恩军医学校进驻冯府,少数房屋被改动;1948年冀中粮库占据了冯府的整个院落,开始对原有的房屋建筑结构进行大规模改造。关于这次变化,河间本地的文史工作者做了如许描述:

> 部分房屋的隔山因盛粮食的需要被拆掉,北门的右侧和东院门的右侧各垒起了一个小岗楼,便于保卫人员看守粮库。当时的冀中粮库主任褚庆山、副主任郑德三及一般工作人员、保卫人员共五十余人,都在西院吃住。东院以及西院的北马号都盛满了粮食,有的房屋为了通风透气也进行了更动。②

这是实地考察的结果,应该是可信的,但更大规模的破坏很快又到来了。据说,20世纪50年代末大建人民公社时,全县很多村的村民来这里拆房备料,完整的大院被拆得七零八落。"文革"期间,则使冯国璋故居受到了毁灭性的破坏。

1966年初夏,天津师范学院中文系和政教系师生八百余人开进诗经村,进驻"将军第"及西大院,声称走与"工农相结合"的办校道路,宣布成立"天津东风大学"。没过多久,大部分师生就返回原校"闹革命"去了。直到当年9月的一天,该校学生段某某等三十余人,从天津乘一辆大卡车杀回诗经村,与留驻人员汇合,说是要"破四旧"。"将军第"的大门楼遭到毁坏,"将

---

① 田胜武、田艳华:《冯国璋全传》,中州古籍出版社1993年版,第193页。
② 田胜武、田艳华:《冯国璋全传》,第193页。

军第"牌匾也不知去向,石人、石台等都成为"四旧"被砸得稀巴烂。但"将军第"门前的石狮、上马石、拴马石被保存下来,那是有些远见和胆识的村民在造反派进村破"四旧"之前,连夜挖了四个两米多深的大坑,将其掩埋保护起来,才使它们免遭灾难①。

"将军第"残存的门廊

在"天津东风大学"建校劳动的过程中,天津师范学院的师生把冯府西院原有的 180 间房屋全部拆掉,重新建造了 6 排北房和零星配房共 100 多间,全是新式平房。"将军第"也让他们扒了一部分房屋,拆下来的各种木料共有 600 立方米。这些木料除了用于建造新房外,还卖掉了一部分,最后剩下的 60 多立方米木料全用来修建河间县电影院了②。直到 1972 年,天津师范学院的师生才全部撤回天津。

经过多次的破坏,目前的"将军第"仅存大门楼、东院地下室、六棵古柏,以及前院门的石狮、拴马石、上马石、马槽和部分地基石条,院内呈现出一派荒凉破败的景象,而西院至今仍被诗经村乡政府占用。原本房屋众多、气派森严的冯国璋府邸,就这样被历次运动破坏掉了。2008 年,冯国璋故居被

①　2014 年 10 月 1 日本书作者造访"将军第"时,听守门人梁勇介绍的。梁勇是冯国璋一位管家的后人,他自己还收集了一些冯府的老物件。

②　田胜武、田艳华:《冯国璋全传》,中州古籍出版社 1993 年版,第 194 页。

列为河北省重点文物保护单位,同年河间市人民政府成立了冯国璋故居及
"国葬墓"筹建领导小组,启动了故居重建工作。但 2014 年 10 月 1 日,本书
作者前往西诗经村探访时,"将军第"仍是破败不堪,尽管门口挂上了文保单
位的牌子,围墙内却见不到几个建筑,纯粹一个荒凉的空院子而已。

"将军第"内荒凉的景象

与河间原籍的府邸相比,冯国璋在北京和天津的宅邸要幸运得多了。
北京鼓楼帽儿胡同 11 号冯国璋旧居所在的位置,现在是非常繁华的地带。
帽儿胡同位于北京老城区鼓楼和地安门之间呈东西走向,全长 585 米,宽 7
米。它两端与繁华热闹的大街相接,里面不时有各色轿车穿梭,浓密的林荫
道下,时尚的跑车与古老的三轮车交错行驶在红门灰墙间,隐隐中凸显着帽
儿胡同的非凡地位。帽儿胡同明朝时称为梓潼庙文昌宫,清朝时称为帽儿
胡同①。文昌宫是供奉文昌帝君的地方,文昌帝君即文曲星,是神话传说中
掌管文运的神仙。1949 年以后,此处宅院被分隔作不同单位的宿舍,还曾
一度用作朝鲜驻华使馆。1995 年,被公布为北京市文物保护单位。

冯国璋在天津的旧居,主要是河北区民主道 50 号和海河东路花园巷的
那一处保存得比较完好。20 世纪 30 年代末,居住于此的冯国璋次孙冯海

---

① 《帽儿胡同:北京城的繁华老街巷》,《北京日报》2013 年 1 月 7 日。

嵊因缺钱花，打算将这处房产卖给一个绰号为"麻袋王"的暴发户，他的三叔冯家遇不肯，当即拿出 50 两黄金给海嵊，被海嵊拒绝。后来由著名律师张省三等人出面调解，冯海嵊才同意把房子照卖给"麻袋王"的原价出让给冯家遇[①]。海河东路花园巷的来历其实还是跟这处房产的改造分不开的，原先的花园在 1949 年以后一度改为煤厂，后又建成里巷，取名冯家胡同，1982 年更名为花园巷。该处旧居被列为天津市河北区文物保护单位，确定为特殊保护等级历史风貌建筑。

冯国璋旧居被列为天津市历史风貌建筑

2003 年，这处旧居经过了一番整修。整修之前，内部居住了 23 户居民，使用空间非常狭小，沦为"贫民窟"般的角色。并且，由于内部年久失修，破败不堪，楼梯摇摇欲坠，杂物堆陈，早已失去了原有的面貌。在旧居的维修过程中，工作人员不仅根据历史照片提供的线索，还原了老宅的旧貌，包括已经被损毁的吊顶、楼梯、立面等，将纯欧式建筑的典雅秀丽呈现在人们面前，并且加装了屋顶保温层、定型工艺瓦件等，让房屋的使用更加舒适耐久。同时，室内装饰设计也很考究，整个楼房均采用四层窗设计（即纱窗、雨淋窗、双槽玻璃窗），封闭性较强。2011 年 8 月 8 日，由旧居改造而成的西

①　潘荣、孙新、魏又行：《冯国璋家族》，金城出版社 2000 年版，第 223 页。

餐厅正式营业,这标志着继天津海河沿岸观光带的意式风情区后,又一个异国风情高端商务区——奥式商务公园正式对外开放①。旧貌换新颜,不知是否符合文物保护的规矩? 更不知道能否达到文物保护的目的?

三、墓园兴废

冯国璋墓园也遭遇了浩劫。《河间县志》记载:"墓自七七事变后屡遭破坏,至 1966 年摧毁无存。"②这句话的后半段是正确的,前半段有些问题。冯国璋墓共遭到三次较大的破坏,第一次是在 1947 年土改期间,第二次是在 1958 年"大跃进"高潮到来时,第三次也是破坏最大的一次,是在 1967 年春天。

土改期间,附近村民在瓜分了冯国璋故居的田园、房屋以后,也把冯国璋"国葬墓"的亭台树木扒光刨净。"大跃进"时期,冯国璋墓园里的石碑、牌坊等岩石建筑一律被推倒砸碎,用于修建半截河的水闸和二十里铺的石桥等③。但更大的灾难发生在 1966 年,"国葬墓""被天津师范学院'红卫兵'和群众挖开,墓内有薄棺一口,军刀一把,照片一张,棺前设有石玉等供物。"④为什么天津师范学院的师生会到西诗经村挖冯国璋的坟墓呢? 有研究者做了田野调查工作,据校方有人回忆,因为辛亥武昌起义时,是冯国璋率领清政府编组的第一军前往镇压,攻下汉口的。当时清军纵火焚烧汉口市区,给当地百姓造成很大的生命财产损失,这笔账就记到冯国璋的头上。

为此,有武汉的几个大学生串联来到诗经村,鼓动天津师院的学生掘坟扬尸,此说也未知是否。总之,学生们开始筹划挖墓,他们已清楚国葬墓是空墓,而且墓区内大部分地面建筑早在土改和 1958 年大跃进时毁坏,石坊等物都砸碎搞水利建设了,因此他们根本没动国葬墓。人们传言冯国璋另有疑冢数处,究竟埋在哪里呢? 通过逼问冯国璋的至

---

① 《渤海早报》,2011 年 8 月 9 日。
② 赵景春主编:《河间县志》,书目文献出版社 1992 年版,第 720 页。
③ 田胜武、田艳华:《冯国璋全传》,中州古籍出版社 1993 年版,第 197 页。
④ 赵景春主编:《河间县志》,第 720 页。

亲,遂透露出在黄龙湾。①

通过逼问冯国璋的至亲,才知道冯国璋的尸身埋在祖坟,这是文献资料和至今仍健在的某些当事人均为一致的描述。从外表看,冯国璋墓除比周围坟丘稍大一些外,其他与一般坟丘无异。丘表由一层浮土覆盖,浮土下面则是用石灰混凝土抹制的一个圆丘。此墓结构为一地下暗室,室内四壁也以石灰混凝土抹制而成,十分坚固。暗室地板以汉白玉石铺垫,陵寝正中安放着冯国璋的灵柩,木棺浸泡在红橙橙的防腐水中。木棺用料系阴沉木,此木只有在我国南方阴山背后才能生长,非常稀有。

据当时实地测算,冯国璋的棺材有 12 厘米厚,外涂 3 层石棉布和 4 重自然漆。由于木质珍贵、封闭严密,虽埋葬已 46 年,其尸体尚完好如生。冯国璋"家葬墓"被掘时,有人误认冯国璋系吞金而死,遂开肠破肚寻金,结果,冯国璋的尸体被焚。冯国璋死时,随葬品有元宝、银币多枚,如意和玉制鼻烟壶各一件。他的左拇指扣翠扳指,口含一颗猫儿眼珍珠。冯国璋的原配吴夫人和继室周夫人乃用一椁两棺与冯国璋合葬,位于冯国璋棺木的北侧。她们的棺椁也被打开,尸体已腐,只存两具不完整的头盖骨和一些乱发,其间尚存一根粗大银簪和周砥头戴的一顶凤冠金银架②。关于这次挖掘冯国璋"家葬墓"的过程,已有人还原了出来:

> 学生们乘坐汽车,好事的社员群众或步行或骑自行车,相继来到黄龙湾,在当地人指引下镐起锹扬,很快挖开了冯国璋的坟墓。墓很简易,唯一长方形墓室,白灰夯实,混凝土抹壁,白石铺底,冯国璋的棺木安放正中,颜色暗紫,看上去如铁似石。此棺可非等闲,系阴沉木所制。所谓阴沉木,亦称"阴杪",有的是因地层变动而久埋土中,有的是万千年来被水泡哺,性坚质密,极为珍贵。说起冯国璋的这口阴沉木棺材,尚有故事,据讲是冯国璋的两位南方籍部下所送。冯国璋见部下相赠棺材,颇感扫兴,便将其搁置闲屋,不予理会。事隔一年,部下登门又谈及此事,并约冯国璋同开此棺,见一年前部下放进棺材内的三条鱼仍鲜

---

① 李泗:《冯国璋墓遭劫记》,《文史天地》2006 年第 1 期。
② 罗润祥、高九成:《冯国璋陵墓考》,《渤海学刊》1986 年第一二期合刊。

重修后的冯国璋"国葬墓"

而不腐,冯国璋才知是宝物。正由于棺木质地优良,又采用了一些其他防腐手段,因此开棺后时隔46年冯国璋的尸体依然完好如生,须发顺然,肌肤润泽。令人有些意外的是,冯国璋的随葬品并不多,先见脖子上有翡翠串珠一挂,计一百零八颗,今仅剩其四,余者不知归属。这时围观者有人高喊,嘴里含夜明珠!于是胆大者把冯国璋的嘴撬开,果见有一杏核大小晶莹剔透白里透粉的"宝珠",人们至今绘声绘色说夜里光可照数丈开外,实际上是一珍珠,但个头之大世所罕见。接着,人们又从冯国璋的右手里取出一白料珐琅彩草虫图鼻烟壶,左手里取出一翡翠扳指,另有元宝及银币数枚,仅此而已。尚有一翡翠如意饰件,已无人知晓是出自此墓还是国葬墓了。

冯国璋墓挖开的同时,原配吴夫人、继室周夫人的一椁两棺合葬墓也被打开,尸体早腐,只有一些乱发,随葬物更是少得可怜,仅见一翠簪。周夫人原为袁世凯家庭教师,湖南督军周盛传的嫡孙女,身世显赫,死后也不过是比吴夫人多了一顶鎏金银架凤冠。如此薄葬,人们猜测与冯国璋出身贫寒,一生主张节俭有些关系。①

---

① 李泗:《冯国璋墓遭劫记》,《文史天地》2006年第1期。

　　入土为安，这是中华民族千百年来的优良传统，可是在那个疯狂无知的年代，竟然发生掘墓戮尸的事情，想来就令人痛心不已！1967年春，当地造反派又将冯国璋"国葬墓"挖开，但见地宫全部用进口耐火砖砌成（砖上模印外文字母），正中置柏木红漆棺一口，由平石盘托，托下有井，深不见底。棺内只见一幅绫布冯氏戎装画像，及指挥刀一把。棺前供桌上，摆放瓶、盒、熏三件白玉祭器，均精工细镂，润丽可人。其中熏炉三足较矮，与同类器物相比，风格特殊。玉盒得见原配铜托，玉瓶玉熏炉有否底托，已无人说得清楚①。

　　与冯国璋墓园的遭遇相类似，王士珍的墓也在"文革"期间被挖开。据当时在场的本村人所讲，躺在棺材里的王士珍，左手握着一个"银元宝"，右手拿着一根手杖，那个"银元宝"不是真正的银制品，因为上面出现了斑斑锈迹。头前还有一套精致的茶壶茶碗，上面烧制着"王士珍专用"字样，这套茶具后来不知下落。由于他的棺材是楠木制作的，棺壁和棺盖很厚，就被劈开，做成了村里小学的课桌②，以至于今天还有许多五十岁上下的村里人记得那厚实的课桌。"北洋三杰"中最幸运的要数段祺瑞了，他的墓庐没有遭到大规模破坏，真的是入土为安了。

　　改革开放后，对民国人物的评价慢慢地有了改变，冯国璋的墓园得以修复。据冯家迈之女冯容回忆说，上世纪80年代，全国市长学习班来天津参访，沧州市某常务副市长（曾任河间市市长）闻知她的祖上背景时说："你们冯家人为什么不回老家看看，你们不要误会，那些挖坟掘墓破坏'将军第'的事不是老家的人干的，乡亲们对你们冯家和老人家没有恶感。"后来在河北省黄骅市开过一次规划评审会，会后这位副市长又亲自领着冯容，第一次回到老家，瞻仰了已经破败不堪的"国葬墓"和"将军第"，研究如何修复的问题③。

　　2007年，河间市市委、市政府将"文化大革命"中遭到破坏的冯国璋"国葬墓"部分修复重建，并于2009年（冯国璋逝世90周年）举行了公祭活动。

---

　　①　李泗：《冯国璋墓遭劫记》，《文史天地》2006年第1期。
　　②　彭秀良：《王士珍传》，中华书局2013年版，第205—206页。
　　③　冯容口述、彭秀良整理：《我的祖父冯国璋》，《文史精华》2015年1月（上）。

2006 年镌刻的冯国璋"国葬墓"墓碑

据统计,冯氏后代(包括外姓后代)总共去了 80 多人,其中有几个是冯国璋的第六代后人。此次公祭活动中,诗经村的乡亲们在"国葬墓"宝顶上悬挂了一幅对联。上联是"枵腹笃学投笔从戎功成秉玺正直人到底非政客",下联是"抵御外侮推翻帝制坚反复辟冯氏子终究是真人"。这是冯国璋辞世近百年后,乡亲们对他的中肯评价。

结语　冯国璋的政治立场与政治思想

　　以往我们看待冯国璋的政治活动,主要是从维护地主阶级或资产阶级的立场出发,认定他是某方面利益的代表或维护者,这样的认识是不符合历史事实的。现在我们回过头去看一看冯国璋的一生,可以发现他的政治思想和政治立场并不是一成不变的,而是随着时代的发展也在发生着变化。如此一来,我们就应该用发展的眼光审视冯国璋的政治立场与政治思想,从中寻找近代中国政治变迁的某些线索,以丰富我们对历史发展进程的认识。

　　首先,我们应该看到冯国璋的政治立场与政治思想有一个变动的过程,大致轨迹是从帝制的拥护者逐步转变为共和制的拥护者。关于冯国璋的政治立场,主流观点认为他在辛亥革命时期是地地道道的"保皇派",是完全忠于清政府的,故而袁世凯才临阵走马换将,以段祺瑞替代了他。这样的看法是不错的,冯国璋在晚清时代是完全忠于清政府的。作为冯氏后人,冯容可能对其祖父的评价有文过饰非之嫌,但下面的说法却是蛮有道理的:

　　　　武昌起义爆发后,祖父被任命为"平判兵匪"的第二军总统官。父亲说:"爷爷从小受儒家思想教育,从军后一心想的是尽忠报国,枕头底下总搁着文天祥和史可法的两本书。他认为受命'平叛'打汉口正是自己报效朝廷的机会与责任。"袁世凯重新出山后,告诉祖父要剿抚并重,并授意"非筹备周妥,计出万全,断难督师进攻"。后来事态的发展似乎就是按照袁世凯的意图进行的,但在祖父心中,"平定叛匪、尽忠报国"则是最大的己任。①

冯国璋将"平定叛匪、尽忠报国"看作最大的己任,本也没有什么不对。我们或许借此评价他跟不上社会发展的脚步,殊不知要放在当时的历史场景中去分析每个人的行为准则和行为方式才是正理,绝不可做"事后诸葛亮",妄自臧否历史人物的是是非非。冯国璋藉清末训练新军的时机才逐步登上高位,至武昌起义爆发时,他已是军咨府军咨使,并被赏戴一品顶戴,可谓深受"皇恩",他又怎会不去力保清政府呢?况且,武昌起义在当时根本不被看好,在清政府高层眼里也仅仅是一场普普通通的"暴乱"而已,平息"暴乱"只是时间问题。如果当时形势已足够明朗,黎元洪还会躲起来,不愿出任军政府的都督吗?

后来,由于袁世凯认为冯国璋不懂他的"政治",不久就更换了第一军军统,将冯国璋调回北京任禁卫军总统官。冯家迈对冯容回忆说:"有一天,爷爷在家开了一次家庭会议,说:'现在有人要推翻大清,欺负人家孤儿寡母,我不干,你们也一样。'"②冯国璋这是在向子侄们表态要忠于朝廷,他所说的"孤儿寡母"就是宣统皇帝和隆裕皇太后。因此,冯国璋与段祺瑞等北洋将领48人联名发出通电,"誓死拥护君主立宪,反对共和体制"。过了几天,段祺瑞等47人又再次联名通电,内容与前次正好相反,"吁请清帝即日退位,确定共和政体,以定大局"。这第二个通电就少了冯国璋一个人,这也是在亮明态度。

再后来,各方面的人都在做冯国璋的工作,从清政府的腐败、战争的残酷使人民遭受涂炭之殃,到共和政体是还政于民等等,反复劝说,冯国璋的思想开始转变。还是冯家迈的回忆:"爷爷不久又开了一次家庭会议,大意是说,现在的'共和'是还政于民。我同意,你们也一样。"③冯国璋终于开始

---

① 冯容口述、彭秀良整理:《我的祖父冯国璋》,《文史精华》2015年1月(上)。
② 冯容口述、彭秀良整理:《我的祖父冯国璋》,《文史精华》2015年1月(上)。
③ 冯容口述、彭秀良整理:《我的祖父冯国璋》,《文史精华》2015年1月(上)。

倾向共和了。到张勋复辟,冯国璋持坚决的反对态度,不仅与他身处高位有望马上接任大总统的现实环境有关,而且也与他对共和体制的维护与宪政思想的形成有关,不能单纯从个人利益的考量方面进行分析。

其次,我们应该看到冯国璋的政治思想以改良主义为主,这是他坚持行政权高于立法权的思想基础,也是晚年坚持"和平统一"政策的思想基础。冯国璋由早期的君主立宪思想转变到拥护共和思想,但他反对以革命的手段来实现共和政体。冯国璋奉调回北京担任禁卫军总统官后,廖宇春(原保定陆军小学堂总办)受托拜见他,劝他放弃主战立场。冯国璋在与廖宇春的谈话中说道,国民党很难成事,现在各处秩序混乱已达极点,一班佻侁少年意气用事,各争权利,势必自相残杀,终致招外人瓜分而了事,名为共和,实较专制为烈。还说,满族朝廷对他个人也无什么恩德,但他始终觉得中国人格太浅,程度不齐,善泳者随波自如,善割者迎刃而解,但大多数国民根本不知何为立宪,很难享受共和制度①。冯国璋对共和制度的担心不无道理,他是不愿意看到中国陷入混乱无序状态,才接受了改良主义的思想。

从维护社会秩序的稳定出发,冯国璋对议会政治有着自己的见解。1912年底到1913年初国会选举期间,出现了民初宪法讨论的第一次热潮。第一届国会的主要使命是制定宪法和选举总统,由于当时国民党与袁世凯关系比较融洽,国民党、共和党、民主党、统一党四大政党一致主张选举袁世凯为正式总统,所以选举总统已经没有任何悬念,因而政坛的注意力就自然集中到宪法问题上来,四党成立宪法讨论会,开始紧锣密鼓地协商制宪意见。

《临时约法》规定,自约法施行之日起十个月内,由临时大总统召集正式国会,制订宪法,并选举正式大总统。《临时约法》和《国会组织法》还规定,宪法由国会制订。袁世凯鉴于国会是其政治反对派国民党占多数的机关,因而于1912年12月授意其亲信直隶都督冯国璋、河南都督张镇芳会同无党无派的前清官僚出身的江苏都督程德全向各省都督倡议:"仿美国各州推

---

① 廖宇春:《新中国武装解决和平记》,丘权政、杜春和编:《辛亥革命史料选辑》下册,湖南人民出版社1981年版,第332—333页。

举代表之例,由各省都督各举学高行修、识宏才富之士二人,一为本省者,一为非本省者,集为宪法起草委员会,草案既立,然后提交国会再行议决。"①具体进行办法是,先"由大总统提出国会组织法第二十条修正案,并同时提出宪法起草委员会法案,要求参议院通过"。袁世凯企图以此来攫夺国会的制宪权,而很多研究者将冯国璋附和袁世凯先选总统后立宪的主张看成是"助纣为虐",其实里面还有更深层的原因。

由于临时参议院在不少重大议事活动中暴露出的不成熟,议会政治的有效性已经受到很大的质疑,特别是很多军政大员多具有开明专制的思想,怀疑议会将制定以立法权压制行政权的宪法,进而导致国家的混乱。蔡锷就是一个明显的例子,1912 年 12 月 17 日蔡锷密电国务院秘书长张国淦,主张各省都督联合争夺制宪权,制订加强行政权的宪法。他并且认定,"总统当国家行政之中枢,负人民之重任,使因少数人之党见,减削其行使政策之权,恐一事不能为,必致国家于不振之地"②。蔡锷既有怀疑议会政治的思想,其他军政要人也具有类似的思想,这里面既包括北洋派的周自齐、张镇芳等人,也包括立宪派或与立宪派接近的梁启超、程德全、胡景伊等,甚至还包括国民党强硬派都督李烈钧和胡汉民。各省都督经过秘密磋商,12 月 22 日江苏都督程德全、12 月 23 日四川都督胡景伊先后通电全国,要求由各省和中央共同组织宪法起草委员会,制定宪法草案。很快,担任直隶都督的冯国璋通电表示赞成。这已不是冯国璋个人倾向性如何的问题了,而是其改良主义思想使然。

从另一方面说,冯国璋还是比较尊重宪法的权威。袁世凯死后,黎元洪继任大总统,这不只是各方面政治势力取得均衡的结果,也有对法律的尊重因素在内。如董洪亮就指出:"袁世凯、黎元洪之间总统大位的传承,无论说法多么纷繁,基本事实是副总统黎元洪顺利成为国家元首,握有武力的段祺瑞、冯国璋等人比较尊重约法精神,没有刀光剑影,没有血腥事件。这固然有社会民主进程客观大势的要求使其不得不然,同时,也证明北洋一些要人

---

① 张学继:《论有贺长雄与民初宪政的演变》,《近代史研究》2006 年第 3 期。
② 张学继:《论有贺长雄与民初宪政的演变》,《近代史研究》2006 年第 3 期。

具有一定的近代民主意识。"①此话很有道理。

还有研究者指出："冯国璋晚年的电函、讲话,总是强调在法律轨道上解决政治争端,力主调和南北方,比如在与西南首领陆荣廷的谈判中(通过代表),提出遵守天坛宪法草案,用'旧法新召'的方式解决国会问题等,都不是偶然的,而是其改良主义主张的具体表现。"②信哉斯言。

再次,我们应该看到冯国璋试图在民国初年的政治争斗中保持一种第三者的姿态,而不主动与任何一个政党接近。冯国璋不仅与梁启超等"研究系"保持着密切来往,也与孙洪伊等国民党温和派眉目传情,可就是不加入任何一个党派。1917年1月初,梁启超的私人代表张君劢到南京拜晤冯国璋,推荐"研究系"的干部籍忠寅出任江西省省长。冯国璋回答说,这件事很难办,因国民党人也在运动谋取此职。言外之意,这一职务既非国民党人所能获取,进步党人也就不要作非分之想了③。冯国璋的这种态度还反映在他的公开讲话中。1916年12月16日,在接受日本《朝日新闻》记者云山童子采访时,冯国璋讲了这么一段话:

> 今日中国有国民、进步两大党,以余视之,国民党理想高尚,在人民智识程度较高之地方占优势,但与中国一般人民之心理相距甚远;进步党虽与国民党同声倡言改革,然其主张稳健,与中国现状适合,故能代表一般人民心理。属于国民党者为少壮政客,多系海外学生出身,骤观外国文明制度之优点,大感自国改造之必要,归而谋即见诸实行,其理想与热忱殊堪钦许,然欲施诸今日之中国,其主张未免失之急激也。进步党中海外留学生亦不少,特其所见,大半以为一国之改革须渐次行之,非急遽所得完成,故虽然与国民党同一希望改革,然其主张则为渐进的稳健者也。孰观中国实情,体察一般人民之心理,大半欢迎渐进主义,反对急激改革,即吾人由财政上即其他实际的方面观之,急激改革今日实不能可也。④

---

①　董洪亮:《民国前期总统制度研究(1912—1928)》,大象出版社2012年版,第53页。

②　潘荣:《教头总统冯国璋》,吉林文史出版社1995年版,第115页。

③　潘荣:《教头总统冯国璋》,第67页。

④　公孙訇:《冯国璋年谱》,河北人民出版社1989年版,第72页。

从表面上看,冯国璋是倾向于进步党的,但他最终还是与进步党保持了一定的距离。近年还有冯国璋欲加入国民党之说,冯容就以来自台湾的一封复印件为依据提出来:

> 我们的三哥冯海喦(字著唐)居住在台北,已于 2009 年去世。他在十多年前曾寄给我们一份资料,是从台北档案馆复印出的一封林森主席于民国三年十二月四日写给孙中山先生的信。信中多为谈论时局和国会的混乱等情事,其中有两处谈到了祖父与国民党的关系。"……近闻华甫迟早加入吾党,要随黄陂为进止,回京时曾进府面询及内阁近情,谈次虽未涉及造党方略,而已表赞同民党真意,其获共和为己任之心志溢乎言外,不久将派人往南京与华甫商榷一切。可望同一进行,对于国家、社会两有裨益也……"①

冯国璋加入国民党的说法并非空穴来风,但也带有权力之争的意味,或者说是权宜之计。据吴景濂回忆,冯国璋竞选副总统时,受到了孙洪伊的支持,为的是对抗段祺瑞。孙洪伊派人到上海见孙中山、唐绍仪,大倡"联冯倒段"之说,他们二人均同意孙洪伊的计划。于是,胡汉民、张继、唐绍仪到南京与冯国璋协商,双方达成三条协议:一、冯国璋加入国民党;二、将来众议院改选时,冯国璋以人力、物力极力协助;三、现在北京的国民党议员不受酬报,一致举冯国璋为副总统。冯国璋得到国民党议员的支持,如愿以偿,但对"唐、胡、张三先生在宁所签之字,冯亦不履行之"②。

至于林森写信给孙中山,报告冯国璋表示支持民党,究竟在多大程度上是冯国璋的真意还不好判定,目前这仍是孤证。林森的信写于 1914 年,其时袁世凯帝制自为的苗头已有显露,但冯国璋不相信袁世凯会称帝,他不至于以拉拢民党来作为反抗袁世凯的依靠力量。其中的是非曲直,仍有待于更多文献资料的发掘与解读,姑且存疑。

---

① 冯容口述、彭秀良整理:《我的祖父冯国璋》,《文史精华》2015 年 1 月(上)。

② 吴叔班、张树勇:《吴景濂口述自传辑要》,《天津文史资料选辑》第 42 辑。

附录一　冯国璋生平大事年表

1859年1月7日（清咸丰八年十二月初四），出生于直隶河间县（今河北省河间市）西诗经村。

1866年（同治五年），八岁，入东诗经村私塾读书。

1871年（同治十年），十三岁，入城北三十里铺毛公书院攻读"六艺"。

1875年（光绪元年），十七岁，娶毛公书院先生吴震之妹吴凤为妻。

1878年（光绪四年），二十岁，长子家遂出生。

1881年（光绪七年），二十三岁，进入省城莲池书院学习，次子家迪出生。

1883年（光绪九年），二十五岁，长女家逊出生。

1884年（光绪十年），二十六岁，去大沽口入淮军当兵。

1885年（光绪十一年），二十七岁，经人推荐，成为北洋武备学堂第一期学员。

1888年（光绪十四年），三十岁，参加河间科考，得中秀才第一名。三子家遇出生。

1889年（光绪十五年），三十一岁，参加顺天乡试未中，回北洋武备学堂继续攻读步兵科。

1890年（光绪十六年），三十二岁，毕业成绩优秀，留学堂任教习。

1892年(光绪十八年),三十四岁,蒙李鸿章专折保奏县丞尽先选用。

1893年(光绪十九年),三十五岁,进入聂士成军充当幕僚,深得赏识,并随聂赴东三省边境考察。

1894年(光绪二十年),三十六岁,5月(四月)考察结束,协助聂士成编撰《东游纪程》。后随聂入朝作战,参加抗击日军战斗。

1895年(光绪二十一年),三十七岁,2月(正月),随聂士成部调防山海关,保卫京畿,并升任本军军械局督办。同年夏,由聂保荐,被候补四品京堂裕庚聘为军事随员,出使日本。

1896年(光绪二十二年),三十八岁,归国献"兵书"数册,被袁世凯视为"鸿宝"。进入小站练兵,被委任为督操营务处帮办兼步兵学堂督办,后升任督操营务处总办。

1898年(光绪二十四年),四十岁,8月21日(七月初五),裕庚回国奏保冯以直隶州知州补用,并赏加四品衔。

1899年(光绪二十五年),四十一岁,12月(十一月),受命改编山东旧军为"武卫右军先锋队",并在德州一带围剿义和团。秋,与段祺瑞、王士珍等编纂完成《训练操法详晰图说》,被定为随营学堂教科书。

1900年(光绪二十六年),四十二岁,在山东举行秋操,指挥准确娴熟,被德国驻胶州总督誉为"北洋三杰"之一。

1901年(光绪二十七年),四十三岁,11月13日(十月初三),因参与镇压义和团有功,被袁世凯奏保为补用知府,后随袁至保定。

1902年(光绪二十八年),四十四岁,6月(五月),北洋军政司设立,担任教练处总办。后任练官营总办,主办学堂成绩显著,被保奏以道员补用。

1903年(光绪二十九年),四十五岁,与铁良、凤山赴日考察军事。12月4日(十月十六日),担任练兵处军令司副使,后任军学司正使。同年,三子家遇考入北洋速成武备学堂。

1904年(光绪三十年),四十六岁,创办北洋陆军师范学堂,任督办。

1905年(光绪三十一年),四十七岁,担任直隶河间会操总指挥,并协助袁世凯编成北洋六镇。同年,次女家适出生。

1906年(光绪三十二年),四十八岁,1月12日(十二月十八日),被委任为陆军贵胄学堂总办,署正黄旗蒙古副都统。10 月(八月)间担任彰德秋操南军审判长。

1907 年(光绪三十三年),四十九岁,因管理北洋武备各学堂的成绩卓越,赏给三代一品封典。后任陆军部军咨处正使。

1908 年(光绪三十四年),五十岁,三女家速出生。

1909 年(宣统元年),五十一岁,军咨处改为军咨府,任军咨使,后任清西陵梁格庄值班大臣。是年,为重修《冯氏家谱》作序。定冯氏家庭以后排辈次序用"国家海禁开,东方大事起"十字。

1910 年(宣统二年),五十二岁,清廷赏赐头品顶戴。四子家迈出生。是年,吴夫人病故,孙太夫人亦逝世。

1911 年(宣统三年),五十三岁,武昌起义爆发后,受任第二军军统,后充任第一军总统官,率军攻陷汉口。后指挥清军攻占汉阳,因有功被封为"二等男爵"。与段祺瑞移交第一军军统关防文卷后离汉口北上。

1912 年(民国元年),五十四岁,1 月 2 日,与姜桂题领衔联名通电,拥护君主立宪。袁世凯就任临时大总统后任直隶都督兼民政长,兼禁卫军总统官。同年底,授陆军上将军衔。

1913 年(民国二年),五十五岁,7 月任江淮宣抚使兼第二军军长,率兵沿津浦路南下镇压"二次革命"。12 月 16 日,受任江苏都督。

1914 年(民国三年),五十六岁,1 月 14 日移驻都督府。与周砥举行文明婚礼。7 月 1 日,授为宣武上将军督理江苏军务。10 月三子家遇任袁世凯模范团排长。是年,与王占元、李纯结盟,冯为"盟主"。

1915 年(民国四年),五十七岁,2 月 1 日,与段祺瑞领衔十九省将军电达政府拒绝日本"二十一条"要求。6 月间谒见袁世凯,对袁世凯复活帝制态度消极。袁称帝后,被委任为参谋总长,冯以"害病"拒绝就职。12 月护国运动爆发,被任命为征滇军总司令。

1916 年(民国五年),五十八岁,2 月阻止湘西第六师进犯护国军,并电告中央谢绝征讨滇黔总司令一职。10 月 30 日当选为中华民国副总统。

1917 年(民国六年),五十九岁,2 月入京调停府院对德绝交纠纷,赴津劝段祺瑞回京。张勋复辟后,与段祺瑞联名通电,声讨张勋八大罪状。8 月

6日,通电接任代理大总统,8月14日发表对德奥两国宣战布告。12月18日,任命段祺瑞为参战督办,独自处理参战事务。9月间,周夫人病逝。

1918年(民国七年),六十岁,1月9日下令讨伐湖北荆襄起兵部队。2月5日,发表"罪己令"。2月17日,派人向清室借款竞选下届总统。8月31日,通电表示引退,望徐世昌膺选。

1919年(民国八年),六十一岁。五子家遇出生。4月回河间诗经村祭扫祖坟。9月所辖第十五、十六师划归陆军部管辖,进京与徐世昌面商。10月第十五、十六师仍归冯节制,冯同意任南北议和调停人。12月12日,患病。22日,病危。12月28日(农历十一月初七)晚十一时病逝。

1920年(民国九年),2月初,冯氏灵柩自京运往河间,一个月后安葬于古洋河畔黄龙湾。"国葬墓"仅葬一冯氏画像。

附录二 故代理大总统冯公事状

张一麐

公姓冯氏，讳国璋，字华符。直隶河间人，为明开国勋臣冯胜之后，永乐北徙，冯氏由应天著籍河间。清之初叶，有任将军者。其后，家世耕读。所居为河间城外之诗经村，即汉毛公讲学处。田园之乐，诗书之泽。迨公祖若父时，尤丰亨豫大。父春棠，有子四人，公其季也。昆季性均豪放，不事家人生产，读书余暇，恒走马击剑为乐。又比岁荒歉，则益困，赠公折卖房屋，以供子束脩。至公就傅时，乃无一椽之庇。

公幼而岐嶷，每横揽时局，慨然有澄清天下之志，论事不作凡近语。顾生计益蹙，亲族靡能周之者，至为佣力以自给。既乃偕三兄负笈省垣，肄业莲池书院，且读且谋生计，辄以贫废学，于是公年二十七矣。

时公族叔祖晓亭公就大沽直字营幕，乃投笔而起，走大沽统将刘祺营次为走卒。祺固儒将，与语，大奇之。

清光绪甲申、乙酉间，直隶总督李文忠公鸿章惩于淮军之暮气，创设武备学堂于天津，征取各营颖异之士，祺即以公应。公潜心力学，每试辄冠其曹。然课余之暇，不以武备废文事。公诸兄皆入县学，仲兄以拔萃贡成均，声誉尤著。时方右文，公常愧不如诸兄，无以承老父欢。值年假，回籍应科试。时功令特设数学附生额，公以明算，故一试而捷。武备生多出卒伍，文试获隽自公始。文忠喜曰："武校出文生矣。"是年，应戊子顺天乡试，膺荐未售，仍返校中受课。己丑正月，丁赠公忧，贫无以葬，厝枢宗祠中，室三楹，才足蔽风雨，公痛甚。既贵，乃迁葬，且葺祠而新之，曰：以志吾终身之恨也。庚寅，学成毕业，留校为教员，诸生帖然钦服。当是时，淮军诸将领多以行阵起家，谓功名自马上得之，于军学多嫚语姗笑。文忠虽知之，固亦无以易诸将也。毕业诸生多淹滞侘傺，久之始任用，即用亦不称其才。

公辗转兵间，依功军统领聂忠节公士成麾下。公以东三省与俄接壤，穷冬蒙犯霜雪，乘耙犁周行边界，讱其屯垒、鄂博以及山川厄塞，过目而诵于心，如烛照数计。自冬徂春，乃返芦台报命。忠节悉公能，会甲午军兴，凡战术、军储多资以擘画。是役惟功军独全，且屡与敌抗，有战绩，论者多忠节之知人。是为公用兵发轫之始。

东事既藏，忠节驻屯芦防，委办军械局。会裕京卿庚出使日本，欲得南北洋具军事知识者与以俱，以沟通中外武学。忠节以公名荐，充武随员。日本军学方孟晋，公以夙所诵习，参伍考证，日与其将校游，如故陆军大将福岛安正、中将青木宣纯等，皆时时过从。研览其图籍章制，日积月累，成书数大册，归而上之忠节。忠节未遑深考，乃上诸前大总统项城袁公，则以为鸿宝也，谓军界之学子无逾公者。袁公方创新建陆军于新农镇，留充督操营务处。公为之集兵学专家，讨论折中，而兵法、操典、营制、饷章以及各项图说，次第成书，与合肥段公、正定王公有陆军三杰之目。袁公练兵，公固与有力焉。迨袁公抚山东，仍以督操营务处率武卫右军先锋队。其时拳匪方炽，济南、东昌、泰安、曹州各属蔓延披猖，公从袁公后，解散惩治，不旬日而俱靖。时端王载漪柄国，袒拳匪，谓之义民。八国联军入京，东省一夕数惊，袁公命公驻德州扼其冲。

先是直隶教民受拳匪之害颇剧，或引联军深入冀复仇。保定、河间、沧州、深、冀一带遍地烽火，独至德州则敛兵不进，如画鸿沟。北方避难者狼狈至山东，公言于袁公，为东道主，且收其材武为己用。袁公因以收众望，举足系天下重轻，公实左右之。辛丑，袁公移督直隶，以拳匪余孽之未清，与外人驻兵之未撤也，益锐意练兵，设军政司于保定，分兵备、参谋、教练三处，公则为教练处总办。先设练官营，以张君士钰为帮办，遴派教员，修明操法，于是北洋旧有之军与新成之军,教练渐归一律。袁公建议设陆军学堂,由小学而中学而大学,计十二年毕业,而先设陆军速成学校,以应缓急之用,一委公经营缔造。公于保定建陆军学堂,斋舍、操场以及仪器、自修各室,皆取各国新制。复延聘外国军学家以广教材,而师范学堂、经理学堂、军械学堂亦附设于其中。又于直隶各属分设陆军小学堂,以备中学之选。其时,淮军宿将多若积薪,弃之则无以恤前劳,任之则与新者又格不相入。袁公又建议设将弁学堂,仍一委之公。淮军宿将于而来,年之高者且逾六十,武职则至提镇,文职则至道员,且有侍卫一班,以宫禁之虎臣厕于诸生之列,资望既峻,约束良难。公独刚柔得中,四方材俊,一听公部勒举。北洋各学堂造就之众至数千人,今之上而统帅,下而校尉,内而部曹,外而幕职,凡北洋军学出身者,非同学即其门下士也。自其任教练时,淬厉人才,讲求韬略,设陆军编译局,而以武学官书局分布各省。各省言军事者,于是靡然从风矣。既清廷设练兵处于京师,分军政、军令、军学三司,以公领军学司正使,往来京、保间。逾年,段公祺瑞出督各学堂,公遂入京就职。其入手大旨,则已有学堂、学营之行省,统一其教条;未有学堂、学营之行省,迅立其基础。一年小成,三年而大备,参合程度,制为章程,使各省殊途同归,斠若划一。公本以军学鸣于时,至是益臻恢廓,中间彰德大操、太湖大操以及直境会操频数,靡役不从,均学术为之发踪指示也。未几,陆军部附设军咨处,以公为正使,又廷议设陆军贵胄学堂,而加公副都统衔,兼任总办,并附设王公讲习所。诸来学者皆世爵懿亲,管理之难,过将弁学堂倍蓰。乃王公贵胄既服公之学,又爱公之诚,久之以师礼相将,无复有贵人状态矣。

宣统纪元,军咨府成立,公为军咨府军咨使,其上有大臣二人。公以军咨使承宣于下,盖已揽军事之大纲,以为得行其志矣。乃先后条陈时事至数万言,大要谓各国练兵,均有注射之的,如甲之练兵,则对于某国;乙之练兵,则对于某国。有所对,则地理之讲求,器械之演习,将校之指挥、候探,亦必有所豫期。一旦有事,则知己知彼,习惯自然。我国练兵,则茫无所据。既无成谋之在握,岂有胜算之可操,是宜定练兵之宗旨。又谓中国幅员广漠,地势不同,省各几师,多寡未当;且师以省配,各有畛域,非国防所宜是。宜改置军区,择其险要,利其交通,合数省为一区,区各数师,无事则会操,有事则分哨。庶乎全国指臂相使，呼吸相通。至于定教育普及之程，筹通国皆兵之法，筑军港以复海军，辟工厂以造利器，凡其荦荦大者，无不慷慨言之，而枢府一未采纳。公乃愤吾谋之不用，浩然思去其官。值西陵与祭，坠马受伤，方有元配吴夫人之丧，而母孙太夫人又已逝世，屡乞假不得请，公亦钳口结舌，随声画诺，不复言天下事矣，然清廷固知公之可大任也。

辛亥之秋，武昌事起，陆军哗变，总督瑞澂出亡，举朝震骇。以陆军大臣荫昌率第一军南下，以公率第二军继之。未几，而以公代统第一军，属第二军于段公祺瑞。于时，公叠膺保荐，已官副都统矣。既至鄂，大捷于汉口，乘胜进薄汉阳，炮线及于武昌督署，其左右之者，则今之李督军纯、王督军占元、陈督军光远也。清廷以功封二等男，公辞不受，惟一以平乱为己任。汉阳既下，鄂事垂定，而湖南、陕西、云南、山西、贵州、江西、江苏、浙江、广东、广西、安徽、福建、四川、山东各省皆追逐湖北民军之后，或就其都会，或一郡一邑，或一省而至十数处宣告独立，纷纷设军政府，人心已去，大势瓦解。江宁为南北绾毂之区，亦为民军所有，事益不可为。汉口碇泊之各国军舰，为保护侨民，组织陆战队于租界登岸。其领事等往来调停，力劝休战，遂订三日间休战之约，再订十五日间休战之约。段公祺瑞以两湖总督来代公军，公遂回京，授为察哈尔都统，接统禁军，而和平谈判渐已就绪。段公率诸将要求退位，公以无位则帝号不存，位为虚，政为实，政可让，位不可去，力争累日，故禅让诏书不言退位，而言逊政。然朝旨虽已允行，而满蒙人心则汹汹不能帖伏，讹言朋兴，其主力实在禁军。禁军皆八旗子弟，其人率忠勇强力，训练三年，颇称劲旅。逊政之诏，迟久而不敢发，将待公之安抚而疏通也。

公知其上级将领深知大局之无可挽回，不欲重糜烂，乃进其下级官长、目兵而劝导之，告以朝廷之忧危，国家之破碎，与自古有国者灭亡之祸，徒足以毁宗而殃民。日夜开诚，军心感化。公乃争优待皇室条件，争待遇满蒙回藏条件。虽不能尽如所求，而裨益于清室者至巨，至此乃宣布逊政，而公之心苦矣。

民国成立，公任总统府军事处长，仍统禁军。盖公于禁军，如父兄之于子弟也。元年之秋，出任直隶都督，禁军全体军官合词留公，乃以禁军随行，特授勋一位，官陆军上将，旋兼署民政长。时民权初张，各省登进官吏多取才于土著,公独延贤俊,畀以职司。凡曹掾僚属,但问其称职与否,初不限于籍属,其知大体多类此。直隶五河为患,公欲大借外债,兴工修浚,以计百年之利,格于群议未果行,始终以为憾事。莅任之翌年,湖口发难,公驰书规劝苏、粤、湘、赣四省,告以邦基甫定,休养为急,万不可自相残贼,重伤元气,即有小不慊,何为苦吾民。既已不可休矣,乃奉令任第二军军长,充江淮宣抚使,统所部南下。将行,言于袁公,愿以首功让定武军,身率一军由津浦铁路按部徐行,以为后援。定武军倍道由淮扬折而薄江宁,公则以大军驻浦镇,隔江而陈,会师金陵。阅五十日而事平,公不敢自言功也。袁公倚公为长城,给予一等文虎章,复以江苏都督属公。旋任为宣武上将军,督理江苏军务,给予一等嘉禾章。会欧洲战事起,或谓中国介于列强之间,非变更国体,无以图存。盖醉心于德皇威廉之霸与俄皇尼古拉斯之强,谓是帝国君主之效,而不知其将敝也。于是道路传闻,有项城将帝制自为之说。公以袁公为当世人杰,未肯深信。因具密启,畅论时局,中多讽谕。嗣有事北上,复乘间直陈。袁公指天誓日,力辩其无。事后始知左右密谋,得以少缓数月者,实惮公耳。未几,有人设立筹安会,昌言中国宜采君主立宪制,诡托学说,函电纷驰,京外士大夫趋之若鹜。公独谓此举非出项城意,漠然置之。

先是段公祺瑞以不附帝制,罢陆军总长,外省拥疆寄为军界山斗者,独公耳。二三权要,务欲推公为领袖,以主其事,游说之使络绎于途,公皆婉言谢绝。或怵以危词,亦拒不纳。方江苏请愿代表之入都也,公谢不见,或强之,则左右顾不发一言,可见公之志矣。滇省护国军起,政府议主用兵,公迭电密陈,请勿轻开战祸。实则冀望兵谏者,有以感悟项城,使劫运可以潜消而令名之永保也。于是东南各省先后独立,苏当海陆之冲,愤激选事者争与各省响应,地方几受其祸,赖公有备,事起即平。南京为长江流域四达之区,天下有变,无不被欲兵革,嫉公者谓为叵测,去公之谋益急,内召为参谋总长,欲令回京,旁观多为公危,公处之泰然,不少措意。会所属军民合词请留,不果行。卒之桴鼓不惊,晏然为一方保障,至今吴人德之。项城既逝,公为位哭之甚恸,盖以为春秋之义,不从乱命而从治命。苟利国家,死生以之,所以报也。黄陂黎公依法继任,公首通电各省,要约一致拥护,又主张回复约法,召集国会。自西南护国军起,滇、黔之师已及湘、粤,而各省区统兵之官，或逐帅自立，若湖南、浙江、四川、广东，旋仆旋起，不可爬梳。公仗义执言，屡有建白，薪规复统一，以巩固国家，而解人民倒悬之苦。奉令特给一等大绶宝光嘉禾章。旋国会补选公为副总统，仍领江苏督军事。时德国以潜艇击沉中立国商船，犯众怒，政府主与协商国共同抗议，行将与德绝交，中外争持异同，靡有定论。公以丁巳二月入京，助段公祺瑞定大计，乃于三月间由国会通过绝交案。方事之殷也，段公以群议掣肘，立辞出都，公则亲至天津和解，与段公联袂回京，而后自之江苏本任。德既不悛，绝交之后，第二步即为参战，乃国会意见与政府不协，各省督军集于京师，调停无效，公屡电剀切劝解，喑口哓音。然政府改组，国会解散，而复辟之谣竟成事实矣。公驰电各省，声明联衔奏请之不实。会段公祺瑞驰入马厂军中，急电公转告今曹经略使锟、今江西陈督军光远，为段公内应，合力平之。是时黄陂既退位，段公电公速入京，依法代理。公以长江重地，风鹤频惊，须自镇守，而专任段公以讨伐，己则谕定武军宿将以大义，皆受命惟谨，苏、皖间得以晏然无事，公之曲突徙薪有以弭之也。京师事定，公请黄陂复位，黄陂不应。段公及各省督军、省长，环电请公即速继任，以维大局，不得已于七月六日允即代理大总统职权。复以段公及各省敦促，于八月一日至京，造黎公邸次再请复位，仍不应，乃就代理之职。其一切大总统应有之典礼，公概辞不受，曰："余固代行职务者也。"

先是公在南京时，段公电请组织阁员，公以内阁担负责任，如所请，未易一人。既至京师，拱手受成，凡阁议所可者无不可也。惟以素性爱好和平，期与国民求一日之安，不愿复言兵事，与西南诸帅函电交驰，声泪俱下。迨和平破裂，长、岳震惊，诸将扼腕裂眦，公投袂而起，欲自将视师。会言者力阻，乃已。然终以宇内之不统一，往往私忧窃叹，引为大恨，甚或绕室饮泣，伤国势之危殆，民生之流离，至于长夜失眠，十旬九病，忧能伤人，信矣。幸今大总统徐公以十月十日就职，公依法卸任，如释重负。先是新国会开幕之日，公莅两院行礼，归则集文武属僚于怀仁堂，自为演说，愿避贤路，以候徐公，其言深切。盖民国以来先后两大总统一堂授受，此为纪元，蜚语四腾，有如市虎，流言止于智者，公早有以防于先几也。卸任后，少滞京邑，尚与熊君希龄、梁君启超、汪君大燮等议设大学研究科，以资高等学员之深造。公岂尝一日忘世耶？

今年春，归河间故里，桑麻场圃，略足自娱，与族中诸父老子弟喁喁话旧，布衣草笠，从耕夫牧竖彳亍陇畔，见者不知其为贵人，人亦往往忘之。说者谓公之平民主义，根于天性。子弟等私幸谓公毕生艰苦，藉此颐养，可延天年。公则曰："世变亟，苟无治本之道，使失所之民得安其业，何地可为乐土，吾辈其忍独宁乎？"十月，复从河间莅津，以旧部十五、十六两师官兵积欠月饷，再至京谋所以安之者。居两月，将返津矣。十二月十日忽感寒疾，医治不愈。二十八日夜逾十时，汗出面赤，神气上越，则呼曰："速为我正衣冠！"易箦而逝。病中谕诸子曰："家事吾无所念，惟吾长兄子尚幼，汝曹其善视之。"弥留前二日，呼亲朋口授遗命，即今所传上大总统遗书及通电，反复叮咛于和平统一之业者是也。公性质厚，于故旧周之无吝色。世言公善自封殖，公尝语曰："项城雄主，吾学萧何田宅自肥之计，多为商业，以塞忌者之口耳。"公自治军、督学皆披星而起，无间寒暑，日昃未食，往往十日而九。体素强健，经坠马后筋骨间时作酸痛。汉阳之战或经旬不眠，神观内损，由是劳倦不如少壮。时又好深沉之思，独居冥想，不与人谋，然其推贤让能，忍人所不能忍，即与公习者亦不能尽知也。教诸子以严厉闻，近世高门华胄，鲜不以纵欲败度为当世羞。公长子家遂躬耕于乡，被举为国会议员，公戒以毋骛声气；次子以下皆恂恂不与人通馈遗，世以是多之。病中谵语，皆国事或兵事，不及其私。呜呼伤已！距生于咸丰戊午十二月初四日，享年六十有二。配吴夫人，继配周夫人，皆先卒。箆室彭氏、程氏。子家遂、家迪、家遇，吴夫人出；家迈，彭氏出；家遇，程氏出；惟家迪早卒。女子四，长适陆军中将陈之骥，余均未字。孙海岱、海嵊、海喦、海告、海岛、海嵛、海巍，以海岱嗣兄后。公之葬未有期，公子家遂属一麐状公行。一麐自丁巳始从公入京，长秘书。其丁巳以前事，皆访诸公故人，参以平日所闻，稍加论次，以待世之观览焉。

民国九年一月，吴县张一麐谨状。

附录三 《冯氏壹支家谱》（节录）

一、重修家谱序

家谱之作,昉自龙门。其后,国有史,邑有志,家有谱,人有传,皆所以纪其本所缘始经历,昭示来兹,而不敢忘也。夫葛藟相庇,宗社无阹义也。吾冯氏系出周之毕公,其后封于冯,遂为姓。周以仁义开基,历年最久。则吾族自周至今,历秦、汉、唐、宋,以迄有明,绵延数千百年,以至于兹。其间保世滋大流传至各省者,不知凡几。自明嘉靖年开始,由南而北,由合而分,或仕或隐,经迁徙,遭兵燹,迨至今而始克光明昌大者,则皆由累代阎蓄蕴结涵濡于仁义之所致也。然年湮代远,同居一地者,已不解支流之奚自;而散处四方者,更未识渊源之所由。将欲使族人皆晓然于支分派别之因复兴起,其木本水源之义,则家谱之重修,顾不重哉！溯自乾隆十九年甲戌,诚庵公起而修之;至嘉庆十八年,蔚天公接修;后至道光二十五年,曙村公复加修纂,至十二世而止,至今又阅数十寒暑矣！岁时既久,蕃息日增,国璋数十年来,从事于天津、山左、保定,勤劳王事,教育军旅,有志不遑,今年春始得于趋朝退食之余,旁稽远考,悉心核对,并将前之遗者补之,误者正之,而后昭穆之序,根蒂之分,皆得厘然在目而无憾焉。《诗》曰:凡今之人,莫如我同姓。则此后之为子孙者,宜如何备发,以承宗祀;如何亲亲,以敦睦谊,促家族进化之主义,长合群自治之智能……以寅绍我先人丕基于勿坠者,是又不得不有望于后之人也。是为序。

宣统元年孟夏四月吉日

十三世孙国璋谨序

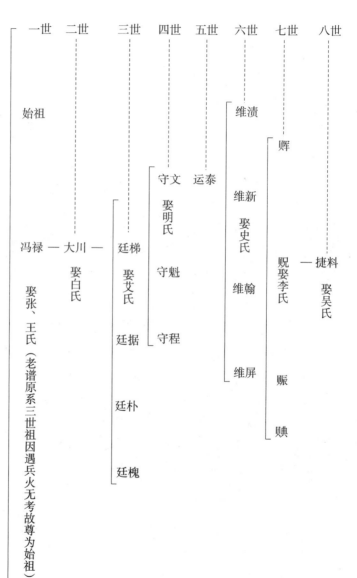

二、冯氏壹支系统全图

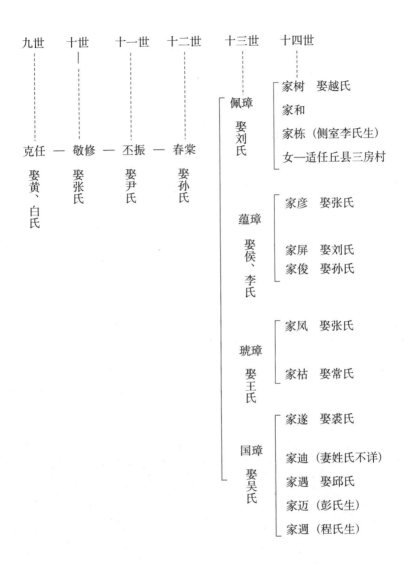

九世
克任
娶黄、白氏

十世
敬修
娶张氏

十一世
丕振
娶尹氏

十二世
春棠
娶孙氏

十三世
佩璋
娶刘氏

蕴璋
娶侯、李氏

琥璋
娶王氏

国璋
娶吴氏

十四世
家树　娶越氏
家和
家栋（侧室李氏生）
女—适任丘县三房村

家彦　娶张氏
家屏　娶刘氏
家俊　娶孙氏

家凤　娶张氏
家祜　娶常氏

家遂　娶裘氏
家迪（妻姓氏不详）
家遇　娶邱氏
家迈（彭氏生）
家遇（程氏生）

附录四　参考文献

一、文献资料

《申报》

《政府公报》

《大中华》杂志

《近代史资料》

《文史资料选辑》

《天津文史资料选辑》

《河间文史资料》第1辑

《河间文史资料》第4辑

《河北文史资料》第22辑

《河间冯公荣哀录》，1920年2月冯国璋治丧处印。

尚秉和：《德威上将军正定王公行状》。

张一麐：《故代理大总统冯公事状》。

张一麐：《古红梅阁笔记》，上海书店出版社1998年版。

聂士成：《东游纪程》，中华书局2007年版。

赵景春主编:《河间县志》,书目文献出版社 1992 年版。

来新夏主编:《北洋军阀》,上海人民出版社 1993 年版。

章伯锋主编:《北洋军阀》,武汉出版社 1990 年版。

杜春和等:《北洋军阀史料选辑》,中国社会科学出版社 1981 年版。

张国淦:《辛亥革命史料》,龙门联合书局 1958 年版。

张国淦:《北洋述闻》,上海书店出版社 1998 年版。

中国社会科学院近代史研究所:《清末陆军编练沿革》,中华书局 1978
年版。

张侠、孙宝铭、陈长河:《北洋陆军史料(1912—1916)》,天津人民出版社
1987 年版。

中国第二历史档案馆编:《中华民国史档案资料汇编》第三辑,江苏古籍
出版社 1991 年版。

中国史学会主编:《辛亥革命》,上海人民出版社 1957 年版。

中国科学院近代史研究所近代史资料编辑组编:《徐树铮电稿》,中华书
局 1963 年版。

丘权政、杜春和编:《辛亥革命史料选辑》,湖南人民出版社 1981 年版。

李希泌、曾业英、徐辉琪编:《护国运动资料选编》,中华书局 1984 年版。

中国第二历史档案馆:《北洋政府档案》,中国档案出版社 2010 年版。

二、人物传记、回忆录

公孙訇:《冯国璋年谱》,河北人民出版社 1989 年版。

田胜武、田艳华:《冯国璋全传》,中州古籍出版社 1993 年版。

张立真:《冯国璋真传》,辽宁古籍出版社 1997 年版。

季宇:《权力的十字架——冯国璋传》,百花文艺出版社 1997 年版。

潘荣:《教头总统冯国璋》,吉林文史出版社 1995 年版。

潘荣、孙新、魏又行:《冯国璋家族》,金城出版社 2000 年版。

文斐编:《我所知道的"北洋三杰"》,中国文史出版社 2004 年版。

吴长翼:《八十三天皇帝梦》,文史资料出版社 1985 年版。

李宗一：《袁世凯传》，国际文化出版公司 2006 年版。

吴廷燮：《段祺瑞年谱》，中华书局 2007 年版。

刘振岚、张树勇：《傀儡总统黎元洪》，河南人民出版社 1990 年版。

冯玉祥：《我的生活》，世界知识出版社 2006 年版。

李新、孙思白主编：《民国人物传》第二卷，中华书局 1980 年版。

曹汝霖：《曹汝霖一生之回忆》，中国大百科全书出版社 2009 年版。

彭秀良：《王士珍传》，中华书局 2013 年版。

三、研究著作

陶菊隐：《北洋军阀统治时期史话》，三联书店 1957—1959 年版。

丁中江：《北洋军阀史话》，中国友谊出版公司 1996 年版。

来新夏等：《北洋军阀史》，南开大学出版社 2000 年版。

郑志廷、张秋山：《直系军阀史略》，人民出版社 2007 年版。

骆宝善：《骆宝善评点袁世凯函牍》，岳麓书社 2005 年版。

吕伟俊、王德刚：《冯国璋和直系军阀》，河南人民出版社 1993 年版。

杨雯：《冯国璋研究》，四川大学出版社 2011 年版。

黄征、陈长河、马烈：《段祺瑞与皖系军阀》，河南人民出版社 1990 年版。

李剑农：《中国近百年政治史》，商务印书馆 2013 年版。

张宪文主编：《中华民国史纲》，河南人民出版社 1985 年版。

董方奎：《梁启超与护国战争》，华中师范大学出版社 2012 年版。

张朋园：《梁启超与民国政治》，上海三联书店 2013 年版。

钱实甫：《北洋政府时期的政治制度》，中华书局 1984 年版。

钱端升等：《民国政制史》，上海人民出版社 2008 年版。

吴虬：《北洋派之起源及其崩溃》，中华书局 2007 年版。

刘仲敬：《民国纪事本末（1911—1949）》，广西师范大学出版社 2013 年版。

董洪亮：《民国前期总统制度研究（1912—1928）》，大象出版社 2012 年版。

陈志让:《军绅政权:近代中国的军阀时期》,广西师范大学出版社 2008 年版。

【美】齐锡生著,杨云若、萧延中译:《中国的军阀政治(1916—1928)》,中国人民大学出版社 2010 年版。

李新总编:《中华民国史》第二第三卷,中华书局 2011 年版。

刘景泉:《北京民国政府议会政治研究》,天津教育出版社 2006 年版。

附录五　人名索引

B

白广川　12

白求恩　214

柏文蔚　119

包　拯　4

鲍贵卿　22、204

贝思福　44

俾斯麦　14

布吕纳　204

C

蔡　锷　117、122、124、226

曹　锟　22、41、160、161、163、164、
171、181、204

曹汝霖　75、119、155、162、163

曹元森　177

岑春煊　66

陈调元　95、97

陈光远　22、67、68、105、195

陈国祥　133、134

陈焕章　180

陈建亭　177

陈锦涛　67、134

陈其美　106—108、115、118

陈树藩　128

陈裔时　127

陈　宧　122、127、128

陈之骥　90、122、137、153、160、
175、191

程璧光　134

程德全　82、89、225、226

程国瑞　107

程小苏　136—138

褚庆山　214

慈禧太后　30、37、60、62

D

达　寿　67

大鸟圭介　34

大鸟义昌　34

德龄公主　37

德　禄　79

邓　琦　207

狄博尔　177

丁　槐　147

丁　锦　180

丁士源　69

丁世峄　126、127、143

董福祥　45、46

杜子良　177

段合肥　见"段祺瑞"

段宏业　158

段祺瑞　2—4、22、25、26、43、47、49、50、52、54、55、62、66、67、73、75、76、82、94、98、103、105、108—112、118、124、125、128、130—132、134、139—149、151、153、154、155、157—168、170、175、177、178、180、208、210、211、221、223、224、226、228

段芝贵　22、89、112、159—162、195

段芝泉　见"段祺瑞"

多贺宗之　51

F

范源濂　134、141

方凤青　190、191

方仁庆　191

费洛梯　204

冯　宾　191、192、195、196

冯从善　6

冯春棠　6—8、11

冯大牛　204

冯大任　6

冯甘棠　15、180

冯　巩　196

冯海崇　191—193

冯海岱　173、189、192、193

冯海岛　189、192、193

冯海告　189、192、193

冯海岗　189、190、192、193、196

冯海鑑　189、192、194

冯海崑　190、192、193

冯海岚　190、192、194

冯海链　189、192、195

冯海嶙　190、192、194

冯海岭　191—193

冯海崙　51、190、192、193、197

冯海密　189、192、193

冯海铭　189、192、194

冯海萍　189、192、194

冯海岂　191—193

冯海山 191—193

冯海嵊 189、190、192、193、217

冯海峒 191—193

冯海巍 190、192、193

冯海羿 190、192、193

冯海曦 190、192、194

冯海嵒 189、192、193、228

冯海岳 191—193

冯海巇 190、192、193

冯海音 190、192、194

冯海昀 190、192、195

冯海昭 190、192、194

冯琥璋 7、15、158

冯敬修 6

冯玖 191、192、195

冯克任 6

冯家迪 185、189、190、192、193、194

冯家迭 189、191、192

冯家栋 205

冯家祜 122

冯家适 187、191、192

冯家迈 17、18、26、73、74、102、158、165、178、186、187、189、190—193、195、196、201、208、221、224

冯家速 187、191、192

冯家遂 14、185、189、192—195、201、203

冯家逊 185、187、191、192

冯家遇 36、105、185、189、190、192—196、200、217

冯家逼 189、191—193、195

冯禄 6

冯佩璋 7、205

冯丕振 6

冯清任 6

冯绥 190、192、195

冯维 190、192、195

冯文质 4

冯五鸾 190、192、194

冯容 36、37、73、187、188、191、192、193、195、196、221、223、224、228

冯绅 190、192、195

冯胜 4、5、7

冯士壏 17

冯信 4

冯响平 6

冯煦 127

冯异 7、8

冯寰 191、192、195

冯友 191、192、195、196

冯蕴璋 7、23

冯振铎 173

冯志桥 6

冯智慧 191、192、195

冯智洁 191、192、195

冯玉祥 164、165

福　喜　79

福岛安正　38

傅良佐　143

傅增湘　101、162

G

高尾亨　144

耿鹤生　119

公孙訇　192、212、213

龚心湛　204

古德诺　112

顾　鳌　113

光绪皇帝　60、62

光云锦　166

H

哈汉章　143

韩国钧　93、97、98、102

汉纳根　40

何成浚　89、119

何恩溥　52、127

何海鸣　90

何宗莲　22、41

贺丹臣　56

胡鄂公　122

胡汉民　90、226、228

胡景伊　226

胡嗣瑗　144

胡惟德　67

胡　瑛　106、112

胡燏芬　40、41

黄彭年　15、16

黄　兴　73、82、88—90、106、117、135

J

籍忠寅　227

季康子　14

季　宇　213

贾宾卿　50

江朝宗　149

姜桂题　104

蒋介石　52、211

蒋士立　146

蒋雁行　83、126

金永炎　148

靳云鹏　119、127、143

井上一雄　51

K

康有为　119、141、148、149

克林德　155

克希克图　166

孔　子　1、9、14

蒯晋德　137

L

来新夏　212

蓝天蔚　69

雷震春　22、51、89

李长泰　22、161

李　纯　22、47、67、68、89、119、148、153、161、164

李鼎新　131

李多奎　4

李根源　118

李鸿章　15、19—22、24、26—28、34、35、40

李济深　73

李经曦　148

李景林　52

李烈钧　89、90、226

李劢协　20

李盛铎　92

李世锐　62

李　卫　15

李燮和　112

李泽霖　50

李征五　106

李宗黄　119

黎元洪　62、65、72、89、108、117、124、125、129、130、132—135、139—144、147—149、152、153、158、159、180、224、226

良　弼　75

梁敦彦　67

梁华殿　43

梁启超　67、109、110、116、119、121、122、146、157、166、179、226、227

梁如浩　67

梁士诒　67、99

廖宇春　225

林保怿　131

林步随　112

林长民　131

刘长卿　4

林　森　228

刘承恩　41

刘　德　3

刘恩格　166

刘冠雄　109、159、162

刘　祺　17、23

刘　启　3

刘　流　4

刘汝贤　52

刘完素　4

刘若曾　104、207

刘师培　112

刘显世　130

刘永庆　47、49

隆裕太后　71、76、78、80、224

卢绍芬　191

卢永祥　22、52、69、118、160

鲁荡平　211

吕伟俊　212

陆奥宗光　34

陆承武　164

陆嘉谷　49

陆建章　22、49、163—165

陆　锦　62、175、176

陆荣廷　135、177、227

陆征祥　162

陆宗舆　162

罗斯福　179

M

马君武　141

毛　苌　3、4、181、182

毛　亨　2、3

摩兰特夫人　96

牧　野　92

N

那彦图　166

南元超　47

倪嗣冲　102、125—127、148、157、161

聂士成　28、29、31—37、39、45、46

宁世恩　207

P

潘矩楹　69

潘　荣　192、201、212、213

彭家珍　75

彭金梅　186

溥　仪　60、148、149、153、224

Q

齐燮元　52

齐耀琳　98、100、112、113、115、124、131

齐振林　52

钱能训　162

覃寿衡　149

秦始皇　2、4

青木宣纯　37

裘山廷　173

R

荣　禄　42、45

荣　勋　67

阮忠枢　22、55、126

S

萨镇冰　67、71

尚德全　22

沈家本　67

师景云　107、108、113、160、175、176、209

史可法　223

史履晋　207

舒清阿　63

斯喀拉　85

寺　内　158

宋秉智 113、114

宋教仁 88、89

宋 庆 45、46

宋渊源 134

隋炀帝 4

孙宝琦 191

孙 钗 7

孙传芳 190

孙凤刚 9

孙凤岐 9

孙凤桐 9、11、12

孙洪伊 118、119、134、139—141、227、228

孙雷生 191

孙申如 7、12

孙 文 见"孙中山"

孙 新 192、213

孙毓筠 112

孙中山 88、104、129、141、157、228

索崇仁 167

T

谈荔孙 99

谭学衡 67

汤化龙 118、133、134、157

汤芗铭 127、128

唐继尧 117、119、122

唐景崇 67

唐绍仪 72、82、83、88、141、228

陶菊隐 61、212

陶树德 169

田胜武 212

田文烈 67、163

田艳华 212

田应璜 166

田中玉 22、41、117

铁 良 58、62、188、189

W

瓦德西 155

万绳栻 127

汪大燮 160

汪精卫 144

王柏龄 52

王宠惠 144

王德刚 212

王 栋 107

王桂林 97

王怀庆 22

王家襄 134

王克敏 167、203

王 嫱 101

王汝贤 62

王士珍 22、25、26、43、47—49、54、55、66、67、76、105、112、124、140—144、148、149、153、159—162、178、180、197、201、204、206、207、210、221

王守坤　12

王廷桢　50、79、97、112、176、209

王揖唐　166

王印川　166

王英锴　62

王玉树　140

王元震　137

王占元　22、67、68、82、89、163、204

王正廷　133、134

王芝祥　82、83

魏又行　192、213

魏　徵　14

文天祥　224

乌　珍　67

吴炳湘　161

吴鼎昌　163

吴　凤　12、185

吴光新　158

吴金彪　41

吴景濂　157、228

吴禄贞　69

吴佩孚　163

吴其昌　97

吴汝纶　16

吴　震　12

伍祥祯　69

X

西　施　101

西原龟三　162

熙　彦　67

夏寿康　148

夏寿田　105

萧　何　208

萧龙友　177

熊炳琦　175

徐邦杰　177

徐世昌　43、55、76、120、124、130、135、140—142、144、153、167—170、174—177、179、181、182

徐树铮　111、139、160—166

许世英　134

宣统皇帝　见"溥仪"

Y

鄂玉春　29

言敦源　22、55

严　复　112

阎　升　36

杨葆益　170

杨　度　67、112、133

杨　杰　52

杨士琦　67

杨文恺　52、190

杨增新　156

杨宗濂　21、22

姚宝来　79

叶常青　18

叶志超 26、34、35

伊藤博文 34

弈劻 48、49

易乃谦 69

荫昌 21、24、25、39、43、65、66、69、147、160

嬴政 见"秦始皇"

俞纪琦 97

裕庚 37

毓朗 59

云山童子 227

恽宝惠 75、76、92、107、112、175、201、209

袁克定 71、74、101、105、111

袁乃宽 177

袁世凯 19、22、24、26、33、39—41、43、45—47、49、51—54、60—62、65—67、69—76、80、82、85、86、88—92、99、101—105、107—113、115—117、119—127、129、132、134、139、140、159、177、180、185、186、196、207、208、210、213、215、220、223—226、228

袁思治 94

Z

载沣 58、60

载涛 58、59、66、74

曾国藩 19

曾毓隽 162、166

曾兆麟 131

章梓 89、90

张彪 62

张调辰 175、202、203

张国琛 97

张国淦 61、131、134、226

张怀芝 160、161、163

张汉辰 172

张衡 4

张继 119、133、228

张謇 67、199

张敬尧 105、160

张君劢 227

张立真 212、213

张联棻 73

张佩蘅 103

张群 52

张绍曾 69

张绍桢 50

张士钰 50

张锡銮 90

张省三 217

张勋 89—96、104、116、119、125—127、135、143、147、148、150—153、166、177、213、225

张一麔 2、3、110、142、167、172、174、175、177、208

张裕钊 15、16

张玉崑　137

张镇芳　126、149、225、226

张之洞　4、22、60、98

张宗昌　106—108、118、175

张祖佑　29

张作霖　157、162

赵秉钧　67、87

赵　偶　163

郑德三　215

郑汝成　47、115

郑孝胥　118

朱芾煌　71

朱家宝　87、120、142

朱启钤　113

朱　瑞　119

朱　深　163

朱元璋　5

诸葛亮　16

周　砥　101—103、153、185、186、219

周　馥　26

周文王　8

周盛波　20

周盛传　17、20、220

周自齐　90、226

子　贡　9

子　夏　2

邹伴芝　191

左宝贵　35

左霁云　177

后　记

　　2013 年 5 月,我在中华书局出版了《王士珍传》,首开为"北洋三杰"做传的先河。在此之前,我从未写过人物传记,更没想过要写出几本学术传记。出乎我的意料,《王士珍传》得到了很多人的赞许,并有人鼓励我将"北洋三杰"系列写完,以构成一套完整的人物传记。凑巧,中华书局近现代史编辑室欧阳红女士约请公孙訇先生写一本《冯国璋传》,公孙訇先生以年老体力不支为由恳辞,并向欧阳红女士力荐由我来撰写,我不能不应命。于是,经过十数月的艰苦努力,终于完成了书稿,心怀忐忑地交给读者去品评吧。

　　我写"北洋三杰"的内容,可能超出了历史教科书所下的定评,但我绝不是有意做历史翻案文章,而是要还原历史的本来面目。历史应该是有一定暖度的,而不应该被打扮成冷冰冰的面孔,否则我们又如何从历史研读中收获某些启示呢? 对历史人物的研究,切不可预先贴上某种标签,然后再挑选史料去论证凭空设定的观点,那就不需要历史研究了。我极为赞同下面这段话:

　　　　历史人物研究的深化,需要发掘新鲜史料,开拓观察角度,把人物放回他当时生存的环境中去考察,从而得出可靠的结论。不能仅凭孤立的几条材料,就串缀概念,过度发挥。每一个人都可以成为历史学家研究的对象,但不要偏爱,不要狭隘,不要就事论事。治学要有更加宽广的眼光和冷静的思考。不仅琢磨研究的对象,还要琢磨这个对象周围的伙伴、同事和交往的人群,甚至要琢磨他们之间的前世今生。①

我不敢说真正达到了"把人物放回他当时生存的环境中去考察"的目标,但自信有一份材料说一分话,不做凭空猜测,不做惊人之语,也尽量不落入先入为主的成见,尽可能还原冯国璋的历史原貌。本来写人物传记就是一件不落好的事情,社会上的成见左右着写作者的态度,传主后人的态度影响着写作者的情感,更可怕的是,写作者极有可能陷入为尊者讳的窠臼。稍一不慎,写出来的文字就会带上过多的个人感情色彩,这是学术传记写作中最忌讳的东西,但也是写作者很难摆脱的。我不知道自己是否做到了客观地叙述传主的人生历程,也不知道是否做到了不夹杂个人感情色彩地评价传主的历史贡献,但我敢保证,在这些方面我做出了最大的努力。

在这本书稿的写作过程中,我得到了很多人的帮助,感激之情难以言表。年已八旬的公孙訇先生不仅惠赐他珍藏的文献资料以及冯国璋家人的照片,还帮助我联系冯氏后人和诗经村的文史工作者,为我寻找资料、探访冯国璋故里提供了极大的便利,并为这本书作序,在这里对他表示最真挚的谢意。河间市西诗经村的李瑞林先生引导并陪同我参观"将军第"、冯国璋"国葬墓"和"家葬墓",又提供了不少有关冯国璋的传说资料,也对他深致谢忱。冯国璋排行十九的孙女冯容女士更是给予了极大的关注与支持,她通读了全部书稿,不仅提出了一些很好的修改意见,而且帮助我订正了一些讹误之处,特别感谢她的付出。

在搜集资料的过程中,中共石家庄市委党校副教授孔令春、《河北广播电视大学学报》编辑吴乾、河北师范大学历史文化学院硕士研究生胡月宁和孙丽丹、河北道生国际货运代理有限公司总经理李增学给予了大力支持,也在此表示感谢。

---

① 姜鸣:《男人怀抱谁人知——严复和吕耀斗的仕途之路》,《南方周末》2013 年 10 月 17 日。

最后，感谢中华书局近现代史编辑室欧阳红女士，是她辛勤的劳动使本书得以精美面世。

彭秀良

2015 年 1 月 20 日

于石家庄